基于生态教育理念的英语教学实践与研究

English teaching practice and research based on
the concept of ecological education

平怀林◎主编

新 华 出 版 社

图书在版编目（CIP）数据

基于生态教育理念的英语教学实践与研究 / 平怀林主编.
—北京：新华出版社，2022.8
ISBN 978-7-5166-6431-5

Ⅰ．①基…　Ⅱ．①平…　Ⅲ．①英语课－教学研究－中
学　Ⅳ.①G633.412

中国版本图书馆CIP数据核字（2022）第160987号

基于生态教育理念的英语教学实践与研究

作　　者：平怀林　主编

责任编辑：蒋小云　　　　　　　　封面设计：中尚图

出版发行：新华出版社
地　　址：北京石景山区京原路8号　邮　　编：100040
网　　址：http：//www.xinhuapub.com
经　　销：新华书店
　　　　　新华出版社天猫旗舰店、京东旗舰店及各大网店
购书热线：010-63077122　　　中国新闻书店购书热线：010-63072012

照　　排：中尚图
印　　刷：炫彩（天津）印刷有限责任公司

成品尺寸：240mm×170mm，1/16
印　　张：17　　　　　　　　　　字　　数：260千字
版　　次：2022年8月第一版　　　印　　次：2022年8月第一次印刷
书　　号：ISBN 978-7-5166-6431-5
定　　价：89.00元

编委会

前　言

我出生于历史文化名城——安徽滁州。滁州，古称"清流""涂中"，三国时设镇，南朝建州，隋朝始称"滁州"，素有"金陵锁阴""江淮保障"之称，是六朝古都南京的江北门户。这里人文荟萃、名贤辈出，古有唐代大诗人韦应物、唐宋八大家欧阳修、南宋大词人辛弃疾、三国大都督鲁肃、宋代画家崔白，今有海协会会长汪道涵、复旦大学校长章益、两院院士陆元九、著名书法家黄学江等。滁州吴风汉韵，文化底蕴深厚。著名的《醉翁亭记》更是家喻户晓，流传千古。

我自幼生长于这片文化氛围浓郁、教育根基深厚的沃土，我的老家就在醉翁亭附近。我在长期的文化熏陶中，潜心求学，刻苦自励，中学踏入莱安一中，并对英语学科产生浓厚的兴趣。我很早便立下志向：未来要成为一名优秀的英语教师！在那个求学深造并不容易的时代，我凭着顽强的学习毅力和品学兼优的成绩考入芜湖师范专科学校，后来取得英语师范专业大专学历，工作中还努力自修取得了本科学历。师专毕业以后，我被分配回家乡，在母校任教。

任教伊始，我在母校初中部教初一年级，我的教育生涯开始于平淡之中。直到有一天，我逛新华书店时无意间发现一本好书《当一名优秀的英语老师》，书中的内容和思想深深地吸引了我，触动了我的教育灵魂，点燃了我的教育热情。我将这本书买回来，如饥似渴地阅读、学习、反思，我开始突破自我，寻求英语教学方法的创新、教学理念的改进，努力从育人、教学、读书等各个方面提升自己的教育素养。我性格外向，爱好广泛，先天条件较好，普通话水平较高，大学时曾和中文系学生一起参与各种竞赛演讲，常常拿到中文类演讲第一名，后来被选拔为播音员。在母校教书的第一年，我结合那本好书，充分发挥自己的演讲口才优势，充分发挥自己多年看书积累的优势，在教育教学中出口成章、信手拈来，和学生打成一片，教书第一年，我所带的初一班级各项成绩名列前茅，得到领导的高度认可。

第二年，我便被领导安排任教高中。三年里，我满怀热情、努力工作，像孺子牛一样，不舍昼夜，我的班级在三年后——1987年的高考中名列前茅。自此以后，领导便安排我一直教高三年级，我的教学成绩也一直保持优异和领先。1988年，我代表学校参加了滁县地区（当时的滁州称为滁县地区）的"教学评优"，在英语学科比赛中，我取得了整个地区英语学科一等奖第一名的优异成绩！（全地区一等奖只有3人）。经过这场比赛，我的英语教学专业能力获得的滁县地区中学界的普遍认可和赞誉。工作五年后，我已经小有所成，在当地有了一定的影响力。

1993年，神州大地刮起教育改革之风，国家开始进行初高中新教材改革试验，至1996年完成了高中新教材改革。在全国英语教育学会的推动下，全国英语教学比赛如火如荼地展开。该项赛事两年一届，第一届为初中比赛，第二届为高中比赛，轮流持续开展。英语教学大赛是对英语教师教学能力和水平的大检阅，大激励。我有一颗积极进取的上进之心，我在英语教学上时刻努力着，机会总是垂青有准备的人，我抓住了这次比赛的契机，通过层层选拔，在英语教学专业发展上，书写了浓墨重彩的一笔：

1997年，滁县地区举办地市级高中英语优质课大赛，我获得滁县地区高中英语优质课大赛第一名的好成绩。

1998年，安徽省二十多个地市派出代表，在安庆一中举办安徽省高中英语优质课大赛。我代表滁县地区参赛，经过一番拼搏，我获得安徽省高中英语优质课大赛第一名的好成绩。

1999年4月，全国第二届英语优质课大赛（高中）在安徽省合肥市举办。我代表安徽省参赛，三年付出，功夫不负有心人，最终斩获全国第二届英语优质课大赛一等奖。

全国英语教学比赛一等奖，是一名英语教师在专业上的至高荣誉。我有幸取得这样的成绩，也许有幸运的成分，但回顾我过往十六年的教学生涯，成绩的背后,有我十六年如一日的勤奋努力,有我对教育事业持久的热情,更有我爱生如子的教育情怀。在那段激情燃烧的岁月里,我不光在各种教学比赛上收获良多,在培养学生方也颇有收获。我始终认为,作为一名人民教师,把学生培养好,改变其一生的命运,是当老师最大的荣光。我那些年教高中文科班,我班高考上线率名列前茅,我的学生大多数都考上了上海外语学院、广州外语外贸大学等全国顶级的外语院校。学生毕业后前途光明,事业发展得很好。

自1997年首次参加教学比赛以来,我逐渐成为安徽省英语学科的领军人物、学科带头人。随着知名度和专业水平的提升,我开始受邀到全国各地讲课。我去过很多地方,广西、湖南、云南、四川等十几个省市都留下了我的足迹。我将先进的英语教学理念和方法传播过去,每到一处讲课,总是掌声雷动。在三十多岁的年纪,我成了全国英语名师。我不甘于平凡,我的性格决定了我的人生高度,我的信仰使我走出了我熟悉的天地,在广阔的世界里深耕教育事业。

1999年底,全国高中英语第一轮新教材实验圆满完成。我受中国教育学会邀请赴北京参加全国高中英语新教材经验交流会,期间在北京四中上了一节公开课。公开课当天,几百名高中英语教师、教研员、校长、专家云集于四中千人大礼堂。这节公开课获得了现场专家的高度评价,在全国引起很大反响。机遇总是垂青有准备的人,现场会后,我原本打算就此离开,但一位来自深圳的英语教研员找到了我。他很欣赏我的才华和能力,觉得我应该去更大的平台实现自己的教育抱负。他告诉我,深圳教育发展很快,深圳宝安区建了一所高规格的高级中学,亟须英语骨干教师。这条消息,如一块巨石投进我波澜不惊的心湖。深圳是中国改革开放的"窗口",是连通香港和世界的桥梁,深圳的一切都是日新月异的。我兴奋,我憧憬,我想挑战自我,突破事业发展的天花板,我当即决定2000年春节去深圳应聘。

我的应聘十分顺利,经过一番奔走和努力,2000年8月,37岁的我正式调入深圳市宝安高级中学(现更名为宝安第一外国语学校)。来到深圳,意味着我放弃了过去的一切,但我无所畏惧,我愿意从头开始,对自己充满信心。学校安排我教两个班英语,做一个班的班主任,我褪去一切光环,从一名普通的英语老师做起。

2001年，我参加了宝安区英语课堂教学大赛，凭借多年的积累和过硬的自身素质，夺得宝安区一等奖。然后我被选拔到市里，参加深圳市英语课堂教学大赛，又捧获深圳市一等奖。自此，我在深圳宝安教育界站稳了脚跟：在教学上，我于2003年来深圳第三年就被评为宝安区英语首席教师；在育人上，我培养了多名优秀学生，转化了多名后进生，我还带了很多"徒弟"，很多年轻教师在我的指导下迅速成长；在管理上，我于2001年被提拔为学校教研室主任，2004年任办公室主任，2007年被教育局任命为副校长。在深圳15年的奋斗中，我一直葆有献身教育事业的热情，真抓实干、披星戴月、"五加二白加黑"是我做事的常态，与人为善、助人为乐是我做人的常态，积极、阳光、爱好广泛是我处世的常态。怀揣教育理念和使命的我在知天命之年，迎来了大展宏图、施展教育抱负的机会：2015年，教育局任命我为深圳市福永中学校长。

在福永中学任校长期间，我作为英语首席教师和学科带头人，成立了英语名师工作室，提出了基于生态教育理念的"大英语"教育观和教学主张，带领英语科组长、备课组长、教学科研线干部及英语老师努力践行，在英语特色课程建设、教学艺术等方面均取得了优异的成绩，学校英语学科建设取得了长足的进步。本书即是对这五年来我的英语专业主张的较完整呈现，以飨读者。

目　录

第一章

中学英语理论概述

第一节　课程与教学总论

在研究并实践英语教育教学之前，教师需要对课程、教学及其关系有较为深刻的认知，才能形成正确的英语教育教学理念、思路、方法，以及自己的英语教育教学主张。我从事英语教育教学工作业已三十余年，通过长期的实践探索、理论研究、融合思考，形成了对课程和教学这个基本问题的系统性认识。在深圳市福永中学任校长期间，我经过五年多的实践，印证了自己英语教育教学主张的正确性。

"课程"一词在我国始见于唐宋期间。唐朝孔颖达为《诗经·小雅·巧言》中"奕奕寝庙，君子作之"句作疏"维护课程，必君子监之，乃依法制"。"课"的本义为考查，"程"的本义为单位长度。人们把"课"和"程"结合在一起即为"课程"。但是这里"课程"的含义与我们今天所用之意相去甚远。

宋代朱熹在《朱子全书·论学》中多次提及课程，如"宽着期限，紧着课程""小立课程，大作工夫"等。虽然朱熹没有明确定义"课程"，但句中"课程"的含义是很清楚的，即指功课及其进程。这里的"课程"仅指学习内容的安排次序和规定，没有涉及教学方面的要求，因此称为"学程"更为准确。

到了近代，由于班级授课制的施行，赫尔巴特学派"五段教学法"的引入，人们开始关注教学的程序及设计，于是"课程"的含义从学程变成了教程。

在西方，课程（Curriculum）一词最早见于英国教育家斯宾塞（H. Spencer）《什么知识最有价值？》一文。Curriculum是从拉丁语Currere一词派生而来。Currere的名词形式意为"跑道"，由此课程就是为不同学生设计的不同轨道，从而引出了一种传统的课程体系。Currere的动词形式意为"奔跑"，这样理解课程的着眼点就会放在个体认识的独特性和经验的自我建构上，就会得出一种完全不同的课程理论和实践。即课程既有"道"的规定性，体现为一种规程，也有"跑"的动态性，体现学生个体知识的建构与生成。"道"意味着内容和目标，内容的载体物化为教材，目标的载体物化为课程标准，简称"课标"；"跑"意味着教师的引导、学生的发挥，以及教学法的实施，隐喻着课程的"道"的达成。

课程是什么？历史上有三种主流观点：

其一，课程即教材。持这种观点的代表人物是夸美纽斯，他认为课程内容就是学生要学习的知识，而知识的载体就是教材，这是一种以学科为中心的教育目的观的体现。

其二，课程即活动。持这种观点的代表人物是杜威。杜威是美国哲学家和教育家，他提出的"教育即生活"和"做中学"的教育主张影响深远，至今仍有重要的借鉴价值。杜威认为，课程的最大流弊是与儿童生活不相沟通，学科科目相互联系的中心点不是科学，而是儿童本身的社会活动。通过研究成人的活动，识别各种社会需要，把它们转化成课程目标，再进一步把这些目标转化成学生的学习活动。这种取向的重点是放在学生做些什么上，而不是放在教材体现的学科体系上。以活动为取向的课程，注意课程与社会生活的联系，强调学生在学习中的主动性。

其三，课程即经验。其代表人物是泰勒，他认为"教育的基本手段是提供学习经验，而不是向学生展示各种事物。"这种观点强调学生是主动参与者，学生是学习活动的主体，学习的质和量决定于学生而不是课程，强调学生与外部环境的互相作用。

在上述三种主流观念的影响下，课程历经百年发展，主要被分为两大类，一是以学科和知识为中心的学科课程，它遵循教材路线，形成了中学各门学科课程；另一类是以活动和经验为中心的非学科课程，活动课程与分科课程相对，它是打破学科逻辑组织的界限，以学生的兴趣、需要和能力为基础，通过学生自己组织的一系列活动而实施的课程，例如"儿童中心课程""经验课程"等。

学科课程实质是分科课程，20世纪60年代以来关于学科课程的理论主要有：美国教育心理学家布鲁纳的结构主义课程论、德国教育学家瓦根舍因的范例方式课程论、苏联教育家赞科夫的发展主义课程论。

布鲁纳的结构主义课程论。基本观点是：其一，主张课程内容以各门学科的基本结构为中心，学科的基本结构是由科学知识的基本概念、基本原理所构成的。其二，在课程设计上，主张根据儿童智力发展阶段的特点安排学科的基本结构。最后，提倡发现法学习。布鲁纳很多思想体现了很强的时代精神，对当前学校教育仍具有很强的现实意义。不足：如片面强调内容的学术性，致使教学内容过于抽象；将学生定位太高，好像要把每一个学生都培养成这门学科的专家；同时在处理知识、技能和智力的关系上也不很成功。

瓦根舍因的范例方式课程论。强调课程的基本性、基础性、范例性，主张应教给学生基本知识、概念和基本科学规律，教学内容应适合学生智力发展水平和已有的生活经验，教材应精选具有典型性和范例性的内容。特色在于：其一，以范例性的知识结构理论进行取材，其内容既精练又具体，易于举一反三，触类旁通。其二，范例性是理论同实际自然地结合的。其三，能解决实际问题的内容都是综合的，不是单一的。其四，范例教学能更典型、具体、实际地培养学生分析问题和解决问题的能力。

赞科夫的发展主义课程论。把"一般发展"作为其课程论的出发点和归宿，称为"发展主义课程论"。所谓"一般发展"，是指智力、情感、意志、品质、性格的发展，即整个个性的发展。主要观点：第一，课程内容应有必要的难度。第二，要重视理论知识在教材中的作用，把规律性的知识教给学生。第三，课程教材的进行要有必要的速度。第四，教材的组织要能使学生理解学习过程，即让学生掌握知识之间的相互联系，成为自觉的学习者。第五，课程教材要面向全体学生，特别要促进差生的发展。

活动课程起源于19世纪末20世纪初欧美的"新教育运动"和"进步教育

运动"，其发展历史较分科课程要迟上千年。在活动课程的发展历史中，杜威常被认为是代表人物之一。活动课程有时也叫"经验课程"（experience curriculum），是相对于系统的学科知识而言，侧重于学生的直接经验的课程。这种课程的主要特点就在于动手"做"，在于手脑并用，在于脱离开书本而亲身体验生活的现实，以获得直接经验。杜威是活动课程的代表人物。他认为：传统的学科分得过细，同实际生活的距离较远，更忽视了儿童的兴趣和需要，主张"教育即生活""学校即社会""教育即生长""儿童中心""做中学"分科课程，强调通过游戏、活动作业、手工、烹调、表演和实验等来获得与社会相适应的经验。教师只是学习的参谋和顾问。

活动课程的主要观点有：课程设置应当以儿童的活动为中心，而不是以学科为中心；应当以儿童的直接经验作为教材内容；教材编排应注意儿童的心理结构。杜威认为儿童有四种本能，并相应地表现为四种活动：语文和社交的本能和活动；制造的本能和活动；艺术的本能和活动；探究的本能和活动。课程设置就应当以这些本能为基础，并尽量满足这些本能的要求。他主张教材应当心理化，应当把各门学科的教材或知识恢复到原来的经验，通过教学把它变成儿童个人的直接经验。活动课程的特点可以概括为：第一，经验性。注重通过经验的获得与重构来学习；第二，主体性。尊重学生的主动精神并以此作为教学的出发点与目标；第三，综合性。打破传统的学科框架，以生活题材为学习单元；第四，乡土性。可以结合不同地区的特点选择与开展活动。

活动课程的局限主要表现为过分地夸大了儿童个人经验的重要性，忽视系统的学科知识的学习，容易导致"功利主义"，忽视儿童思维力和其他智力品质的发展，往往把儿童日常生活中个别经验的作用绝对化而不顾及这些经验本身的逻辑顺序，结果学生只能学到一些支离破碎的知识，降低了学生的系统知识水平，另外，对于习惯了学科课程的讲授方式的教师而言，活动课程的组织较困难。

综合比较分科课程和活动课程，可以发现各自存在着优缺点，但两种课程观并不是两元对立、泾渭分明的关系，而是走向一种综合与融合。当今时代，课程演进和发展趋势是，分科课程与活动课程是学校教育中的两种基本的课程类型，我们可以把两者看作是一种相互补充而非相互替代的关系。分科课程将科学知识加以系统组织，使教材依一定的逻辑顺序排列，以便学生在学习中可以掌握一定的基础知识、基本技能。但是，它由于分科过细，只关注学科的逻辑体系，容易脱离学生生活实际，不易调动学生学习的积极性。而活动课程则可以在一定程度上补救这一缺失，但同时，由于活动课程自身往往依学生兴趣、需要而定，缺乏严格的计划，不易使学生系统掌握科学知识。一正一反，利弊兼具，任何一种在张扬其特长的同时，也就将其弊端暴露无遗。所以，这两类课程在学校教育中都是不可或缺的，必须走向综合化、平衡化，理想的境界是，分科中有活动，活动中有分科。

我们将视线转向自身，回顾中国百年学科课程及课程论的发展史，可以发现，对课程的认识经历了四个阶段：

一是1919—1949年课程研究的兴起，在本土实践的基础上，产生了中国本土教育家的课程思想与理念，例如陶行知"教学做合一"的课程思想，陈鹤琴"活教育"课程论，黄炎培职业教育课程思想，梁漱溟乡村建设中的课程思想等。

二是1950—1979年，课程研究的中断和停滞不前，这个阶段的中国教育，受到浓郁的政治文化影响，中国教育界抛弃原先的美式课程论和课程研究思潮，转投苏联课程论的怀抱，全盘接受了凯洛夫《教育学》，过于注重教学论，注重教学研究，将课程研究和课程论视为教学论的一部分，使课程研究边缘化。

三是1980—1999年，课程研究和课程论的重建阶段，在这一时期，国内又重新开始有了课程论专门论著的产生，课程论不再是教学论的附庸，而是独立出来，恢复其应有的客观地位和作用。

四是2000年至今，课程论学科的壮大和课程研究的协同发展阶段。"新课程改革"引发了我国课程研究的热潮和思想论争，学者们对课程理论、课程改革进行了全方位的研究。围绕课程改革，学界和中小学教师进行了深入的探索，学贯中西，兼容并包，提出了很多课程改革措施与见解。

一言以蔽之，时至今日，我国的学科课程发展成以分科课程和教材为主导，以活动课程为辅助的融合式形态。同时，也形成了较为完备的国家课程、地方课程、校本课程三级课程体系，并形成了一系列制度。

另外，谈及课程，总是离不开教学和教学论。什么是教学？教学即是教师的教和学生的学所组成的一种人类特有的人才培养活动。通过这种活动，教师有目的、有计划、有组织地引导学生学习和掌握文化科学知识和技能，促进学生素质提高，使他们成为社会所需要的人。什么是教学论？教学论又称教学法、教学理论，是研究教学一般规律的科学。教学论是教育学的一个重要分支，它是由教学在整个教育活动中的地位与作用、教学目的、任务、教学过程的本质与规律、教学原则、教学内容、教学方法、教学组织形式、教学手段、教学评价等内容组成的。在当代，随着教育科学的发展，它已成为相对独立的学科。

课程与教学的关系，是课程与教学论学科中具有争议性的问题之一。70年来，它们的关系大致经历了"大教学观"时期、分离期、整合期、"大课程观"时期。课程与教学的关系状态的形成，与我国的国际学术地缘关系、理论话语的措辞方式、学科建制的权力结构及其所形成的学者生存心态等知识社会学因素有关。

20世纪90年代中期以来，整合课程与教学关系的要求越来越迫切。"教学中的课程""作为课程进程的教学"等反映课程与教学一体化研究趋势的新概念也被提了出来。有人认为，课程与教学关系的二元论，主要表现为一种"技术理性"，反映了课程开发的工业化思维，以效益控制为核心，"追求一种普适化的课程开发模式，在结果上表现为一种单一的'官方课程''制度课程'，而教学就在于忠实有效地执行、传递课程"。课程与教学基本上处于分离的状态，需要整合。另一方面，课堂不单单是知识授受的场所，而且在空间上具有多样性，即在特定的场所中人际交往的互动，以及人与环境的互动中，知识的生成是动态的。课程不是材料的拼接与传送，而是社会有机事件的发生场所———种精神生活的文化空间；教学也不是传递知识的手段，而是具有交往性的知识互动过程。课程与教学的整合，体现了学习者个体对于教育环境的综合要素的交往互动，即"个体对周围环境的多元理解和诠释、课程的意义建构以及由此而促成个体经验的自我生长，这一过程同时也是个体作为社会成员的自主行动过程"。由此可见，课程与教学关系的整合是个体自主性发展的前提，体系化的知识则退居次要的位置。

综上所述，笔者认为，新时期的课程与教学是"跑"与"道"的综合统一，课程是"道"，是内容和规定，是目标和指引，教学是"跑"，是实践和操作，是过程与达成。课程的教材文本和师生的教学活动统一于一种综合的课程形态中，课程和教学同时统一于学生的学习要义之中，服务于学生的学习。就英语课程来说，英语课程具有工具性和人文性的双重属性。其中，工具性是基础和前提，人文性是灵魂（戚焱，王守仁，2012）。

第二节　中学英语教学理论梳理

相对于固定的中学英语课程体系及其教材来说，中学英语的教学法和教学研究显得更加丰富多彩，变幻多端，中学英语教学理论流派众多，教学法包罗万象，在形成属于自己和学校的区域性特色英语教学主张之前，有必要对主流的英语教学理论和教学法进行梳理、筛选，去粗取精、去伪存真，以明确前行的方向。

交际学派、古典学派、人本学派和听觉语言学派作为几种具有重要影响的"二语习得"理论，以其各异的理论观点和教学方法论对外语教学产生了重要影响。研究和分析不同流派的理论观点和教学方法论之间的区别和联系，对于外语教学实践和教学方法创新具有重要意义。外语教师需要重视不同理论对外语教学的影响，把握不同教学方法论的实质，综合运用各种教学套路，实现教学方法创新。

可以说语言教学理论发展至今已经有130多年的历史，其中19世纪80年代到20世纪90年代初为教学方法时代，其特征是寻找最佳教学方法。由于文艺复兴时期印刷机问世、第二次世界大战爆发和转换生成语法诞生这三个时间节点使人们的语言观产生了重大变化，教学方法时代也因此分为三个阶段：（1）以直接法和语法翻译法为代表的初始阶段；（2）以听说法和情景法为代表的发展阶段；（3）以转换生成语法诞生为分水岭，并以交际法和人本主义教学法为代表的终结阶段。下面回顾几种主要的语言教学理论：

一、交际语言教学理论

交际语言教学不再被看作是仅仅属于英国、欧洲或美国的一种现象，它是一种国际性视角，是对当今处于不同学习环境中具有个人差异的语言学习者的需求所做出的一种国际性努力。李文中曾指出，交际语言教学正在成为一种革新的、动态的、兼收并蓄的语言教学理论；交际语言教学只是一个综合性概念，它并不指任何一套单一的教学法，而是各种技巧和方法的综合运用。可以说，"交际法"仅仅是交际语言教学理念实施下的一种教学模式。因此，交际语言教学的发展方向趋向多元化与综合化。交际教学法认为语言总是处于一定语境当中，学习语言自然应该是学习交际，语言的意义重于语言形式，操练只能是教学手段之一。主张外语习得应该以流利性和可接受性为原则；在外语学习中应该允许学生创造性使用新语言，鼓励学生大胆"试错"；不必拘泥于听说领先、读写跟上的步骤，更加强调听说读写综合技能的获得；只要用当其时，外语教学中可以使用母语。然而，重视交际固然能够使学生大胆却表达自己的思想，教学效率却不容易提高。交际教学往往也会导致一些看似有效实则无效，甚至错误百出的交际活动，其教学效果也往往因此而大打折扣。古典理论虽然陈旧但是依然在某些方面依然堪称"经典"，时至今日我们依然无法彻底抛弃它。例如，对于成年外语学习者来说，语言规则确实能够帮助他们解决不少外语学习难题。

二语习得理论认为：作为运载工具的一种，语言实现了信息的传递。而通过研究和实践二语习得理论可得，与语言学习不同，二语习得是将语言付诸实践继而实现理解语言的意义，这是一个不断交流和实践的过程。如何更流利、更准确地将语言应用于实际，是二语习得理论所关注的主要课题。Hymes在1972年提出培养学生形成交际能力是语言类教学活动的最终目的。语言交际能力包括两个方面：语言能力、语言运用能力。语言交际能力中又涵盖了如下几个参数：与语法相符，在形式上某一种说法是否可能，或达到何种程度才可能；合理性，某一种说法是否可行，或在何种程度上可行；得体性，某一种说法是否得体，或达到何种程度才算得体；操作性，某一种说法是否实际发生，或达到何种程度而实际发生。在其学习理论层面，交际语言教学基于3个重要原则：交际原则，即具有真正交际意义的活动能够促进语言学习；任务原则，即运用语言执行有意义的活动可以促进语言学习；意义原则，即对学习者有意义的语言才能使学习过程持续下去。对于交际语言教学来说，交际能力理论是其直接的理论基础构成，并由此衍生出交际语言教学过程中的基本原则——在交际语言教学中，应根据针对学生需求分析所得结果，以培养学生养成交际能力并不断强化为教学宗旨，同时在教学内容的选择上主要以语言使用规则为主体，积极在课堂上组织开展交际活动并保证其覆盖课堂教学活动的始末。就某种程度而言，在英语教学过程中交际教学法的教学效果堪称"理想"。英语课堂教学通过交际教学法的应用将其以形式为中心转向以功能为中心，课堂主体也由传统教学模式中的教师转向现在的学生，这就是交际教学法的效用和魅力所在。与其他各类教学模式相比，交际教学法强大的生命力也源于此。在课堂活动中，教师布置相关的交际任务，引导学生以合作的方式，或以小组、以集体的形式相互协作并最终完成。在此过程中学生改变了传统被动的课堂知识灌输受众角色，而成为课堂的主体和学习活动的主角。与传统教学法相比，交际教学法具有很多优点，但传统语法教学对于英语教学也同样重要。我们对语法教学加以强调，并非是恢复传统语法教学模式，在当前英语教学现状下，如何教好语法并将其与交际教学法充分结合成为英语教育工作者所面临的重要课题，应将两者所具备的优势予以充分发挥，在英语教学过程中探寻到最佳途径。

二、任务型语言教学理论

任务型语言教学法于20世纪80年代末由勃雷伯率先提出，即学生通过运用目标语言完成任务的方式来学习语言。也就是说，任务型语言教学法是一种以任务为基础的语言教学方法，学习者的目的是完成交际任务，而不是学习语言项目。在活动期间，学习者可以根据需要选择语言项目，既可以是自己很熟悉的语言，也可以是不熟悉的语言，或是学习新的语言形式。学习者在完成任务的过程中学习和使用语言，在做中学，在用中学。教学任务为学习者提供了语言输入和输出的平台，使学习者发挥主观能动性，在完成任务的同时提高自己的语言运用能力。

与任务型语言教学法相关的理论主要有以下几种：

调节理论，又称中介理论，根据Lantolf和Thorne（2006）的观点，调节理论是社会文化理论的中心概念，任何高级认知活动，包括二语学习，都需要经过如语言、实物、图标等调节工具，才能得以发展。而语言是最基本的调节工具。

活动理论，维果茨基认为，人的心理是在人的活动中发展起来的，是在人与人之间的相互交往的过程中发展起来的。活动是高级心理机能或者意识形成的必不可少的一个条件。活动理论的研究重点是"个体或者群体在特殊情境下采取哪种活动"，而不只是关注语言的技能、信息的处理和概念的应用。该方向的研究从活动、行动和操作方法三个层面进行。活动是情境，行动是以目的为导向的行为，而操作方法是完成一个活动的方式。活动与情境相关，如语言教学课堂；行动与目标相关，如提高语法等；操作方法则与行为的各种条件相关，如小组、搭对形式等。Lantolf和Thorne认为，活动理论把人的行动视为社会和个体相互影响的动态系统，认为活动是社会多层面合作的过程，不能以教师和学生任何一方为中心，只能是彼此的共同合作。

最近发展区和"支架"理论，维果茨基的最近发展区理论是指学习者个体独立发展的语言水平与在高水平的合作者帮助下发展的语言水平之间的距离。事实上，最近发展区理论的重点是专家和新手之间对话关系的本质，提高新手对语言的自我调节能力，促进个体在有帮助下学习到的技能能够在将来独立完成；"支架"理论是指任何"成人—儿童"或者"专家—新手"的相互协作的行为。Wertsch进一步指出，支架可以是同伴之间的互动和一个集体之间的互动。

对话理论，Bakhtin认为，所有的言语都是对话性的，也就是说，所有的语言都有说者和听者，"个人只有参与到对话中才会成为语言使用的主角"。对话理论认为，所有的语言和人类的意识实际上都是动态的、互动的，并依赖于环境的。Bakhtin（1981）的对话理论有重大的启示作用，他认为语言是自然形成的、是通过社会互动学习的。

情景学习理论，Lave和Wenger提出的情景学习理论模式的核心概念是合法边缘参与理论，指语言学习者需要被看作某个社群合法的参与者，学习的目的是获得社群的资源，为此学习者必须在社群中被其他人接受，其途径是至关重要的。语言学习使个体融入社会文化中去，在关注个体与社会的互动活动的同时，也强调"人、活动和社会三者之间的互动、互惠关系"。

《义务教育英语课程标准（2011年版）》倡导的"任务型的教学途径"，成为学者们的研究热点，论文研究成果丰富。龚亚夫、罗少茜从课程改革的理论依据、语言习得的规律、心理学、社会建构主义理论以及教育学有关认知、情感、动机、学习策略等诸方面介绍了任务型语言教学的理论基础，使教师能够了解任务型语言教学的基本理念、主要原则，能够运用常见的任务类型与设计方法指导教学。从教育哲学角度上看，任务型语言教学包含着美国哲学家、教育家杜威提出的"做中学"的观点。教育心理学理论皮亚杰强调在学习过程中的建构性。他认为，个体从出生开始就开始积极地参与个体意义构建。他的理论对语言教学具有重要意义。威廉姆斯和布尔登也强调学习者作为个体积极参与意义构建的重要性。社会互动理论强调教师、学习者、任务的动态交互作用，提出学习的发生和发展离不开与他人交互的环境。基于这一理论，威廉姆斯和布尔登提出了教学过程的建构主义模式。他们指出影响学习过程的四个要素：教师、学生、任务和环境。这四个要素互相影响，共同融入学习的动态过程。在社会建构主义者看来，任务型教学提倡学习过程的真实性和互动性，学习者可以通过自己的方式理解信息，从而用相关信息构建意义。

纽南将任务型语言教学的特征概括如下：

1.强调让学习者通过用目的语互动来学会交际。

2.将具有真实性的语言材料引入学习的环境。

3.为学习者提供既关注语言本身，又关注学习过程的机会。

4.增强学习者个人的经历作为重要的、促进课堂学习的要素的作用。

5.努力使课堂语言学习与课外语言激活联系起来。

任务型语言教学的原则以归纳如下：任务型教学实施应该以学习者为中心；注意选择任务的难度，明确任务的目的；重视使用真实情景中的文本和材料，努力创设接近真实的情境；使用可说明性的任务环有助于学习者自我评价；强调团队合作学习。

任务教学实施结构框架如下：前任务，此阶段介绍主题和任务。教师在此阶段帮助学生理解任务的主题，可以综合全班同学的已有经验或直观图像等等来介绍主题，可以通过前任务活动唤起学生对于主题的相关经验，也可以给学生时间，思考如何解决任务。此阶段教师要确保学生理解任务要求，可以重点突出一些关键词或短语，也可以播放他人完成相同或类似任务的录音；任务环，此阶段学习者运用自身已经掌握的语言去完成任务，并为之后的汇报详细准备计划，最后以汇报的形式来展示任务的完成情况。因此，此阶段包含任务、计划、汇报三部分。

任务：学生以结对或小组为单位完成任务。在学生的任务解决过程中，教师始终是以监控者、支持者、帮助者的角色出现，不能手把手地教，更不能为了强调语言的准确性而打断学生的任务解决过程。

计划：小组学生完成了任务，但为了将其成果以口头或书面的形式展示给全班同学，他们需要关注语言的准确性。学生小组会草拟或演练将要陈述或表演的内容，教师此时的角色是建议者，使学生明确报告的目的，协助他们进行必要的修改，使其适合在全班展示。

汇报：此阶段小组学生正式向全班简要汇报。教师此时应该扮演汇报主持人的角色，安排口头报告的先后顺序，使书面报告能够被充分的阅读。其他小组应该针对汇报组的任务完成情况做笔记后给出评论。教师在每组汇报结束后也应该及时给予反馈。

语言焦点：此阶段对任务环中语言的特点和相关语言知识进行细致探究，包括分析和练习。

分析：学生从自我参与的任务活动中，自我分析和总结出相关的语言点，从而增强对此类语言点的意识，以便在以后接触到同样语言点时能够识别，最终将其整合到学生个体的认知系统中去。

练习：教师可以组织与语言点相关练习活动，如齐声朗读、记忆游戏，此时起到一种总结的作用，能够使学习者重视上面分析的语言点，也是对整个教学过程的一种强化。

三、全语言教学理论

全语言法教学理论产生于20世纪70年代。肯尼思·古德曼是亚利桑那大学的名誉教授，他是全语言教学理论的奠基者。他认为语言是有意义的，应该把语言作为一个整体来教学，而不是把它分割成若干部分。教师在教学的时候，必须注意语言的实用性。肯尼思·古德曼总结了全语言法教学几方面的特征：

阅读方面，专注于培养学生读有现实意义的书籍。通过篇章来教学生单词，而不是把词句拆开，单独教授。这个特点是全语言法教学理论的精髓。教师鼓励学生对陌生词汇猜测。强调学生在各式各样的真实语料中理解并使用语法，正确拼写。

写作方面，全语言法教师注重内容的表达。学生必须是为了真实的目的写作，或是有感而发。例如，学生在学自然课的时候，也许会学到如何种植某种植物，他们就可以写观察日记。这就是与生活紧密相连的写作。

全语言教学的核心要点有三：

从英语整体性入手，实现功能先于形式。语言是整体的，它是整体大于部分之和，而不是一加一大于二，因此，将完整的语言肢解成语音、词汇、语法规则、句式结构等若干个互不相干的语言单位，在很大程度上会破坏语言的完整性，因此，在"全语言教学"理论的指导下开展初中英语教学活动，首先教师要从英语整体性入手，实现功能先于形式，以此来促进学生更好地学习英语这一门语言。在学习英语过程中，只有当学生明确用英语去做什么事时，才能促使学生更好地学习语言，以此来用语言表达满足他们的需要，借助这样的形式，英语的学习才能更加容易，因此，教师在开展初中英语教学活动中，要转变学生的固有思维，刺激学生驾驭英语形式的欲望，从而促进整体发展。

创设教学情境，营造"全语言"环境。语言的学习应该从整体到部分，不仅是因为整体大于部分之和，而且也是因为在整体之下部分的价值才能在最大程度上发挥，与此同时，语言的使用如果离开语境，会导致语言学习的难度系数增高，因此，在"全语言教学"理论的指导下开展初中英语教学活动，其次教师要有效创设教学情境，营造"全语言"环境，从而培养学生的综合语言运用能力。情境的有效创设，不仅能够让学生在较为真实的环境中运用英语，以此来提高英语能力，而且也能够让教师更好地运用"全语言教学"理论，以此来提高初中英语教学质量。

合理布置课外作业，让学生充分利用课外语言锻炼机会。语言的学习如果单靠课堂时间是远远不够的，毕竟一节课的时间是四十五分钟，因此，在"全语言教学"理论的指导下开展初中英语教学活动，最后教师要合理布置课外作业，让学生充分利用课外语言锻炼机会，从而促进学生获得更好地发展。

全语言法教学也有其局限性：

对真实教学材料的选择困难；学生学习的进度难以把握全语言法提出让学生自己选择真实的材料学习。每个学生选择的材料都不一样，教师很难控制全班的进度；缺乏完善的评价体系，全语言法并没有规定一个完整的评价体系，这对于学生的发展来说也是一个不利的因素；对教室秩序难以掌控在全语言教室中，学生掌握主动权，教师起到的是辅助作用。全语言教室允许学生自己管理教室。

目前，实行全语言法教学理论的国家较少，运用该理论的教师也不多，但它所带来的教学变革以及教学效果的改善是有目共睹的。

四、生态角度的语言教学研究

"生态"（ecology）一词首次使用出自德国的生物学家恩斯特·赫克尔，他把生态定义为一种有机生物体在其生存和发展的环境中与其他各种有机生物体之间的整体关系。我们可以将之理解为在某一个特定研究领域采用整体的方法探索某一个物体或者某个过程在某个特定环境下，与其他与之共生/共存的物体或者过程的相互关系。Haugen曾提出拒绝只关注静态结构的语言研究（比如音系学、语法学和词汇学）的观点，提倡从生态视角研究环境如何影响语言的使用和发展，以及语言的使用者之间及其与环境之间的相互影响与共生关系。SCT从一开始指导西方SLA研究就与生态元素结合，发展成为生态语言教学。生态语言教学把语言学习者与语言环境的关系相结合，构成全面解释和指导当代语言教学与研究的新理论流派，采用动态的、宏/微观结合的方法，聚焦社会环境与师生的互动，关注语言的意义、形式及结构，强调语境。该方向的研究认为环境是借助语言调节认知的重要"给养供应站"，在给养充足的环境中，学习者可以获得更多的机会锻炼使用语言。VanLier给给养（Affordances）的定义是，教师引导下的语言学习机会。这些机会允许学生们从不同的、经过具体计划的、互动性的、合作性的任务中学习，以期达到在真实社会的特定环境中使用语言的目的。VanLier用这一术语代替了Krashen等人关注的linguisticinput，认为为学习者们提供互动性的学习机会比单纯提供语言性输入更有利于语言的习得。

英语课堂生态，是指在英语课堂上教师、学生与其课堂环境之间相互作用、相互影响而构成的有机生态整体。这是一种特殊的生态，之所以特殊，是因为它不同于自然生态，而是一种人为建构的生态。生态外语教学观以动态与发展的眼光审视外语课堂教学，视外语课堂教学为师生共同探索如何提高外语知识与能力水平的过程。在此过程中，不仅学生应不断成长，教师也应在课堂教学中得到发展。作为一种课堂教学的新方式，生态课堂就是实现绿色教育。绿色代表生命，代表成长和生机，代表活泼清新的未来。在生态课堂中关注人的发展，以人为本，尊重个性，关爱生命，着眼发展，尊重学生的主体地位，让学生在教师的指导下，自主地建构知识，培养能力，张扬个性，最大限度地满足学生各方面的需要。生态课堂可以打开学习的情感通道，促进外语学习；生态课堂可以帮助学生超越自我，开阔思路，挖掘学习潜力。生态课堂的内涵核心是以人为本，以发展为本。在教学过程中，将"整体性、开放性、协同合作、相互依存、动态平衡"等教育生态的意识观念贯彻其中，强调创设积极的有利于学生生态主体建构生成的课堂生态情境，以理解、交往、动态生成等为教学路径，教师和学生生态主体成为平等的对话者、合作的探索者，学生和学生成为协同的自主学习者，基于和谐的关系，促进每个学生生态个体的个性健康全面发展，同时促进教师生态个体的专业成长。英语课堂生态观呼唤摈弃单一化、程式化和教条化的模式，代之以富有生态性、多极性和对话性的互动网络式教学。

生态化外语教学观的基本理论基础是生态语言学。与信息时代其他新兴的语言学一样，生态语言学是一个跨学科的领域，由语言学与生态学结合而产生。它是语言学汲取了心理学、社会学与计算机科学等学科有关部分形成了心理语言学、社会语言学与计算机语言学等新兴学科后诞生的又一个语言学分支。生态语言学以社会语言学与心理语言学为主要理论基础，但生态语言学研究的对象不是社会语言学与心理语言学的重复或相加，而是从生态学的角度探讨语言与生态系统的关系。主要关注：一是通过对语言的分析进一步认识生态系统，如讨论环境或其他生态系统的因素时使用的语言及特点等；二是通过生态学观点分析语言本质及使用的特点，旨在探讨语言与环境的交互作用。

生态外语教学观充分重视自然、社会中物质与人文环境对教师外语教学与学生外语学习的影响，并强调师生与这些环境的互动在外语教学中的重要意义，这是值得广大外语教师深思的。正如持生态外语教学观的学者指出的那样，虽然关于环境对外语教学与学习的影响并不是生态外语教学观首先提出的，但是，纵观历来各个外语教学流派，无一不重视环境的影响，并做大量实地考察与研究。事实证明，过去我们对这一问题有所忽视，例如，当学生外语学习产生困难时，往往仅从学生内部，即学习动力、态度、能力与方法等方面寻找原因，较少分析他们受到哪些客观因素（特别是哪些无形的因素）的影响，以及他们如何在适应环境的过程中形成不当的行为，然后采取有效措施，帮助他们从主、客观两方面着手提高学习成效。生态外语教学观指出，外语课堂教学中存在着多种因素，它们既互相依存，又互相制约，正确处理它们之间的关系，对外语课堂教学的成败至关重要。长期以来，外语教学界对课堂教学中诸因素的认识时常存在片面性。例如，传统外语课堂教学观强调教师的重要作用，忽视了学生学习的主动性；20世纪七八十年代，认知法与交际法等外语教学法流派诞生之初，注意到学生在外语课堂教学中的重要性，但又不重视教师的指导作用；20世纪末，当代外语教学法主流学派为克服过去的片面观点提出了师生互动的重要意义，反映了人们对师生关系的认识已逐步深化。进入21世纪以来，生态外语教学观强调的外语课堂教学的能动性逐渐得到外语教学界的认同。越来越多的外语教学工作者认识到，过去外语教学领域诸流派往往以静态的观点对课堂教学做单一、线性的分析与指导，"方法时代"各种外语教学法总是注意如何以一种方法替代另一种方法就是最突出的例子，似乎解决了教学方法，外语课堂教学就产生了生机。

当高科技设备进入外语课堂后，又出现了大量使用计算机进行语言操练和依赖互联网的状况。人们发现，再好的教学方法，再多地使用科学技术手段，也不可能解决教学中产生的各种问题，也不能一劳永逸地提高外语教学质量。究其原因，就是未认识到生态外语教学观所指出的：课堂教学中的教师与学生都是活生生的人，他们带来了各种问题，而且整个课堂是一个不断变化与发展的过程，其生命力来自课堂内多种因素的互动，以及由这些互动产生的教与学的发展。

五、后方法时代

回顾世界语言教学发展的历史，Stern指出："（对教学方法的）长期迷恋越发表现为毫无益处和一场错误。"Allwright和Bailey发现尽管各种教学方法都声称自己与众不同，但是支撑这些方法的抽象原则却大同小异。教学方法往往通过强调学习者的共性将一系列极为复杂的问题简单化，但学习者却彼此之间存在很大的个体差异。采用任何一种方法都应该考虑"语言学习环境的复杂性和多样性"。"不同的教与学的方法植根于不同的社会、政治、哲学和文化差异之中。""如果我们将自己的职业看作去寻找那种一旦找到便可取代其他方法的最佳教学方法"，那是不现实的，只有适合的，没有最好的。适合于某时、某地和某人的某种方法未必可以穿越时空适合所有学习者，舶来的教学方法在使用中"难以与本地文化相融，不接地气"，万能的教学方法"过去没有，将来也不可能有"。交际法遭遇尴尬就是一个典型的例子，它注重培养学生交际能力，追求课堂外目的语的使用效果，忽视了教学所处的社会文化环境，被认为是"乌托邦，不现实和强制性的"，Bax甚至呼吁终结交际法。

Prabhu发现某种方法最佳的说法仅限于教师在特定条件下认为有理由使用它，"最佳教学方法因教师而异"。事实上，"一种教学方法优越于另一种方法在实践中难以印证"，"没有哪一种方法是永恒的、通用的和经久不衰的"。由于许多西方国家的语言学家和教师已经于20世纪90年代初纷纷放弃了寻找"更新、更好的教学方法来解决语言教学问题"的梦想，有关最佳教学方法的神话开始破灭，研究者们认为，语言教学已经进入后方法时代。Kumaravadivelu认为，后方法时代的教学法具有特殊性、实践性和可能性三大特点。语言教育应对教育环境具有敏感性，在真正理解本地语言、社会文化和政治特殊性的基础上实现教学方法本土化。教师可以将自己的教学实践升华成理论，反过来又在教学中应用自己的理论。语言教育不仅仅关注语言，而且要能够"形成与人们带到课堂内的种种经历相适应的理论、知识和课堂活动"，既能适应师生教与学的需求，也能适应他们的社会需求，帮助他们完成对实现身份和社会转变的追求。后方法时代并非意味着摒弃教学方法，而是更加理性、务实地研究语言教学，在理论、方法和技巧三大层面与特殊性、实践性和可能性相融合。

在教学法时代，人们将"教学的本质误解为一系列本身即可为学习提供保证的步骤"，这种狭隘的观点驱使人们在一百多年的时间里痴迷于寻找一种在任何时间、任何地方、对任何人都适用的最佳教学方法。虽然屡屡失败，但"语言教学历史的可悲之处就在于它未从过去的失败中吸取经验教训"，这可能是教学方法时代带给人们的最大启示。"语言教学的历史就是一部关于语言是什么和语言应该如何学习的历史。"语言观影响学习观，并因此决定教学观。从结构主义到功能主义再到互动理论的语言观和从刺激与反映到主动心理活动再到情感与环境的学习观，反映了人们对语言和学习的认知经历了一个由简单到复杂的变化过程，这也使教学观经历了从关注语言到关注人再到关注社会的变化。虽然苦寻最佳方法的尝试失败了，但语言教学理论发展一百多年的历史却留下了宝贵的财富。结构主义语言观认为，语言是在结构上相互关联的意义编码系统，它表明语言是物质，学习语言首先是学习符号系统，这依然是当今外语教学的基础。行为主义学习观强调"刺激对语言习惯形成有重要作用，重复和操练是习得语言的必由之路"。

这使我们想起学者董亚芬语重心长的提醒："千万别把背诵、翻译、复述、听写等传统学习方法视为落后的过时的方法。"由此形成的教学观认为，语言教学应该由浅入深，循序渐进。反思自己和许多同事的教学经历，这一观点仍具现实意义。我们不能简单地认为过时了的东西就无价值可言，甚至将不同的语言观、学习观和教学观完全对立起来，而应当从形式、意义、社会的视角对不同的三观加以利用，兼收并蓄，博取众家之长。语言教学植根于社会文化之中，后方法时代并非意味着摒弃教学方法，而是注重教学方法与人和社会文化环境的互动与有机结合，这对我国建构中国特色的语言教学理论更具现实意义。语言教学是一个由理论、方法和技巧形成的体系，我国虽未形成自己的语言教学理论，但后方法时代的到来却可使我们少走弯路，不再试图找到一种万能的教学方法应用于全国。

六、课标解读

我国《义务教育英语课程标准》（以下简称《课标》）主要以认知发展课程观为中心，同时也汲取了经验课程观、社会重建课程观以及学术理性主义课程观的要点。首先，《课标》在"前言"中就开宗明义地指出："要改变英语课程过分重视语法和词汇知识的讲解与传授……使语言学习的过程成为学生形成积极的情感态度、主动思维和大胆实践、提高跨文化意识和形成自主学习能力的过程。"在课程性质、任务、基本理念及目标结构中也都可以找到有关提高学生学习能力的具体表述，如"培养学生的观察、记忆、思维、想象能力和创新精神"等。这直接体现了我国的基础英语教育已经被认可为公民素质教育的重要组成部分。语言学习的过程不再只是纯粹地追求掌握语言知识，而是更多地强调使学生形成积极的情感态度和自主学习能力，养成主动思维、大胆实践的语言学习习惯。英语不只是工具，而已经成为衡量一个人的综合素质不可或缺的方面。英语教学不应只停留在以掌握语言知识和技能为目的，而应以激发和培养学生终身学习的能力为最终目的。这正是认知发展课程观的主要思想。这一哲学观同样贯穿于教材设计和教学实践中。

另一方面，我们还应看到《课标》在坚持认知发展课程观，强调英语学习的最高目标，即开发学生思维、发展学生自主学习能力的同时，并没有忽视语言学习的其他方面。《课标》"倡导体验、实践、参与、合作与交流的学习方式和任务型的教学途径，发展学生的综合语言运用能力"，认为英语课程必须从学生的生活经验出发，英语课程的学习要丰富学生的生活经历。

另外，《课标》是应社会发展需求而研制的。一方面，社会生活的信息化和经济的全球化使英语的重要性日益突出；另一方面，自改革开放以来，英语教育还未能满足我国经济建设和社会发展的需要，与时代发展的要求还存在差距。《课标》就是在这样的社会背景下应运而生的。尽管《课标》应社会发展需求对英语教育提出了新的更高的目标，但是绝没有表示要剔除语法和词汇知识的讲解与传授，只是将其调整到基础目标的位置上。无论是在"课程任务""基本理念"还是"课程目标"中，都可以找到关于使学生掌握一定的英语基础知识和听、说、读、写技能的表述。

课程通常可分为三大要素，它们都直接影响语言教学：1.目的和内容，在这一范围内，课程要回答的问题是：要学什么？课程计划要达到什么样的目的？总的来说，我们应提倡目的和内容的多样化，但是在一些情况下应当清楚地说明特定的课程要素，如学习者的语言水平，甚至具体到学习者的语言阅读水平。《课标》在第二部分"课程目标"中提到，"基础教育阶段英语课程的总体目标是培养学生的综合语言运用能力。"课程目标结构图形象地说明了"综合语言运用能力的形成建立在学生语言技能、语言知识、情感态度、学习策略和文化意识等素养整体发展的基础上"，并且还列举了这五个方面的下属内容。接着，《课标》以表格形式总体描述了英语课程目标的九个级别在上述五个方面的综合行为表现。在"内容标准"中，《课标》详尽地列出了目标的五个方面对应于不同级别的不同内容标准。可见，《课标》对基础教育阶段英语课程目标的分类是井然有序的，描述是具体清晰的。2.课程教学"怎样教"也应被纳入课程设计的考虑范围，包括教学方法、学时分配、内容的挑选和安排、教学模式以及教学媒介等。《课标》的第四部分是"实施建议"，包括教学建议、评价建议、课程资源的开发与利用以及教材的编写和使用建议。首先，在这里使用"建议"而非"规定""要求"之类的词，是非常恰当的。既然是"建议"，那么学校和教师就拥有依照各自实际情况，以"建议"为依据，选择教学内容与方式的自由。其次，对于教材的编写，《课标》表示"教材内容、教学活动和教学方法应具有较大的灵活性和开放性。"而对于教材的使用，《课标》反对唯教材是尊的思想，建议教师要结合实际教学需要，灵活地和有创造性地使用教材，鼓励对教材的内容、编排顺序以及教学方法等方面进行适当的取舍或调整。从教学实施建议来看，《课标》既包含了教学过程涉及的具体内容，又没有对教学过程、评价操作、教材的编写和使用等作硬性要求，很好地体现了灵活性和相对自由度，顺应了课程发展的一般趋势。3."课程评价"的功能是控制课程质量，回答两个主要问题：（1）课程是否健全？是否合乎教育的目的和内容？（2）对于包含教学目标和预期效果的课程，是否有一种能把该课程指导下的学生教育成功的教学方法？通过《课标》中对评价体系的描述可以看出，有关评价的内容属于"学生评价"。《课标》非常强调评价对实现课程目标的重要作用；评价内容均以学生为中心；认为终结性评价应注重考查学生的综合语言运用能力；鼓励采用形成性评价和终结性评价相结合的方式，特别强调形成性评价的重要性。通过以上三方面的分析可以看出，《课标》重视培养学生形成积极主动的学习态度和能力，加强课程内容与现代社会发展和学生生活的联系，课程教学模式更加灵活，对学生的评价一改过去以一张试卷定成绩的单一手段，取而代之的是形成性评价与终结性评价相结合的评价体系，因此，《课标》在目的和内容的设定、课程教学以及评价三方面所做的改革都体现了我国素质教育的需求。

第三节　"大英语"观视域下的本土实践与创新提炼

英语核心素养要求我们着眼于学生的长远发展及民族振兴大计，而不是把目光牢牢锁定在学生的考试成绩上。我们结合三十多年的英语教学经验，提出了"大英语"教育观。所谓"大英语"教育观，是指中学英语的教与学要超越应试教育的局限——教知识与技能，要超越学科狭义的教育范畴——听说读写和学科实践，理论指导既包括教学法范畴的任务语言教学法、交际语言教学法、全语言教学法、生态教学法、后方法教学法，也包括课程范畴的教材文本及教材相关资源。同时，我们结合建构主义教育理论，立足学生的全面发展，立足于核心素养，立足于德智体美劳五育并举，突出育人的系统性、科学性、主体性和实效性。

"大英语"教育观指导下的英语教学在培养学生语言能力的同时，也注重提升学生的综合素养，实现英语课程工具性和人文性的统一。教师致力于培养学生的思维能力和跨文化交际能力，将课堂学习与自主学习结合起来，通过各种途径增加语言和文化的输入，基于知识和思维两个层面实施语言教育，为学生的终身发展奠定基础。学生的学习方式不拘一格，既可以从整体入手，深入部分，再回到整体的精细模式，也可以是只整体感知，了解大意，对字、词、句不进行过细分解的浏览模式。"大英语"教育观具有以下特点：

一、提供丰富的学习材料

由于现有教材不能完全满足学生的学习需要，教师应为学生推荐一些学习材料，或者收集一些篇幅不长、内容隽永、难度适中的文章作为学生的阅读材料。对于学生来说，与老师一起选编材料的过程就是一个无意识的英语学习的过程。在这一过程中，学生既提高了学习积极性，也开阔了眼界，拓宽了知识面。选编材料的过程还有助于培养学生的独立思考、团队协作等能力。学生会感到自己既是在学习英语，也是分享生活。只要教师打破传统教学方法和理念，提供充足的符合学生认知水平和生活经验的学习材料，就能让课堂教学充满生命活力，从而提高英语课堂的效率。

二、构建"大英语"学习体系

"大英语"教育观指导下的英语学习是一种整体性、渗透性的学习。学生既可以从整体入手，深入到部分，再回到整体的精细的学习方式，也可以是只整体感知，了解大意，对字、词、句不进行过细分解的浏览的学习。新课程倡导的理念：教学过程是师生互动、共同发展的过程。学生的英语学习将由教师的讲解、规定的学习进程为主转向学生在教师的帮助下直接、主动地学习和探索，与此相连，"大英语"教学中的师生关系和生活关系也发生了变化，过去师生之间是单向的控制和知识传递，现在则应是建立在平等基础上的双向交流和对话，在对话的过程中教师既是教育者，同时，也感到自己在接受教育，教师不仅是将知识传递给了学生，而且自己也会从常识方面，在考虑问题的思路、态度、情感等方面有所收获，有所进步。学生与学生间的对话、交流、合作与相互影响非常重要，他们或以小组的形式共同学习讨论，或互相介绍自己的学习材料，或合作编辑英语学习资料，也可轮流担任小老师，主持英语学习活动，评价他人的观点与结论。师生之间的广泛的交往和互相学习将有效地促进整个班级英语学习风气的形成。

三、营造"大英语"学习环境

"大英语"的学习环境除英语课堂教学外，还包括整个教室的环境布置，如在教室里建立图书角，让学生随时可以自由阅读，随时可以获取英语学习材料。建立展示学生英语学习成果的平台和空间，每日让学生"谈天说地五分钟"，课前交流古诗、格言佳句等。再大而言之，"大英语"教学还有赖于家庭和社会所提供的英语学习环境，因此，教师应与家长进行沟通，力求得到家长和社会的支持的配合。让学生走向社会，观察社会现象，访问个体户，参观工厂、企业，写出调查报告；了解人与自然的关系，对学生进行环保教育；了解山区的土特产、学习当地农民的栽培技术、游览观赏自然风光，陶冶情操，感受大自然的奇妙无穷，让学生在实践中学英语，用英语。总之，自然和社会这两本书，对学生进行"大英语"学习是不可缺少的。

我认为，有鲜明教学主张和教育风格的中学英语教育教学，必须紧紧围绕课程特色和教学法苦下功夫，将"大英语观"注入课程研发创新和教学模式创新中，最终是走向没有既定模式的教学艺术化境界。在课程和教学中，课程是基础，是内容提供者，是实现教育教学的必要条件；教学模式是英语教育教学向上攀越的"扶梯"，从有模逐渐过渡到无模，便能达到教学艺术化的境界。

在课程方面，我带领福永中学英语教师团队，中西合璧，立足国家课程，将国内必修课程和国外相关英语课程进行融合，对比多种教材，取长补短，开发了具有区域特色的英语国家课程，例如外教听力口语创新课程；在校本课程方面，学校教师团队深入分析英语综合实践课、活动课、社团活动等课程实施样态，开发了姊妹学校英语互访交流活动课程、英语圣诞节等特色节日课程、"我带外教游宝安"等活动课程；在假期英语学科户外研学课程方面，我校联合美国、加拿大等国家，从实际出发，开发了"游学研展"一体化的寒暑假14—21天夏令营和冬令营英语特色研学课程。

在教学艺术方面，学校立足英语教师年轻化，处于教学"入模"和"定模"阶段的实际情况，在五年多的实践中摸索出了反响较大的四大英语教学模式——新沉浸式英语教学模式、中外教师合作教学模式、混合式英语教学模式、英语项目式学习模式。这些教学模式既有对传统教学模式的突破与创新，又有主动跟随时代前沿的独立创造，教学模式的实践与推进，极大地提升了学校英语教学质量，提升了学生的获得感。

无论是课程创新还是教学艺术的摸索，都有一条灵魂式的红线贯穿其中，即"大英语"观的主张和思想理念。我始终坚信，英语学科的每一个环节，每一种模式，每一处教学内容，都不能脱离"大英语"观视域下的核心素养、生活化英语、五育并举，教师在局部的英语教育教学中，都应时时处处贯穿英语教育的整体性，以小见大，时刻指向培养全面发展的人这一宏伟目标，这是我校英语教育教学取得显著成绩的"法宝"。

参考文献

[1] 熊和平．课程与教学的关系：七十年的回顾与展望 [J]．高等教育研究，2019（6）40–51．

[2] 迈克尔·富兰．教育变革新意义 [M]．赵中建等译．北京：教育科学出版社，2005．

[3] 拉里·博西迪，拉姆·查兰．执行：如何完成任务的学问 [M]．刘祥亚等译．北京：机械工业出版社，2008．

[4] Brumby, S. & M. Wada. Team Teaching[M]. Harlow, Essex：Longman, 1990.

[5] 吴康宁．课程内容的社会学释义 [J]．教育评论，2000（5）：20–22．

[6] 谢利民．现代课堂教学的理念：知识的传播与生成 [J]．教育科学研究，2002（7）：7–10．

[7] 李建平．课程改革对教师提出全新挑战 [J]．教育发展研究，2002（1）：16–20．

[8] 陈亚鹏．课程改革亟待关注执行力研究 [J]．教育科学论坛，2006（7）：17–19．

[9] 俞红珍．教材的"二次开发"：涵义与本质 [J]．课程·教材·教法，2005（12）：9–13．

[10] 黄敏华．从课程执行力、学科研究和校本研修入手 [J]．上海教育，2007（24）：49–50．

[11] 程亮．"实践智慧"视野中的教育实践 [J]．华东师范大学学报：教育科学版，2008（3）：10–16．

[12] 吕京.新课程背景下教学执行力建设与学校文化的提升 [J].教育与职业,2008（20）：32–33.

[13] 杨九俊.新课程三维目标：理解与落实 [J].教育研究,2008（9）：52–58.

[14] 崔允漷.课程实施的新取向：基于课程标准的教学 [J].教育研究,2009（1）：74–79.

[15] 谢利民.论有效课堂教学的教师素质 [J].课程·教材·教法,2009（5）：13–18.

[16] 李志红.教师的课程执行力是课程有效实施的关键 [J].山西教育管理,2010（5）：37–39.

[17] 牟宜武.学生视角下的大学英语中外教师合作教学 [J].中国外语教学,2010（4）：43–52.

[18] 张立昌.自我实践反思是教师成长的重要途径 [J].教育实践与研究,2001（7）：2–5.

[19] 殷小娟,林庆英.中外教师合作教学效果实证研究 [J].四川教育学院学报,2012（2）：82–85.

[20] 姚志敏,谢利民.影响教师课程执行力的因素分析 [J].教育学术月刊,2012（11）：62–64.

[21] 赵成木."巴学园"中的新园丁——教师课程建设力的培养与思考 [J].上海教育科研,2013（3）：67–68.

[22] 姚瑞瑛.教师课程执行力的相关综述研究 [J].科教文汇（上旬刊）,2013（4）：25–26.

[23] 姚志敏,谢利民.教师课程执行力的演变轨迹研究 [J].教育理论与实践,2013（4）：41–44.

[24] 吴艳玲.教师课程执行力的构成要素和提升路径 [J].教育探索,2013（8）：118–119.

[25] 晓芸.教师课程执行力的构成、障碍及提升途径 [J].教育探索,2014（11）：94–95.

[26] 陈萍.课程执行力：教师专业能力的理性诉求 [J].中国教育学刊,2013（12）：82–85.

[27] 汪美德.小学教师课程执行力的提升策略探究 [J].吉林教育,2015（20）：27.

第二章

中学英语语言技能培训的特色路径

第一节　中学英语听力技能培训

人们在教授或学习英语时，往往会强调"听、说、读、写"这四项基本技能。但是在实际的英语学习过程中，听力教学却是最被忽视的一环。我国一向重视阅读教学和写作教学，同时也重视说的训练。然而，若没有良好的听的能力，又何谈说呢？读写固然重要，但随着中国日益走向国际化，英语又是世界通用语言，那么与说英语的国际友人正常交流就成了一项重要又基本的技能。听力和阅读是输入，写和说是输出，没有输入何谈输出？

20世纪，我国多数孩子英语启蒙较晚，学习的是"哑巴"英语，即能看懂，却无法对话，这足以证明缺乏听力输入。现今，越来越多的教师和家长意识到听力输入对英语习得的重要性。然而国内大部分地区的英语听力教学依旧停留在非常传统的模式上——"理解法"，此教学法由Field提出，即学生上听力课的主要目的是听懂相关材料的重点信息，并能正确地做题。在这种模式下，学生成了听力材料的被动接收者，需要在教师的指导下，听一遍或者多遍听力材料，然后写出相应的选择题和填空题答案。

这种英语听力教学模式存在诸多弊端。首先，学生不是课堂主体，而是一个被动的信息接收者或者说做题机器；其次，学生把题选对了，或者把空填对了，并不真正等于其理解了文意，学生完全可以根据一些做题的套路而答对问题，而不是基于理解和加工听力材料。传统的以理解为目标的听力教学模式固然有其历史合理性，但是在新时代背景下，单纯地做题训练已经无法满足学习者的需要。一个学生也许做听力题能够得到满分，却依然缺乏英语思维并且口语表达能力欠佳。

因此，现今的英语听力教学必须以培养学生综合的听力能力为目标。那么，我们应该如何培养学生的综合听力能力呢？总体而言，我国对听力课堂模式的探索较为匮乏。福永中学作为一所既有传统文化底蕴又不断与时俱进的国际化英语特色学校，正在努力探索、开辟和实践英语听力课堂教学的新模式。该模式的教学目标为：构建学生的语言能力、思辨能力和跨文化交流能力。该模式运用到的英语听力教学方法包括：听力策略培训、多媒体教学法、交际法等。其他教学法实际上是以上三大类教学法的分支，比如窄式听力教学法、互动式听力教学法、情景式听力教学法、任务式听力教学法等。接下来让我们一起来探讨，如何将各种教学法与教学目标、教学过程生动、有机地结合起来。

听力是可理解性输入的重要途径，英语听力教学研究近年来逐渐注重学习策略在听力理解活动中的应用。听力策略培训即将科学的学习策略运用到听力教学中，以培养学生的听力能力。Oxford、Chamot、O'Malley等学者认为："策略包括能够提供有学习效果的、有意识的、慎重的行为，并能让学习者更有效地使用信息。"策略可以分为三类：元认知策略、认知策略和社会情感策略。元认知策略指的是听者要计划和管理自己的听力训练过程，并要对自己的训练结果进行检验和复盘等。认知策略指的是完成当下的任务，比如预测内容和理解内容等。社会情感策略指的是听者要能够在听的过程中获得积极的情感满足等。听力能力强的学习者会综合运用这三种策略，而一门好的听力课程也应教授学习者相关的策略和技能。最重要的是，策略是可以教的。当学生下意识地实践各种策略时，其听力能力必然得到提升。比如，在应用认知策略的时候，我们给学生设置信息填空题，可以让学生在听之前就自己猜测一下大概会听到的内容，并把可能的结果填在相应的空里。在听的时候，就能检测自己的预测准确性。听完之后还能积累一些重要的词汇表达。

随着科技的不断进步，多媒体教学法的应用范围越来越广。多媒体即能够直接作用于人感官的文字、图形图像、动画、声音、视频等媒介的统称，是多种信息载体的表现形式和传递方式。多媒体教学法即充分利用上述媒介展示教学内容，充分调动学生感官，从而激发学生的学习积极性以提高课堂教学效果。有人认为，多媒体教学法能够提高听力教学的互动性，但是听力教学也不能只依赖多媒体设备，教师和学生、学生与学生之间的互动也极其重要。机器再厉害，也不能替代人与人在面对面交流互动中主体地位。

20世纪以来，交际教学法在西方发达国家得到广泛应用。交际教学法是一种以培养语言交际能力为核心的教学方法。很多学生学习听力，都是为了应付考试。如果要学生把其听到的内容表达出来，并与周围的同学进行思想碰撞，则是难上加难。交际法相较于传统的理解法，正是一种巨大的进步。它让人们意识到听力的输入其实是为了建立口语的输出。交际法恰恰满足了这个需求，从一开始，交际法就鼓励对话和交际，老师可以设置各种情景来引导和鼓励学生产生对话，也可以布置各种角色扮演、游戏、和讨论的任务，让学生实现小组合作的同时，又激发用英语对话交流的乐趣和信心。由于交际法强调的是交际功能，所以对具体的字词和语法强调较少，也减少了做题的要求，把更多的空间留给学生们自由表达和交流，从而真正促进学生的听力能力与表达能力。当学生有迫切的表达欲的时候，他们就更愿意聆听听力材料，并从中获取有价值的信息，用自己熟悉的方式表达出来。当学生真正意识到自己练习听力是为了在实际生活中与人进行交流时，听力课堂就不再那么死板和无趣了，听力也就和实际生活的需要联系在了一起，学生的综合的听力能力也必然会潜移默化地提升。

当我们利用恰当的听力策略、采取了合适的计算机多媒体辅助功能、并坚持交际法的听力教学原则时，就能够有效地构建学生的语言能力、促进学生的思辨能力、并实现学生的跨文化交流能力。

接下来将进行具体的课例分析，对比创新的听力教学模式相较传统的听力教学模式的进步之处。首先分析听前、听中、听后这三个教学环节，然后提供一个完整的听力教学课例，并结合相关教学法详细分析其创新之处和值得改进之处；最后进行教学反思，总结本章主旨。

一、创新听力教学模式与传统教学模式的对比

（一）听前活动对比

听力素材： Module 2 Man's best friends Unit3 Our animal friends

来源： 英语（牛津上海版）7B。

素材分析： 该听力文本通过广播采访的形式介绍了三条具有不同才能的狗，与主篇章息息相关。练习A需要学生将狗与狗的主人匹配；练习B需要进一步完善三条狗的信息表，锻炼学生捕捉关键信息的能力。

教学策略： 通过适当的引入让学生对该话题产生兴趣，愿意去听、去获取信息、并用获取到的信息进行交流。

学情分析： 学生听力水平参差不一，但普遍对动物和小狗的话题比较感兴趣。

教学重难点： 人名的拼写和关于小狗的具体信息。

教学目标： 学生能够听懂全篇的主要内容，掌握关键信息，并且能够用自己的话复述相关信息，进行编写对话的再创作。

活动设计

1.传统听前活动

Look & Predict

Look three pictures about three dogs and their owners, and predict what the owners will talk about their dogs.（看三张图，猜测图片中主人和狗在做什么？）

Try to describe the dogs and guess what they do to help their owners.（看图描述狗的相关信息，并且猜测它们与主人的关系。）

2.创新听前活动

Act it out

We need three pairs of students to act out the conversations between the dogs and their owners.（让三对学生来表演三张图片中狗狗与主人的互动）

Other students vote for the best performance.（其他学生选出最佳表演）

We also need three reporters to interview the owners in order to know more information about their dogs.（让三名学生充当记者采访刚刚的三对搭档，问出一些关于狗狗的具体信息）

由上可见，传统的听力教学局限于教材，采用的是"老师问，学生答"的模式；而创新的听力教学则设计了课堂即兴表演环节，学生根据老师提供的文本自编、自导、自演，把被动的"听"转化为主动的"演"，锻炼了听、说、读、写等能力。这种交互式情境教学法能够极大地激发学生的学习兴趣。

（二）听中活动对比

听力素材：Module 4 colourful life Unit7 Poems

来源：英语（牛津上海版）7B。

素材分析：该听力文本与本单元"诗歌"话题息息相关，巧妙之处在于通过4首小诗表达了4种情感。练习A，学生选出与图片头像表达的情感相符合的单词；练习B是前一个练习的进阶，学生使用练习A中的形容词来表达诗歌传递的情感。学生通过这两个简单的练习很好地锻炼了情感的识别与判定能力。

教学策略：教师提供更多的中英文诗歌，学生朗读诗歌并对比、判断诗歌所传达的情感，而不仅仅是分析听力材料的内容。还可以让学生小组合作即兴创作小诗，同学们感受其中传达的情感。

学情分析：学生对理解和创作英文诗歌很有热情，因为这是他们平时很少接触的题材。

教学重难点：准确理解诗歌所传达的情感，拼写单词；创作诗歌，并带着情感朗读。

教学目标：学生能够听懂每首诗歌的主要内容，掌握关键信息，准确理解诗歌所传达的情感，并且能够模仿创作类似的诗歌来表达自己当下的情感。

活动设计

1.传统听中活动

Match & Choose

Match the words with the faces below.（匹配图片和人脸。）

Listen and choose one of the four words from A for each poem.（匹配词汇和

诗歌所传递的情感。）

2.创新听中活动

Create and Act

Invite students to make different faces to show their feelings and other students guess.（邀请一名学生做出不同的表情，其他学生观察并猜测该表情的含义。）

Groups work together to create different poems to show different feelings, vote for the best poems.（小组合作创作不同的诗歌来表达不同的情感，选出最佳诗歌。）

由此我们可以看到，传统听力教学的听中环节多为看图做题或者听对话做题，学生听录音回答问题，缺少自我发挥的空间。而创新听力教学的听中环节则要求学生不仅要听，还要通过肢体语言来表达出自己的情感。

（三）听后活动对比

听力素材： Module 1 People and places Unit 1 People around us

来源： 英语（牛津上海版）7B。

素材分析： 该听力文本围绕本单元主题"我们身边的人"展开。文本侧重于描写人物的外貌。练习A，学生通过听力获取关于人物外貌的信息并填写表格。练习B是一张全家福，学生将图中的人物与练习A中所描述的外貌匹配起来。

教学策略： 教师引导学生说出描述外貌的词汇，猜猜每个空可以填什么内容。学生准确地描述周围人的外貌，体会到用英语描述人物的乐趣。

学情分析： 学生对此话题比较熟悉，能够较熟练地用英语描述周围人的外貌，有效提高了语言组织能力及口语表达能力。

教学重难点： 单词的拼写和根据信息辨别人物外貌。

教学目标： 学生能够听懂全篇的主要内容，掌握关键信息；能够复述相关信息，根据所听到的信息进行人物的描述和再创作。

活动设计

1.传统听后活动

Describe a person around you.

Try to describe a person using the words that we have learned.（用所学的词汇描绘一个人。）

Share it with your partner.（与同伴分享。）

2.创新听后活动

Draw & Guess

Describe a person in groups and draw a picture about that person, see if every group member draws a similar picture.（分组描述一个人并画一幅关于此人的图片，查看每组成员是否绘制了类似的图片。）

Ask some students to come to the stage, and other students randomly choose one student to describe his/her appearance; let others guess who the person is.（让一些学生到讲台上，其他人随机描绘一个学生的外貌，再让一些学生猜测被描述的人是谁。）

传统听力教学的听后活动多为简单的词汇拓展与运用，教师并没有创设相关情境，让学生利用所学知识进行深入创作；而创新听力教学的听后活动能够让学生把所学知识和绘画联系在一起，或者设置"你描述、我猜测"的环节，让同学们有运用所学知识的热情。这种融入情境、学科交叉的听后活动，能够使学生真正掌握相应的知识，具备相应的能力，把所学的知识内化。

以上是不同的听前、听中、听后的传统与创新的对比活动设计，可以发现传统的听力活动较为死板和无趣，应试为主、老师主导、学生较为被动；而创新的听力活动设计则强调发挥学生的主体性、注重学科融合、与生活息息相关、创设具体的交际场景、使学生能够学为所用，同时也顾及到了学生的做题能力。接下来是一个完整的创新的听力教学设计示例，从中我们可以更全面、清晰地看到创新的听力教学模式如何运用听力策略培养学生听力能力；融合交际法和任务式教学法，培养学生的主体性与参与性；充分发挥多媒体的作用，使学生的听力学习丰富多彩。

二、听力教学设计

听力素材：Module 1 People and places Unit 2 Travelling around the world

来源：英语（牛津上海版）7B。

素材分析：该听力文本介绍了法国巴黎地标性建筑——埃菲尔铁塔，练习也是以信息卡的形式呈现。文本主要介绍了两部分内容：一是埃菲尔铁塔的基本信息；二是关于埃菲尔铁塔的一些有趣内容。

教学策略：

"城市介绍"部分有多种有趣的导入方式，教师既可以播放视频让学生直观感受世界上不同国家、城市的建筑风格，也可以让学生提前设计城市介绍海报，并在课前分享给同学们。

听中环节，学生学习了预测信息、抓关键词、验证信息等策略，得心应手地完成了听力练习，并能够用自己的话复述听力内容。

听后环节，学生以小组为单位抽取卡片，选择所要介绍的城市制作海报和信息卡。每个组轮流上台展示，看哪个组介绍的城市最具吸引力，最能让其他组成员也想去游览一番。最佳的三个小组能够获得相应的奖励，激发学生分享的热情。

学情分析：每个学生都有自己热爱的城市，而且学生已经学习了一些介绍城市的表达方式，也学会一些介绍城市的角度，并且在奖品激励的作用下，每个小组的学生都愿意积极参与分享介绍自己喜爱的城市。

教学重难点：信息卡上的数字获取；用流畅的语言介绍城市。

教学目标：学生能够积累一些关于埃菲尔铁塔的词汇短语表达与基本信息；学生能够了解应该从哪些方面介绍一个城市；学生能够运动所学到的知识与能力向别人介绍一个自己喜欢的城市。

活动设计

（一）听前活动

活动1：Look at some pictures and guess what the place of interest is and which city does it belong to.

Answer：This is_____. It lies in_____.

活动2：Watch a video about different cities in the world.

Question：What will you do if you go to _____?

Answer：I will _____ if I go to _____?

活动3：Invite a student to share about his impression on Paris. Other students should listen carefully.

活动4：Look at the picture and chart on the textbook and guess what we should fill in each blank.

（二）听中活动

活动1：Listen to the radio for the first time, take some notes, share with other students any information that you hear about Paris.

活动2：Listen to the radio for the second time, try to fill each blank with the right information.

活动3：Listen to radio for the third time, check your answers with your partner.

活动4：Try to retell the introduction about Paris to your partner one by one. Teacher will choose one student to make a speech about Paris in his/her own words.

（三）听后活动

活动1：Students in groups play different roles：one or two students act as reporters, other students are interviewees and will be interviewed by reporters some information about Paris. Teacher choose one group to show themselves on the stage. Teacher will give an example on the PPT.

活动2：Each group chooses one city to draw a poster to introduce it and see which group has the best performance. Teacher will give an example on the PPT.

活动3：回家作业。

Describe a city you like, using the new words and phrases that we have learned. You should tell at least three reasons to support your ideas. At least 60 words. You can also draw some pictures beside your writing.

三、教学反思

在这堂听力课的引入环节，学生对教师出示的图片和视频非常感兴趣，有强烈的表达欲望。课前，教师让一名学生准备好巴黎这座城市的介绍资料。该生在课上顺利地为同学们介绍了巴黎的有关信息。引入环节丰富的内容使学生了解了巴黎的概况，能够大致推测出活动1和活动2画横线处应填写的内容。只是在没听到听力材料的情况下，学生很难直接写出准确答案。

在听中环节，学生根据不同的要求反复听一段听力材料，积极思考听到的内容并做好笔记。由于有些学生不太熟悉英文数字的组成、排列及读法，因此导致听到相关信息也很难准确地写出来。大多数学生在听完听力材料后掌握了巴黎的基本信息。个别同学的语言表达还不够准确，有待加强。

在听后环节，每个小组的成员都积极参与模拟采访活动，有些人当采访者，有些人当被采访者，被采访者的身份不一，可以是学生、游客，也可以是公司职员。学生自己设计采访提纲，问题不必局限于埃菲尔铁塔，也可围绕巴黎其他方面提问。这样能够开阔学生的思路，使学生将所学知识内化为自己的理解。

最后是海报分享环节，由于每个小组一开始并不知道本组会抽到哪座城市，所以在抽选时既紧张又兴奋。抽选结束后，各小组迅速分工，有人负责查找资料，有人负责画画，有人负责写字，有人负责解说。这对小组的分工与协作能力也是一种考验。这种分享活动可以让每一个人都参与进去，各自发挥所长，即便英语水平普通的学生也能在小组分享环节发表自己的见解。

然而，这堂课的设计也不是那么完美。首先它对学生的整体水平要求较高，其次也要求老师在课堂上有较好的时间把控能力和协调应对能力。如何让平时羞于开口的同学融入课堂的表达与分享活动之中，而不是让课堂成为少数英语表达能力较好的学生的舞台，是教师要深刻思考的问题。

总体而言，本节英语听力创新课充分利用多媒体教学设备，创设相关情境，应用多种听力策略，给学生布置了多项任务，充分提供了表达、合作与交流的空间。学生对"介绍城市"这个话题有了较大的兴趣。之后的听力课堂将会继续坚持让学生成为主体，参与到积极的表达和交流中去，使每一个学生在每一堂英语课上都有分享与交流的机会，而不仅仅是一名被动的听力信息接收者。

四、课件展示

7BU2
Travelling around the world
Listening: The Eiffel Tower

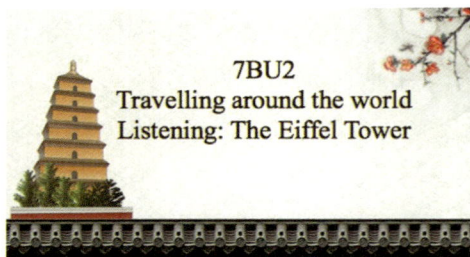

Pre-reading Stage

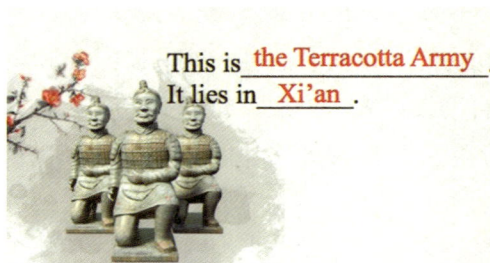

This is ___the Terracotta Army___.
It lies in ___Xi'an___.

While-reading Stage

Facts about the tower

___324___ meters tall

finished in ___1889___

painted every ___7___ years

walk up more than ___1000___ steps

Interesting things about the tower

In 1948, a(n) ___elephant___ walked up to the first floor.

In 1983, two men went down the stairs on ___bicycles___.

Retell

Hello, everyone! I want to share some facts and interesting things about the Eiffel Tower to you!

Here are some facts about the tower. Can you guess how tall the tower is? ……

There are also some interesting things about the tower. First... Second...

After-reading Stage

Role Play

For example:
Reporter 1: Is your first time to visit Paris?
Tourist 1: Yes, it is.
Reporter 2: How do you feel about it?
Tourist 2: We think this is a wonderful place. …...
......
......

Draw & Perform

- Draw a poster about the city you choose
- Introduce the city one by one in each group

Homework

Describe a city you like, using the new words and phrases that we have learned. You should tell at least three reasons to support your ideas. At least 60 words. You can also draw some pictures beside your writing.

Bye Bye~

第二节　中学英语说的技能培训

随着全球化进程的加速以及我国课程改革的深入，英语作为语言交流的重要工具，已经融入了人们生产生活的方方面面。素质教育是英语教学改革的方向和趋势，而口语教学作为英语教学中的一种形式，是素质教育的重要任务。在中学英语口语教学中实施素质教育，既是英语教学改革的要求，也是提高学生英语素养的有效途径。

然而，当下中学英语口语教学面临着许多困境，主要是缺少交流机会，受到传统教学与应试教育的限制，以及教师和学生的认知偏差这几个方面。本节从英语口语教学中的实际问题出发，探寻符合新课改背景下创新口语培育的方法与策略，采用案例对比的方法，通过教学设计和课堂实施两大环节来找到解决问题的办法，从而充分发挥英语所具有的语言交际作用（2013，刘静静）。

一、新课改背景下的英语口语教学基本要求

随着我国国际地位的提高，对外语口语人才的需求也与日俱增。英语是中学教学的主要科目，当下的英语教学摒弃了传统教学模式，重点培养学生的英语口语能力，让学生通过口语锻炼走向国际，是英语教学的重要内容。

《上海市中小学英语课程标准》（以下简称《标准》）指出，英语教学应体现交际性，要结合学生的年龄特点和生活实际，创设交际情景，通过大量语言实践，使学生获得综合运用语言知识和语言技能进行交际的能力。

这就将英语口语教学提到了一个重要地位。英语课程的目标是以学生语言的发展为基础，培养学生的综合语言运用能力。我们的英语教学应以此为主攻方向，通过语言技能训练与口语交际训练，提高学生的综合语言运用能力，确保学生语言能力的协调发展。

《标准》还提出，培养学生具有"较为熟练的语言技能，比较丰富的语言

知识，学习过程的体验，良好的英语交际能力；科学探究的学习方法和团队合作的意识；乐于接受世界优秀文化的开放意识；持久的学习积极性，良好的学习习惯，学好英语的自信心"。小学、初中和高中三个阶段的阶段目标各分为两个等级，共六级，每个级别都对口语能力提出了要求，也对初中阶段学生要达到的语言能力目标做出了分级。

《标准》对学生口语水平提出了具体要求。三级目标包括："初步具备英语语言能力，侧重听说能力""能在设定的情景中进行问答""能就熟悉的话题同他人（包括英语国家人士）进行简单交流"，等等。四级目标包括："初步具备英语听、说、读、写的语言能力""能就比较广泛的话题同他人（包括英语国家人士）进行初步交流""能用英语描述和表达个人意见，同他人交流思想感情"。看似简单，实则超乎学生常规水平。教师需要采用高效的教学策略才能实现教学目标，在当前二期课改不断深化的背景下，进一步提高学生的英语口语水平具有重要的现实意义。

二、中学英语口语培育的实际问题

口语，即运用口头语言来进行思考表达、口语交际的活动。在英语口语学习中，学生凭借读和听获取知识和信息，通过思考将获取的知识和信息进行内化、加工，然后融入新的内容再输出。学生要想流畅地运用英语与人交流，必然需要经过全面而系统的学习和训练过程。当前，受到教学环境、师资水平等多重因素的影响，口语教学一直是英语教学中的一个薄弱环节，诸多问题有待解决。

（一）缺乏语言交际环境

中国学生很难在学校之外接触到英语，更遑论以交际为目的或者在具体的情景中进行英语口语练习。同时，有限的英语课时以及繁重的学习任务也减少了学生进行系统性练习的机会。然而，按照新课改的要求，口语教学应当以交际为目的，利用有限的时间、空间，培养学生英语语言交流的能力与技巧。如果忽视了语言交际情境的创设，学校培养出来的学生是英语解题高手，却是语言交流中"哑巴"（刘小健，2012）。

（二）传统教学理念的影响

虽然我国课程改革有了极大推进，但在中考的重压下，中学英语教学还没有完全摆脱升学的压力与影响，应试教育的理念渗透到初中各阶段的英语学习当中，即完全为中考所服务。因此，语法与阅读等练习占据了大量时间，而相对占分较少的口语学习就被忽视了。同时考虑到应试需求，口语课程的设计与安排也完全贴合考试题型，缺乏口语教学真正需要的真实语料、语境与交流。

（三）师资水平因素

在传统的课堂教学中，教师一直扮演的是传授者的角色，在教学活动中占据主体地位。这种以教师为中心的教学模式若不被打破，则课堂教学仍是以语言技能的操练为主，缺乏对学生思维能力的培养，并且忽略了在语言教学过程中培养学生认识问题和解决问题的能力（秦枫，洪卫，郎曼，2013）。本应是学习主体的学生却成了知识的被动接受者。这种"填鸭式"的教学使学生在英语课堂上很难有机会用英语进行自我表达（杨爽，2014）。

在初中英语教学中，英语教师自身口语表达水平直接影响英语口语教学水平。在英语课堂中，若教师能够讲一口流利、标准的英语，必然会让学生产生一种认同感，也更愿意投入到英语学习中来。若教师无法流利地应用英语口语，甚至存在诸多发音错误，其再教导学生，自然会给学生的英语口语学习带来不利影响。可见，英语教师应积极转变教学观念，提升自身口语教学水平，对学生进行语言熏陶。

（四）学生因素

学生普遍存在害羞、怕错等心理障碍，对开口说英语往往不够积极、主动。中学阶段，学生正处于个性发展的关键时期，这个阶段的学生乐于表现自己，但也十分害怕出错。英语对于学生来说是一门较为陌生的语言，在开口说的过程中，学生经常会存在一种害怕和害羞心理，自信心不足，害怕被教师和同学嘲笑，即使鼓起勇气发言也可能因为紧张出现结巴等现象。因此，在我国中学英语课堂中，沉默以对的现象十分常见，学生不愿意用英语与人交流，培养学生的英语口语表达能力，是英语教学的当务之急。

三、提高中学生英语口语能力的原则

英语口语能力的提高不可能一蹴而就，需要经历一个渐进的过程。培养中学生英语口语能力，福永中学做出了如下探索。

（一）情境创设

情境创设一般指的是教师根据教学内容为学生提前创设好的一个故事背景、人物关系以及活动场景，是我国教学中常用的一种教学方式，能够有效降低学生的学习难度，提高教学的趣味性，同时也是激发学生学习兴趣的一种有效途径。对很多学生而言，英语口语学习困难的原因是他们羞于开口及没有进行口语练习的兴趣。所以教师需要通过创设教学情境来激发学生对英语口语学习的兴趣，提高学生的英语口语表达能力。

情境教学法是一种刺激学生感官与体验的教学方法。传统的英语口语教学模式让学生有一种被教师催着完成任务的感觉。而当教师创设了相关的教学情境后，能够激发学生的情感，吸引学生积极参与到具体情境中，课堂教学效率自然也会相应提高。

情境教学法的运用给初中英语口语课堂注入了生机和活力，这种略显新颖的教学方式对学生有着很强的吸引力。而且学生一旦沉浸到教师创设的教学情境之中，就会切实体会到英语口语学习的乐趣，从而激发学生的学习兴趣，提高学生的学习效率。

（二）情境教学法的运用

1.更新教学理念

要想转变传统教育理念，展现出情境教学法的优势，就要从转变教师的教育观念与态度出发，通过情境教学法来帮助学生掌握知识，促进学生的健康发展。福永中学在此方面做出了积极探索。我们通过科组会议、工作坊学习以及培训等多种方式，结合教学实践，更新教师的教育理念。例如，通过与学生沟通以及调查问卷，掌握学生的实际情况，遵循学生的发展规律，针对学生的差异性制订学习计划，以满足学生的实际需求。在实际教学中，教师为学生搭建了自主学习平台，充分调动学生的主观能动性，凸显学生的主体地位。教师则以指导者的身份帮助学生学习，锻炼学生自主学习的能力，促进学生全面发展。

2.发挥网络的积极作用

英语教材是初中阶段学生学习的唯一教学资料，其中所包含的许多英语教学内容都不能使用场景向学生进行展示，导致教师创设高效课堂的目标受到影响。现代社会是信息化时代，越来越多的先进技术被应用到了教学之中，比如信息技术、网络技术、多媒体技术等都取得了较为广泛的应用，并且效果较好。多媒体教学法为教师解决了英语教材中教学内容不能直接向学生进行展示的问题，提高了教学效率。教师在进行英语教学时，使用多媒体技术，可以把教材中的内容以图片、PPT、视频等方式向学生进行演示。这样的方式不但能够让学生更加集中注意力，同时有利于培养他们的学习兴趣，而且可以提高教学效率和学生的学习效率。

3.结合学生实际生活创设情境

初中生正处于青春发育期，他们对社会的认知主要源自学校及日常生活。如果教师结合学生实际生活创设情境进行英语教学，能够极大地激发学生的学习兴趣。学生会更加积极主动地参与课堂教学活动，既能提高自身的听力能力、阅读能力及理解能力，也能掌握英语教学难点。福永中学多次举办学科特色活动，如英语带货，引入当下热门话题，创设能够吸引学生注意力的真实教学情境，以此引导学生在真实情景中进行口语练习与应用。在进行情境创设时，教师使用多媒体教学设备向学生展示更多能够吸引他们的事物，激发学生的好奇心，比如教师在进行有关带货英语知识教学时，能够使用多媒体设备，把真实的带货场景展示给学生。学生则会被带货场景吸引，集中注意力学习，认真思考教师提出的每一个问题。这时，教师就能够根据多媒体文件的内容进行提问，"How to introduce a product?"课堂教学气氛将会更加活跃，学生们踊跃回答问题，从而有效提高英语教学的效率。

4.情境创设应以学生作为中心

传统的教学理念是以教师为课堂教育的主体，大多使用的是传统的授受式教学方法，教师只负责进行知识讲解，学生只负责理解知识。这样的教学方法可以让学生学习到英语知识，却忽略了学生在课堂教学中的重要地位以及学生能否理解教师所传授的知识，就算是教师尽力讲解，学生也很难真正理解所有的英语知识，不仅会让学生反感英语学习，也会降低他们学习英语的兴趣。教师在进行真实情境的构建时，要了解现如今学生所感兴趣的内容，从而创建出能够吸引他们注意力，提高他们学习兴趣的教学情境，从而让学生积极参与英语学习活动，获得更好的英语学习效果。这样的教学方法所取得的效果很难令人满意，而使用情境教学法进行英语教学，则能够突出学生的主体地位。教师在构建教学情境时，要了解当下学生所感兴趣的内容，从而创建出能够吸引他们注意力，提高他们学习兴趣的教学情境，从而让学生积极参与英语学习活动，获得更好的英语学习效果。此外，教师在构建情境时也要考虑学生的接受能力，如果太过复杂，可能会影响学生的信心，而如果太简单，则很难让学生产生探求心理。

四、课例分析

情境的创设核心在于帮助学生营造真实而有趣的英语学习环境，并帮助学生自主思考和表达，从而达到提升口语能力的目的。下面根据笔者的教学实例来将情境口语教学与传统教学进行比较。

（一）基于话题，创设有主线的情境

《英语》牛津上海版系列教材在编写上大胆探索，以十六个话题，涵盖历史、科技、人文、社会等方方面面，在思维和学习空间内注入英语元素，并将一个个单元话题融入自然的语言情境当中，培养学生的听说读写能力。因此，如何利用好教材提供的情境中，并在课本情境与生活情境中找到平衡点是非常重要的。换句话说，教师要解读好话题与情境的关系，从而设计一条贯穿课堂的情境主线。

为了探索和开展初中英语情境式课堂教学，笔者除了在日常的教学中不断进行各种尝试与探索之外，还专门进行了情境式课堂教学实验。这次情境式课堂教学是在笔者任教的福永中学进行的。这个班的学习成绩相对其他班级中等，但是学习气氛活泼、学习积极性高，懂得配合完成任务。

课例对比展示选取了《英语》牛津上海版教材8B Unit 7 The unknown world。它的模块主题为探索发现，而本单元则探讨了对于宇宙的畅想与外星人存在的可能性。而在Speaking Section 则以帮助宇航员选择恰当物品，寻找到母舰的正确路线。因此，在口语训练的前中后环节都应贯穿这条主线，将任务情境联系起来。本课时对于初二学生第一次接触地图信息的学生来说，难以理解和抓取关键信息。如果用传统方式教授，进行观点表达的口语操练，课堂教学会比较枯燥，学生提不起兴趣，从而影响教学效果。下面通过前、中、后三个阶段进行具体的分析和对比。

1.Lead-in

（1）情境教学法。在正式进入课堂以前先进行小组分组以及小组积分奖励的讲解。此举目的是营造一个良好的英语学习环境。一些教师在教学中并没有认识到良好教学氛围对学生发展的影响与意义。且一些教师在教学中也很少会主动为学生营造活跃课堂氛围，造成英语教学十分枯燥，学生难以产生学习欲望。所以在教育中就可以从情境教学法，打造出浓郁的英语氛围。首先，在教学以前教师需要掌握学生具体情况，将学生划分成为不同的小组，要求学生以分组的方式参与学习活动。在完成小组划分后，还要及时给不同小组分配不同任务，要求学生针对学习内容进行探究。在完成探讨后，可以要求各小组推选一名同学代表回答，接受其他小组的点评。在这种教学模式下，不仅可以让每一个学生都可以参与学习活动，同时也为学生的共享学习、自主学习提供了支持（张艳，2021）。而积分的使用可以最大限度调动学生参与个人与小组任务的积极性。

初中学生的生理和心理年龄还未完全发展成熟，而游戏引入能起到调动课堂氛围，激发好奇心与学习热情的良好效果（张晓园，2005）。因此，可以根据教材内容与所在班级学生的特点，选择恰当而且有趣的教学游戏，为学生营造轻松愉悦的学习氛围。

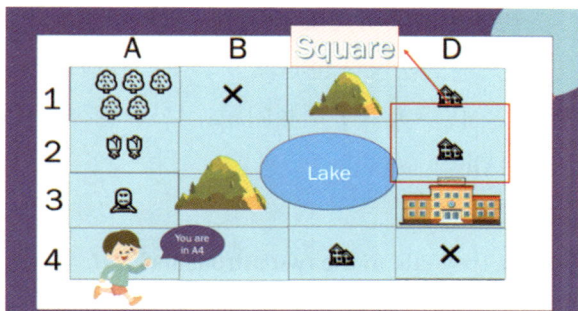

在教授本节课时，可以让学生玩寻宝游戏"Treasure Hunt"，学生需要根据老师的指令（对于地图坐标的描述）找到地图上相应的地点，而在所选地点即方格背后有可能是宝藏也可能是炸弹。发现宝藏得到相应的礼物，而炸弹则要丢失3分。此游戏旨在吸引学生的兴趣，引导他们注意如何在地图上标注地点，同时通过"听指令"，锻炼抓取关键信息的能力。之后再次以提问的方式"Where is the house？""It's in the square D2"来帮助学生巩固地图坐标的描述方式。

（2）传统教学。传统课堂采用了课前练习的方式，学生需要完成关于上一节课阅读的填空任务，训练其文章理解与语法能力，进一步帮助学生巩固上节课的课堂内容。

恰当的复习可以帮助学生查缺补漏，并起到课堂承上启下的作用。然而复习除了其本身的巩固作用，设计时还应起到串联整堂教学的作用。换句话说，上述案例中的引入设计并没有起到很好的"引入"作用，虽然复习了上堂课的内容，但对于接下来的口语练习没有任何帮助。

2.Pre-speaking

（1）情境教学法。要想有语言的输出，首先要有相应的语言输入。口语教学不单单只是开口说，同样应该结合相应的听力材料，来训练学生接受信息、理解信息和转述信息的能力，这样才能真正培养学生语言学习的交际能力，因为交际的完成应该是建立在能理解对方所述信息的基础上的。因此，此课例选取了一则听力材料作为后续口语任务的信息背景。

听力材料首先交代了背景：两名宇航员，莉斯和格斯，在行星X上失踪了。他们的船长特洛伊在母舰上和他们说话。学生们需要根据有限的信息和图片进行"预测"。让学生观察听力文本配图，预测听力文本的相关内容，这不仅是提升学生听力兴趣的法宝，也是激发学生"开口说"欲望的绝佳方法之一（沈丹萍，2020）。以下为三个预测问题：

Where are Liz and Gus?

What happened to them?

Why does Captain Troy talk to the two astronauts?

初中英语课堂教学的中心就是课堂提问。课堂提问可以激发学生思考问题、寻求问题的欲望。同时，由于提供猜测的问题没有固定答案，可以很好地帮助学生消除问题回答错误后的恐惧心理，帮助其为之后的任务建立信心（张晓园，2005）。之后，引导学生通过头脑风暴总结在地图中可能获得的信息，进一步帮助学生搭建好脚手架，降低一定听力与口语难度，并帮助学生构建新的地图类信息库。

（2）传统教学法。所选的传统教学课例少了引导的环节，重心落在由教师为主导的语言输入上，教授学生如何阐述自己的观点，并对他人的观点表示同意或反对。这部分内容的确是本节口语课的语言重点，但在缺乏相应情境背景的情况下，学生很难真正将知识内化并应用到实际的交际中，而且在课堂一开始就进行较难的语言讲解，也易给学生造成较大压力，降低学习积极性并感到枯燥乏味。

3.While-speaking

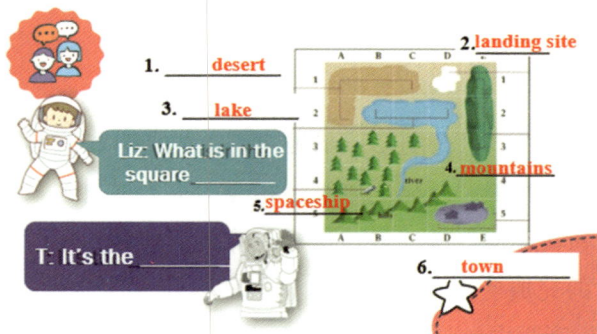

（1）情境教学法。在有足够任务准备的前提下，学生需要完成两项难度逐步递进的任务。首先，听录音中船长的指示，帮利兹和格斯在标记地图。学生需要应用到任务前总结的地图类信息的特点，在听力材料中抓取关键信息。完成之后，按照相应句式进行两两角色扮演，一位同学扮演宇航员利兹，另一位同学扮演船长。利兹需要进一步确定地图信息"Liz：What is in the square ＿＿＿＿？"而扮演船长的同学需要根据听力内容给出地点"It's the ＿＿＿＿＿."英语课堂上，对话练习是学生强化基础知识、提高英语交际能力的主要途径。在进行对话练习前，教师可通过创设情境示范对话，让学生明确对话是如何进行的。这种示范在教学中尤为重要，教师以相关情境为背景，以学习任务为载体，设计、示范对话练习，可以消除学生对练习的畏难情绪，提高教学效率。

之后进行第二个任务，首先设置情境：传令官需要简化船长的指令并传达给指挥所；现在你就是传令官，请完成笔记填空。这个任务难度较大，但这种填空的形式能降低学生对任务内容的理解难度，提高学生抓取信息和转述信息的能力。

Second-Listening

To be a reporter, you should complete the note below. Write one word in each blank.

Captain Troy:
- We cannot land the mother ship in the forest because of the (1) ___trees___
- Your spaceship is in B4. We are going to (2) ___lands___ in D1.
- You must get to D1 (3) ___in two days___.
- You must (4) ___leave most things___ behind.
- You can only carry (5) ___five things___.
- You mustn't hurt or (6) ___kill___ anyone on this planet.

（2）传统教学法。在传统的英语课堂上，这两项任务没有任何附加情境或者改编情境，教师直接采用课本内容，按照"听材料、完成任务1、二次听材料、完成任务2"的顺序，进行对话练习。由于几个情境没有串联起来，所以容易造成教学"断层"。学生无法带着目的去学习，不知道正在做的任务是为了什么；再加上前期准备不够充分，学生往往会感到学习任务难度很大，从而降低学习热情。而作为一节以口语练习为重点的课，过度偏向听力，就无法将听和说有机结合起来，没有留给学生足够的说的时间。

5.Post-speaking

（1）情境教学法。最后一个情境设置基于船长的一项具体指令：You can only carry five things.

因此学生需要以小组为单位讨论在众多物品中选取哪五个物品最为合适，并要给出恰当的理由。

设置这一任务的目的是在口语练习基础上，锻炼学生的思维能力、解决问题能力、合作能力及自主学习能力。教师根据学生的认知规律创设问题情境，不仅能提升学生的口语水平，还能激发学生的求知欲，引导学生自主探究、解决问题，帮助学生树立自主学习的意识。教师只有充分发挥出情境教学法的核心优势，才能提升学生自主的学习能力，才能为学生终身学习奠定良好的基础。

为了提高任务完成效率，教师特别提供了语言表达"脚手架"。首先，通过"开小火车"的方式，让任意一组学生依次翻译物品名称。其次，教师先做示范，引导学生理解任务具体要求：列出五个物品并使用"because..."句型说出理由。教师针对学生的具体水平扫除学习障碍，布置口语任务，学生也乐于开口表达。

各小组在限定时间内完成任务后需要上台展示，说出己方的选择和理由，有针对性地进行语言输出，巩固所学知识并运用到实际生活中。与此同时，台下学生也有任务：倾听他人发言并做出是否同意的选择。每组展示完后，教师会询问个别同学的意见，不同意的同学则需要说出自己的理由。这一环节的设计除了增加师生互动，也将课本内容和现实生活结合起来，进行交际性的语言练习。这节课中，教师活用教材资源，创造延伸情境，帮助学生搭建语言学习框架，让学生真正感受到了口语交际的乐趣。

最后一个环节是评选最佳小组及课堂总结，学生深深体会到了英语学习的成就感，为以后进一步学习打下基础。

（2）传统教学法。教师将重点放在了固定句式的练习上，要求学生按照既定模式进行口语练习。这样的确能够巩固和加强学生的记忆，但无法提升学生的思维能力、创新能力。在真实的情境中，尤其是表达观点时，对话内容和针对不同内容做出的反应不可能是一成不变的，机械性的练习很难真正提升学生的交际能力。

（二）基于生活，创设多样化的情境

教师要结合教学目标和学生需求创设多样化的教学情境，借助多媒体技术来进行情境的迁移和延伸。也可以将自己的生活体验或社会热点话题融入教学情境，引导学生掌握新的语言点，积极主动地参与英语口语交际。

为此，我们设计了一堂英语直播带货的创新课。本课主题和内容是《英语》（牛津上海版）7B Unit 8 From hobby to career的延伸，以当下学生们感兴趣的主播带货为教学情境，用英语介绍、推销产品。接下来，我们详细介绍此课例。

1.Warm-up

面对完全陌生的班级，如何快速地与学生建立起联系、营造出活跃的学习氛围是首要问题。我们用英文歌曲If You're Happy Clap Your Hands热身，学生和老师一起边唱边跳，课堂氛围变得轻松而愉悦。

2.Lead-in

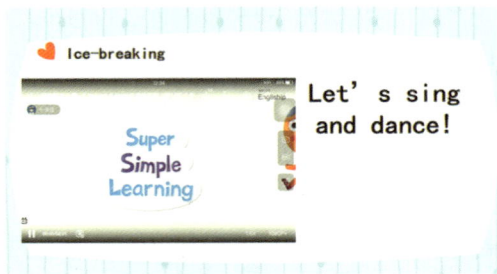

在课堂导入环节，我们创设了本节课的情境主线：受疫情影响，很多商品卖不出去，为了防止店铺倒闭，老板决定直播带货，但是具体应该怎么做呢？

老师们亲自演示了如何用英语直播带货，精彩的英语表达吸引了学生的注意力。多媒体技术具有直观、生动、形象等特点，视频融合了声音、图像、语言、文字等传播符号，极大地丰富了学生的视觉和听觉体验。生动有趣的视频调动了学生的学习积极性，激发了学生的学习热情。学生在观看视频的同时还要思考：Can you find some useful expressions in the video? 这样带着问题观看视频，有助于培养思维能力。

3.Pre-task

在这一环节中，店铺老板需要学生帮忙总结出一些带货"行话"，以提升店员们的带货能力。学生结合自己听到的内容，在教师的引导下总结出一些常用于直播带货的英文表达。同时，通过教师纠音、自主练习，提高英语口语发音的准确度。学生总结的每一个句式，都是自己回顾视频找到的，而非由老师灌输，这可以有效培养学生的自主思考能力、知识概括能力。

4.While-task & Post-task

在这一环节中，教师是任务的发布者、观察者而非主导者，将真正的舞台留给了学生。每个学生都是这家店的新雇员。他们需要以小组为单位，选择想要售卖的商品，并制作商品展示海报以提升销量。

准备工作完成后，各小组分别上台以直播的形式推销商品；教师及时点评，纠正学生的语言错误，表扬学生的精彩发言；台下同学扮演顾客，认真观看各组展示。售卖商品最多的小组将得到销售"金牌"。最后，教师再次带领学生回顾本节课学习要点：带货步骤及常用句式。

总的来说，将真实情境带入课堂，不仅仅是教学模式与时俱进的体现，更与学生生活密切相关，培养了学生的口语交际能力。情境教学法既能活跃课堂气氛、激发学生学习兴趣，又能培养学生的创新能力、综合思维，帮助学生更好地构建英语思维模式。

五、情境教学所面临的问题

（一）过度关注情境设计，忽视教学目标

为了达成英语教学目标，广大一线教师积极主动地在课堂教学中尝试各种教学方式方法。其中，情境教学法被广泛使用，教师们逐渐意识到了情境教学法对提高课堂教学效率、培养学生全面发展的重要作用。多数教师在课

堂上采用简单的图片、音乐、视频等辅助教学，只注意到了情境教学最基础的作用，即激发学生学习兴趣、活跃课堂气氛。这直接导致了教师往往只追求情境的形式化，而忽略了创设情境是为了实现教学任务，忽视了情境教学为目标和内容服务的功能。

在新课单词导入阶段，教师首先出示了一些有关我国传统文化的图片，进行看图猜单词的小游戏。

Teacher: Can you guess what art this is?

学生沉默，不知怎么回答。

Teacher: What can you see in this picture? You can say something.

教师在课程导入环节用游戏和图片创设的情境，虽然吸引了学生的眼球和兴趣，但与本课教授的单词关联不大，所以无法顺利导入新词"calligraphy"。这样的情境设计仅仅是吸引了学生的兴趣，没有实现与教学目标和教学内容的完美融合，无法充分体现出情境教学的核心优势，也浪费了宝贵的课堂时间。

（二）情境创设脱离学生的实际经验

教师在进行课堂教学时，也会出现对情境内容和难度选择失误的情况。在设计时没有充分考虑到学生的已有知识和生活经验，学生无法全情投入其中，也无法高效学习新的技能和知识，从而导致了情境教学的失败。比如在一次教学中，教师希望学生通过回忆，对课文中的描写产生共鸣，进而学习English Week有关项目的表述方法。然而班上学生并没有参加过English Week，也就无法很好地表达自己的感受，何谈经验分享、交流。该情境没有起到实际作用，也使课堂气氛很沉闷，造成冷场。

（三）情境教学虎头蛇尾

一般情况下，教师多在课堂导入环节采用情境教学法，在讲解课文、练习语法和课堂结尾部分则较少使用此法。即教师创设的情境集中于教学前端，只重视开头，头重脚轻，虎头蛇尾。在教学过程中，如果不及时创设情境去激发学生的学习兴趣，保持学生的学习动机，学生很难一直维持较为兴奋的学习状态，甚至可能出现注意力涣散的情况，导致教学效果大打折扣。一些教师难以将情境教学法与教学内容、教学目标有机地融合起来，无法创设一个完整的情境贯穿课堂始终，成为教学主线。

六、情境教学的改进策略

（一）应用抛锚式教学法，构建学生学习的主题意识

教师在创设情境时，将情境建立在富有感染力的真实事件或真实问题的基础上，确定这类真实事件或真实问题被形象地喻为"抛锚"。一旦事件或问题被确定了，则教学内容和教学进程也就确定了。抛锚式教学"使学生在一个完整的、真实的问题背景中，产生学习需要，并通过镶嵌式教学以及学习共同体中成员间的互动、分享、交流，凭借自己的主动学习、生成学习，亲身体验从识别目标到提出并达到目标的全过程"（毛新勇，1999）。这种方法把"锚"——有趣的、真实的情境视为一种宏观背景，学生可以从多个侧面来了解、审视情境中的每个问题，从而更有利于发挥学习潜力。"锚"是学生可应用的已知情境，教师通过抛出"锚"来帮助学生发现新的学习目标，然后逐步引导学生学会运用自己的实际经验去思考和解决问题，以适应日常生活。教师的角色从信息提供者转变为学生的"学习伙伴"，是学生学习的促进者。

（二）设计疑问，引发学生思考

在上课伊始，教师就要引导学生就学科内容提出问题，以激起学生的好奇心，使学生主动探索新知，进而建构起对知识的理解。"对学习者来说，在事件展开的顺序中，深度理解性的建构通常是由一个好的问题来激发的，并且这种激发要比那种号称是一条条介绍概念的认真安排好了的顺序授课更有效。"例如，某老师在教授单元主题"Pets"时，设置了能够让学生产生共鸣的情境。通过视频展示教师本人和宠物的互动，并设置了一系列提问：Do you have a pet？What kind of pet do you have? Some of you keep dogs, and some of you have cats, so what can you do with your pets? How do you keep your pets? 对此，同学们都能结合自己或他人的经验积极踊跃地回答问题。这些情境是有趣的，是贴近学生实际生活的。学生在教师抛出的"锚"的指引下，很快

就掌握了所学知识。

　　教师在不违背学科教学目标的情况下，可以通过创设问题型教学情境，引导学生带着问题去思考、分析和解决问题。这样不仅可以提高学生的语言学习能力，还能培养学生的思辨能力。因此，在英语教学中，教师不能一味地讲解英语知识，更要努力创设教学情境，且是真实事件或真实问题情境，鼓励学生通过体验、讨论、合作、探究和实践，培养自主发现问题和解决问题的能力。

七、结语

　　综上所述，情境教学法对初中英语教学意义重大，是一种非常有效的教学方式。教师运用情境教学法为学生创设适合学习、贴近生活的情境，能够让学生更加集中注意力学习，从而提高语言表达能力。而且，教师可以更多地与学生互动，缓解传统教学模式中师生之间紧张的关系，达成创建高效课堂的目标。

　　但是目前初中英语口语教学中，情境教学还存在诸多问题，教师应灵活运用，充分发挥出情境教学法的作用和价值，以激发学生的学习兴趣，全方面锻炼、提高学生的英语能力。

第三节　中学英语阅读技能培育

阅读是运用语言文字来获取信息、认识世界、发展思维，并获得审美体验与知识的活动。因此，阅读在学习中占有重要地位，是学好语言最有效的途径之一。培养学生的英语阅读能力是英语教学不可或缺的一环，也是帮助学生养成自主学习、终身学习习惯的重要途径。因此，英语阅读技能培育一直是英语教学的重难点。下面我们结合实例来谈一谈，在英语教学中该怎样培育学生的阅读技能。

一、阅读教学的目的和意义

在谈阅读技能培育之前，首先我们要弄清楚如下几个问题。

（一）什么是"阅读"

关于什么是阅读，不同的研究者有不同的理解。早先研究者们认为阅读是对文本的思考与思辨过程（Thorndike，1971）。后来，美国阅读研究小组将阅读定义为"通过书面文字互动提取和建构意义的过程"（Snow，2002）；美国国家教育进展评估项目指出，阅读是一个主动且复杂的过程，涉及根据不同的阅读环境和目的，对书面信息的理解、生成和解读。随着社会的日益发展，学者们对阅读的研究也逐步加深，但是所有对"阅读"的解读既有相似与共通之处，也有不同点。总而言之，研究者们一致认为，阅读是一个复杂的过程，是在社会文化及语境下读者、语篇与活动三要素的融合。

（二）阅读技能的培育目标是什么

阅读是一个复杂的过程，阅读能力在我们的学习和生活中占有重要地位。过去，我们常说阅读教学的目标是培养学生的阅读能力。现在，阅读能力正逐渐被阅读素养这一概念所取代。那么阅读素养到底是什么呢？王蔷和敖娜仁图雅基于阅读素养等于阅读能力加阅读品格的理解，界定了中小学外语阅读素养的九个构成要素：外语文本概念、外语音素意识、外语拼读能力、外语阅读流畅度、外语阅读技巧与策略、外语语言知识、外语国家社会文化背景知识、外语阅读习惯于外语阅读体验。之后，王蔷和陈则航（2016）对其进行了优化，将外语国家社会文化背景知识改为文化意识。并且将外语阅读技巧与策略改为阅读理解，分为信息提取、策略运用和多元思维等维度。至此，有了一个较为完善的"中国中小学生英语阅读素养发展目标理论框架"（王蔷，陈则航，2016）。

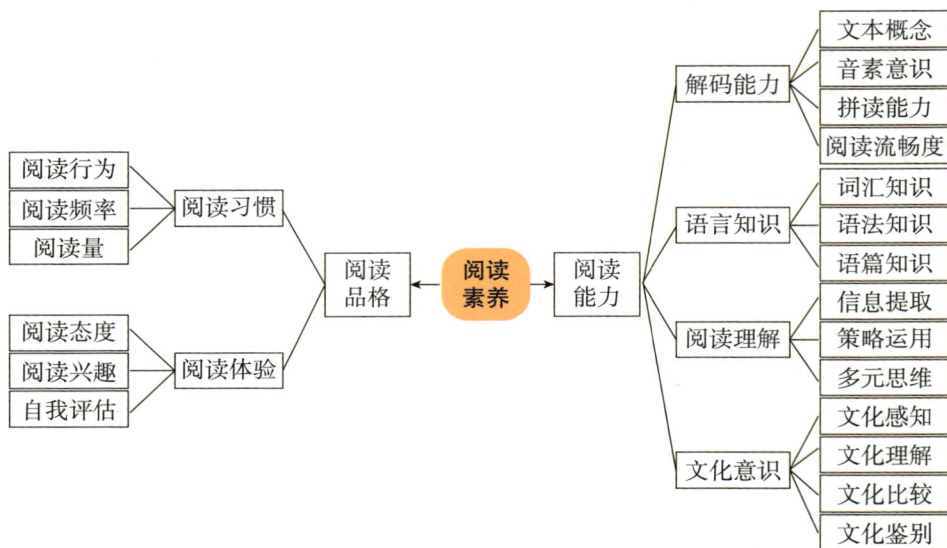

中国中小学生英语阅读素养发展目标理论框架

　　中国中小学生英语阅读素养发展目标包括"阅读能力"和"阅读品格"两大要素。阅读能力的四个方面包括解码能力、语言知识、阅读理解和文化意识四个方面。解码能力是指学生对读物外观、文字、音素、图片等基本信息的抓取和理解能力。语言知识是解码能力发展的基础，包括学生的词汇、语法、语篇三个方面的知识。阅读能力是学生对读物的理解，能够抓取特定信息，运用阅读策略，比如概况、比较等梳理信息，并采用多元思维形成新概念和新知识的能力。文化意识着重描述读者对外国文化的理解层次，包括文化感知、文化理解、文化比较和文化鉴别。过去的阅读教学中，我们更加侧重于培育学生阅读能力中的解码能力和语言知识，而忽略了后面的二者。而随着"核心素养"概念的提出和落实，教育的目的应该是帮助学生提高思维品质，比如思维的流畅性、灵活性、深刻性、独立性、新颖性、批判性等。而在所有思维能力中批判性思维能力是关键。同时，我们也应该注意英文读物背后所体现的跨文化意识等。这些都对我们的英语阅读教学提出了更高的目标和挑战。如果说阅读能力是学生在阅读中提取和加工信息，形成自己理解的能力的话，那么阅读品格就是辅助学生感受到阅读的快乐并终身阅读的重要保障。阅读品格包含阅读习惯和阅读体验。阅读习惯结合当下中小学教学的要求，从阅读行为、阅读频率和阅读量三个方面给学生的阅读提出建议。阅读体验强调学生从阅读中获得的情感成果，包括阅读态度、阅读兴趣和自我评估三个要素。

《中华人民共和国国民经济和社会发展第十四个五年规划和2035年远景目标纲要》提出，教育要"全面贯彻党的教育方针，坚持优先发展教育事业，坚持立德树人，增强学生文明素养、社会责任意识、实践本领，培养德智体美劳全面发展的社会主义建设者和接班人。"这就要求我们的学生，能够终身学习，成为一名优秀的终身阅读者，不仅能够更好地融入社会，还能够面向未来、挑战未来，具有强有力的竞争力，让我们的国家和民族充满活力。随着科技和时代的发展，我们的知识和技术正发生着翻天覆地的变化，知识体系和技术的快速更迭也使我们的教育面临着很大的滞后性。因此，未来人才的培养不仅仅是知识的传授，更重要的应该是能力的培养。只有培养学生通过各种渠道获取所需资源，在阅读中获取、选择、分析和评价所获得的信息，并用于解决实际问题，特别是复杂问题的能力，才能保障我们的学生在未来不断发展和成长，能够不惧未来的任何挑战。

（三）英语阅读教学的原则和意义是什么

那么在了解了什么是阅读以及英语阅读素养的培养目标之后，作为教师，我们在英语阅读教学中又应该注意些什么和有什么原则呢？Gallagher（2009）在Readicide：How Schools Are Killing Reading and What You Can Do About It一书中提到，我们的学校正在扼杀学生的阅读兴趣，主要表现在：

1.过于重视考试成绩，忽略了把学生培育成终身阅读者。

2.教授过于宽泛却不够深入。

3.将很难的文本直接扔给学生却不能提供足够的支架和帮助。

4.过度解读文本，对文本注释过度热衷。

5.不认为享受阅读是一个目标。

6.在校阅读时间不足。

7.将文本切分得太细碎。

目前，学校英语阅读教育似乎也正面临着同样的问题。我们的阅读教学急需进行调整并加以改变。我想，我们应该首先给学生创造条件，促进他们阅读。同时要为他们提供相对充裕的阅读时间和便于阅读的环境氛围。

除了以上问题之外，我们的学生在实际阅读过程中，往往还会遇到很多其他的问题。比如不能理解单词的意思或者知道单词意思却看不懂文本；缺乏阅读理解策略；不能讲文本与生活联系起来；缺乏必要的背景知识等。其实以上困难对应的是学生阅读素养缺失，例如：解码能力不足，策略运用能力缺失，多元思维能力和文化背景知识相对缺乏等。

2002年美国阅读研究小组在报告中提出了阅读理解要素构想模型（Snow，2002），将阅读定义为在社会文化与语境下的读者（Reader）、语篇（Text）和活动（Activity）三要素。而这三要素其实可以很好地应用到英语阅读教学中。教师首先要进行教学语篇的选择，语篇太难或者太容易都不利于教学。而在语篇选择之后要进行语篇研读。语篇研读时既要考虑语篇本身，也要考虑读者，即学生的实际情况。语篇研读就是教学中的教材分析，读者部分对应的则是教学中的学情分析。而活动部分对应的就是教学活动设计了。其中读者是连接语篇与活动的桥梁。教师可以在教学活动中以"中国中小学英语阅读素养发展目标理论框架"为基础，依据语篇、读者、活动三大要素，以阅读素养中各要素为培养目标来设计实施教学。

王蔷教授在《英语阅读素养与教学设计》（王蔷，齐相林，敖娜仁图雅，2021）一书中提出了英语阅读教学的七条教学原则，包括：1.帮助学生建立相应的学科及背景知识；2.为学生提供足够多的、种类丰富的、能够激发学生兴趣的语篇；3.教授阅读策略，分析语篇结构，帮助学生奠定语言知识；

4. 激发学生讨论；5. 提供足够的支架；6. 观察与评估；7. 因材施教。在英语阅读教学中，教师应该始终坚持以学生为中心，以促进学生英语阅读素养发展为目标，以这七条教学原则为指导，在阅读教学中探索出真正能培养和发展学生阅读能力的英语阅读教学方式和方法。

弄明白了以上关于阅读的问题之后，接下来我们来探讨一下怎样设计我们的英语阅读课堂，使我们的学生在课堂上能提升阅读技能。

二、怎样进行英语阅读教学设计

（一）明确初中英语阅读教学的培养目标

教师在设计和进行阅读教学活动前，首先一定明确初中英语阅读教学的培养目标。《义务教育英语课程标准（2011年版）》对初中学生英语阅读能力做出了明确的要求。在整个英语课程的九级体系中，初中毕业，即九年级结束时，学生的阅读能力应该达到如下要求：

1. 能根据上下文和构词法推断和理解生词的含义。

2. 能理解段落中各句子之间的逻辑关系。

3. 能找出文章中的主题，理解故事的情节，预测故事情节的发展和可能的结局。

4. 能读懂常见体裁的阅读材料。

5. 能根据不同的阅读目的运用简单的阅读策略获取信息。

6. 能利用字典等工具书进行学习。

7. 课外阅读量应累计达到15万词以上。

从以上要求看出，初中英语阅读教学需要关注学生整体理解这种文体的阅读材料中的字词句等的阅读解码能力，也需要培养学生的基本阅读策略，如猜词，略读、找读、概况、推理、判断等阅读理解能力。结合中国中小学英语阅读素养发展目标理论框架（王蔷，陈则航，2016），教师在设定教学目标时，要注意培养学生的阅读素养，激发学生的阅读兴趣，帮助学生成为自主自信的终身阅读者。教师也需要在具体篇章的英语阅读教学中引导学生拓展文化视野，提高思维能力，提升阅读品格，从而为学生未来的发展保驾护航。因此，整个阅读教学流程应该为英语阅读教学目标而服务，并在教学过程中，始终体现英语阅读能力的培养目标。

【案例】

听力素材：Module 3 Culture and history Unit 6 Ancient stories-The Trojan horse

来源：英语（牛津上海版）8A

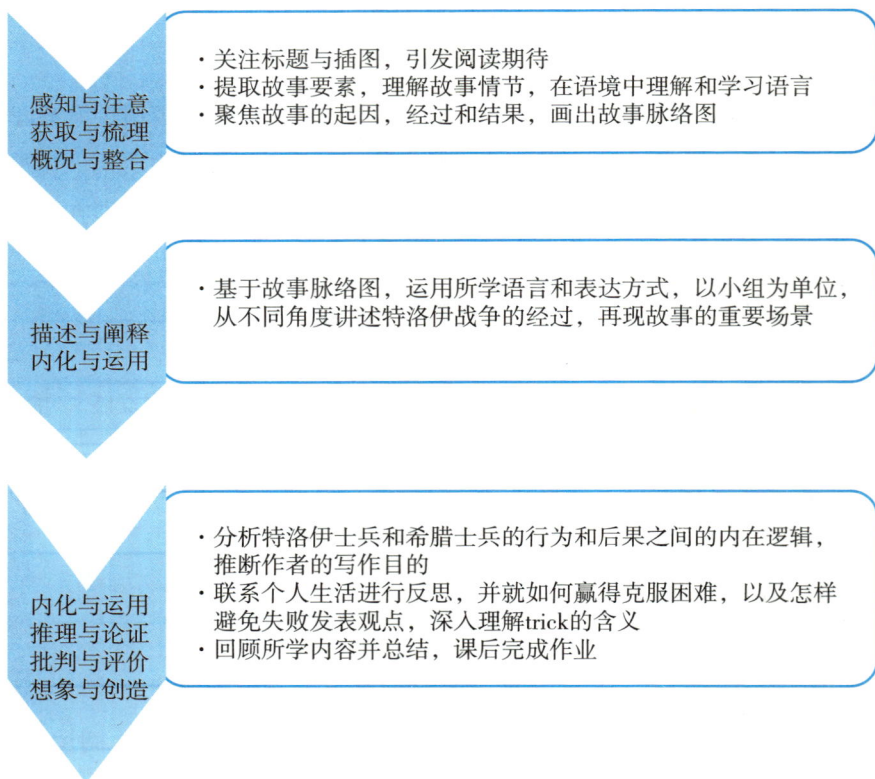

感知与注意 获取与梳理 概况与整合	·关注标题与插图，引发阅读期待 ·提取故事要素，理解故事情节，在语境中理解和学习语言 ·聚焦故事的起因，经过和结果，画出故事脉络图
描述与阐释 内化与运用	·基于故事脉络图，运用所学语言和表达方式，以小组为单位，从不同角度讲述特洛伊战争的经过，再现故事的重要场景
内化与运用 推理与论证 批判与评价 想象与创造	·分析特洛伊士兵和希腊士兵的行为和后果之间的内在逻辑，推断作者的写作目的 ·联系个人生活进行反思，并就如何赢得克服困难，以及怎样避免失败发表观点，深入理解trick的含义 ·回顾所学内容并总结，课后完成作业

教学流程图

（二）研读语篇确定教学重点

语篇是指教师在教学中所使用的教学材料，也叫作教学文本。研读语篇就是对语篇的主题、内容、文体结构、语言特点、作者观点等进行深入的解读（教育部，2018）。进行深入、透彻的语篇研读是进行有效阅读教学的基础。只有语篇研读到位了，才能将教学目标与活动落到实处。研读语篇可以从回答What（主题意义和主要内容）、Why（写作意图和育人价值）、How（文体结构和语言修辞）三个问题入手。

1.What：研读主题、内容可以从文本特征入手

《英语》（牛津上海版）题材广泛，密切联系学生生活实际，主题设计学生生活，科技，自然，旅游，文学，神话，历史，名著等各方面，兼具知识性和趣味性，重视培养学生的科学和人物素养。研读语篇可以从文本的特征和特点入手，包括篇章的标题（title）、小标题（subtitle）、插图、导言、特殊字体、标点和文本的呈现方式等。《英语》（牛津上海版）选取的题材和体裁比较广泛，比如教材选用了博客，日记，海报，广告，百科全书摘录、小说节选、采访、广告、诗歌等，而不同的体裁的文本的呈现方式都不一样。教师要把握这些文本的特点，设计合理的教学活动，引导学生关注文本特征，帮助学生理解文本的写作背景和意图。

2.Why：解读文本需要关注作者的写作意图及其背后的育人价值

了解语篇的作者与其写作意图在语篇分析中至关重要。所以在解读文本时也要注意收集与文本内容有关的背景资料。教师不仅仅要通读教材文本，还要熟悉《英语》（牛津上海版）配套的教学参考等教学资源，利用搜索引擎、权威网站或者微信公众号了解相关信息。教授非故事类语篇时，教师需要了解基本的科学常识和背景知识。教师故事类语篇时，教师可以通过收集作品和作者的时代背景等信息来更加全面的了解文本。

3.How：研读语篇还需关注语篇结构和语言

在研读语篇的过程中，教师除了要理解文本的主题和主要内容之外，还要分析、整理和归纳文本时如何围绕主旨展开和安排素材的，即语篇结构，还要分析文本的内在信息和观点的逻辑关联，努力发现那些对理解语篇意义具有重要作用的关键词和疑难句，并设计相应的教学活动，帮助学生通过理解和表达，实现对语言和主题内容的内化，并能在新的语境下输出所学内容。

【案例】

听力素材：Module 1 People and places Unit 2 Travelling around the world

来源：英语（牛津上海版）8A。

文本解读：

（1）What：主题意义和主要内容。

本模块主题为"文化和历史"。本单元话题是"古代故事"。文章内容节选并改编自《荷马史诗·伊利亚特》，通过讲述希腊人由于使用了"木马计"而一夜之间反败为胜赢得特洛伊战争的故事，引发学生从希腊人、特洛伊人的不同角度和木马计的设计本身交流他们的所感所得。

（2）Why：写作意图。

作者通过讲述特洛伊战争的高潮部分，希腊人通过"木马计"一夜之间反败为胜，结束了一个为期十年之久的战争的过程，引发学生思考：希腊人为什么最后能赢得战争的胜利？特洛伊人为什么会失败？这场战争对我们的生活有什么启示吗？

（3）How：文体结构和语言修辞。

本语篇类型为记叙文，按照事件发生的时间顺序描述的战争的发展。从文本结构来看，第一、二、三段围绕木马的出现展开；第四至第六段记述了木马进城后发生的事；最后一段是故事的结局。本文的高潮和最大的冲突就是希腊人在一夜之间反败为胜，结束了一场为期十年之久的战争。而这一切的实现缘于希腊人实施的一个计谋。只要抓住trick这个文眼，梳理the trick of the Trojan Horse的实施过程就能够帮助学生理解文本。从文本的语言来看，文章大量使用了现在完成时，这是学生还不太理解的语法结构；有些句子比较长，如For ten years, the Greeks could not capture the city by fighting. In one night, however, they succeeded in capturing it through a clever trick. 文本的生词量比较大，可以将词汇分类处理。文本的生词量比较大，可以将词汇分类处理。教师运用图片、道具和肢体语言帮助学生理解Troy、Trojan、capture、trick、make jokes about等核心单词和短语。

（三）分析学情确定教学具体目标和教学难点

学情分析决定了教学的起点和难点。现代教学设计理论认为，学情分析应贯穿备课、教学过程、课后反思以及作业批改等各个环节。对学习效果产生重大影响的学生情况，都是学情分析的内容。学情分析的目的，是为了更好地指导教师完成教学目标、帮助学生完成学习任务（陈志刚，2019）。

在设计阅读活动之前，教师要分析学情，了解学生的心理和认知特点。初中学生身心发展具有鲜明的特点。他们兴趣广泛，思维活跃，但在身体发育、知识经验、心理品质等方面依然带有儿童的特征，他们抽象逻辑思维快速发展，但是具体形象思维还起作用。教师可以在设计阅读活动是，注重直观形象展示和抽象概况提炼相结合，阅读思考和体验表达相结合，创设多种情境，采用多样化的活动形式，比如朗读，对话，表演等来帮助学生感受文本，理解语篇，内化所学。

学生已有的语言知识和阅读策略对于阅读语篇来说是否足够也是教师在设计教学活动时必须要思考的问题。例如，语篇中那些影响理解的关键词对学生来说是否是生成？哪些生词是通过上下文可以猜测出来的，哪些是需要教师教授或帮助才能理解的？这个语篇题材和体裁学生之前是否接触过？语篇的结构和表现手法学生理解是否有难度？这些都是教师在设计教学活动重难点时需要考虑的因素。

每一节课的阅读教学目标的制定都是与语篇研读和学情分析的结果密切相关的，教师要注意避免缺少针对性的、泛化的教学目标制定。例如，学生能读懂故事大意，学生能够在教师的辅助下绘制思维导图，学生能够复述故事情节。这些目标表述放到任何一节课都适用，但没有结合语篇而显得太过于笼统。

【案例】

听力素材：Module 3 Culture and history Unit 6 Ancient stories-The Trojan horse

来源：英语（牛津上海版）8A

学情分析：

授课对象为八年级学生，学生有学习英语的兴趣，已经接触过故事类文章，但在对故事人物的分析和作者意图的揣摩方面仍需教师的引导。因此，教师可以运用激活背景知识的方法引出话题，帮助学生明确战争双方、历时和起因，激发学生阅读文本的兴趣。随后知道学生运用预测的策略，根据已知信息去推测战争结果，促进学生主动思考，从而产生进一步阅读的需要。教师除了帮助学生理清故事发展脉络之外，还可借助道具创设情境，使学生通过表扬体验任务情感，从而能从不同角度解读这个故事。

教学重难点：

（1）引导学生运用预测、略读和寻读以及评价等一系列策略解读文本，促进学生进行"读前—读中—读后"一系列的思考，培养学生理解文本、分析文本和感悟文本的能力。

（2）指导学生应用核心词汇，如leave, go, see, pull, make jokes about, celebrate, go to sleep, climb, open, enter, capture等，从希腊士兵的角度复述故事并阐述自己对trick一词的理解，从而分享故事本身或从故事中的人物身上所获得的启示。

教学目标：

在本课学习结束时，学生能够：

（1）提取故事要素，熟练特洛伊战争的经过和发展脉络；

（2）小组合作，从不同角度（特洛伊士兵和希腊士兵）讲述战争的经过，再现故事中的重要场景；

（3）分析特洛伊士兵和希腊士兵的各种行为和造成后果之间的内在关联，归纳和总结可以从这个故事总吸取的教训。

（4）结合特洛伊战争的经历，联系个人生活进行反思，就如何面对困难和解决困难发表自己的观点，培养学生的思辨能力。

（四）充分准备设计教学过程

阅读教学中的所有知识和理解最终都需要落实到具体的教学设计当中，并在整个教学活动的过程中体现出来。《义务教育英语课程标准（2011年版）》中的教学实例6（适合四级或五级）建议将主要阅读教学活动分成三部分：读前活动（Pre-reading）、读中活动（While-reading）和读后活动（Post-reading），我们也可以参考这个实例，将我们的整个课堂阅读活动分成读前活动，读中活动和读后活动三个部分。

1.读前活动设计

读前活动是整堂课的导入部分。俗话说好的开始是成功的一半，英语阅读教学的读前活动就是整个教学活动的第一个亮点所在。好的读前活动可以激发学生的阅读兴趣，激活学生的背景知识，激发学生的阅读需求，从而有效的服务于阅读教学。那么什么才是好的读前活动呢？首先，读前活动一定要跟所教授的语篇相关，具有目的性和针对性，对读中活动起到铺垫作用。其次，读前活动要有直观性和启发性。能通过生动具体的情境，启发和引导学生进入新的语言学习状态。第三，读前活动一定要有趣味性。只有激发学生的学习兴趣，引发学生的学习动机和注意，才能使学生进入学习的准备阶段。最后，读前活动应该是根据语篇的内容而形式多样化的。教师可以提供必要信息，引导学生推出本课主题或者通过复习旧的知识，引出文本中的新知识。教师也可以在读前活动中介绍理解语篇所需要的背景知识，或者扫除一些阅读障碍，比如影响语篇理解的关键性生词等来帮助学生进行后续阅读。但无论采取什么读前活动，教师都需要注意虽然读前活动有着不小的作用，但是它只是一节课的序幕，不能用时过多。

【案例】

听力素材：Module 3 Culture and history Unit 6 Ancient stories-The Trojan horse

来源：英语（牛津上海版）8A

读前活动设计表

步骤	Pre-reading（读前）活动	设计意图	用时
Step 1	Watch a video clip about war.	导入战争这个主题，并激发学生关于特洛伊战争的阅读期待。	5分钟
Step 2	Listen to a story about the start of the Trojan War. Questions： 1.Who were the two sides in the war? 2.How long did it last? 3.Why did it start?	通过播放一段关于特洛伊战争起因的录音，激活学生的背景知识，明确战争双方、历时和起因，并完成 Tory 和 Trojan 这两个新词的教授。	

2.读中活动设计

读中活动是学生理解阅读语篇的主要过程。在读中活动阶段，学生需要阅读语篇，理解文本大意进而理解文本细节；通过阅读活动，使用阅读策略，发展阅读技巧从而提高阅读能力；渗透文化背景知识，增强跨文化意识；通过老师引导的阅读活动，保持阅读动力。

长远阅读教学目标以育人目标为基础，教师应该明晰英语阅读教学的最终目标是培养学生成为具有高自我效能的终身阅读者。而培养具有高自我效能的终身阅读者需要学生既要具备良好的阅读能力，同时也要具备良好的阅读品格。希望学生在阅读后不仅仅是掌握了几个新的单词或句式，还能体会到阅读的乐趣，有了进一步阅读的兴趣，养成了良好的阅读习惯，希望学生通过阅读了解世界、认识世界，并在阅读的过程中形成正确的人生观和价值观。成功、愉悦的阅读体验是一个读者成为一个热爱阅读的终身阅读者的关键，因此，教师在阅读教学过程中，应该尽可能地为学生创造成功、愉悦的阅读体验。（王蔷，齐相林，敖娜仁图雅，2021.）因此，教师在阅读教学过程中，特别是读中活动中一定要避免一些现象，比如重具体语言知识而忽视了语篇的整体理解；重对学生解题能力的培养而忽视了阅读技巧和策略的指导；重文本信息特别是细节信息的捕捉而忽视了文化背景的渗透。

教师在设计读中活动时，可以采用"整体阅读（holistic reading）"教学模式，帮助学生从整体把握和理解语篇，领会语篇的主旨和内涵，理清语篇内部结构的相互关系。在总体把握全局之后再对局部和细节进行分析。只有纵览全局才能对局部理解更加透彻准确，反过来细节一旦理清，文章的主旨也更加清楚。

在读中活动中，教师应该设计一些活动帮助学生掌握有效的阅读策略，提高阅读能力。有效阅读策略可以帮助读者提高阅读理解能力和阅读速度。略读和寻读的阅读策略能帮助学生快速抓住锻炼的主题句和句子的关键词，从而快速理解文章的大意。根据上下文猜测词义的阅读策略能帮助学生理解语篇中的生词，扫清阅读障碍。通过解读句法或句子结构能帮助学生争取理解语篇，获取作者所传递的信息，避免理解上的偏差。结合文本特征，学生可以更迅速地理解语篇信息，从而提高阅读速度，增强阅读效果。

语言是文化的载体，在语言学习的过程中，如果缺失文化背景，会影响和阻碍阅读能力的提高。在读中活动中，教师可以渗透一些与语篇话题相关的文化背景知识，这样既可以丰富课堂内容，也有助于学生知识面的多维扩展，同时也能激发学生学习英语的兴趣和激情。

总之，读中活动是英语阅读教学活动的重要组成部分，在整堂课中起着承上启下的作用。读中活动是否得到有效开展，读中活动的铺垫是否足够直接影响到读后活动的开展和实施。

【案例】

听力素材：Module 3 Culture and history Unit 6 Ancient stories-The Trojan horse

来源：英语（牛津上海版）8A

读中活动设计表

步骤	While-reading（读中）活动	设计意图	用时
Step 1	Read the first two paragraphs of the story and predict the result of the war. Question：Who would won the war?	引导学生通过寻找文本中的词句来支持自己的观点，从而做出合理预测。	2分钟
Step 2	Work in groups of three. Play the roles of the captain, the soldier and the narrator to show the excitement of the Trojan's seeming victory.	通过表演帮助学生体验人物情感。	3分钟

步骤	While-reading（读中）活动	设计意图	用时
Step 3	Read the last paragraph of the story and tell who won the war in the end.	解开悬念，呈现冲突——结局竟然与预想的不一样。让学生寻找希腊人一夜之间反败为胜的秘诀——a clever trick。	1分钟
Step 4	Read Paragraphs 3–6 and find descriptive words about the "Horse". Questions： 1.What played the most important role in the trick? 2.Why was the horse designed in this way? Give a possible reason. Huge? Wooden? A secret door on the side of the horse? （For example, why was it huge? Because it should be big enough to hold Greek soldiers.）	1. 通过让学生找出在整个计谋中起关键作用的"马"的特征，并通过讨论和提问的方式，解读"马"为什么要设计成这样。 2. 借助图片解释生词 huge, secret, side 等，并通过提问考查学生对这些生词的理解。	5分钟
Step 5	Read Paragraphs 3–6 and put the main idea of each paragraph in the correct order. 2 The Greek soldiers inside the horse opened a secret door and climbed out. 3 The Greek soldiers opened the gates and let their army in. 1 The Trojans celebrated and then went to sleep.	通过排序，帮助学生对木马进城后发生的事情有一个整体理解。	3分钟
Step 6	Have a group discussion and tell whether the illustrations match the story. Find the mistakes if there are any. Picture 1： That night, there were some Trojan solders and the wooden horse in the square. Picture 2： That night, two Trojan solders were standing by main gate of the city with the door open. Picture 3： A Trojan soldier climbed out of the secret door on the top of the horse.	通过对比图片和文本，引导学生对细节信息进行进一步观察和理解，并提出自己的见解。	6分钟

续表

步骤	While-reading（读中）活动	设计意图	用时
Step 7	Complete the table to make a comparison between the Greeks and the Trojans so as to understand why the Greeks won the war. **The Trojans / The Greeks** All the citizens <u>celebrated</u>. They <u>sang</u> and danced. They <u>made jokes about</u> their enemies. / Some Greek soldiers <u>hid inside the horse</u>. And the Greek army returned to the outside of the city. After the Trojans celebrated / After the Trojans went to sleep They <u>locked all the gates of the city</u> and then all went to sleep. / The Greek soldiers inside the horse <u>opened the secret door</u>, climbed out and opened the main gates. The Greek army <u>entered</u> the city.	通过表格对比特洛伊人和希腊人的举动，总结希腊人赢得战争的原因。至此解决了学生在遇到文本之初提出的问题——希腊人在一夜之间反败为胜的秘诀是什么？	5分钟
Step 8	Work in pairs. Play the role of the Greek soldier in the horse and the Trojan horse and try to tell the story in their own words.	让学生分别以希腊士兵和特洛伊士兵的角度讲述故事，鼓励学生口头叙述，促进学生内化所学知识。	5分钟

3.读后活动设计

如果说读前、读中活动主要是输入，那么读后活动主要就是输出。Goodman认为，在阅读过程中，读者不断地、积极地试图再现作者的信息，进行一番内心的对话，在这一过程中形成假设，做出预料，提出质疑，继而澄清不确之处，将新的信息融于旧的之中，将旧的信息按新的做出修正等等（Goodman，1996）。读后活动的设计与展开正是为了达到此目的。学生通过读后活动能熟悉和巩固所阅读的语篇，还能结合自己的知识、经历、想象和感受，将知识进行内化和迁移，提高语言综合应用能力。

读后活动首先要能够帮助学生复习读前和读中活动中所学到的知识，巩固应用文本中的话题、词汇和语言结构。因此读后活动一定要去文本相关，不能脱离文本内容。其次，读后活动要基于文本，又要高于文本，要对文本内容和主题进行升华。教师可以根据教学内容，采取适当的活动形式，通过开放性、思维发散性和选择多样性的问题，培养学生的自主性，拓宽学生的思维，培养学生的想象力。第三，好的读后活动应该能创设特定的情境和语境，让学生灵活应用文本中的语言内容来表达看法、思想和情感。读后活动主要是语言输出的过程，学生们可以在读后活动中实现语言知识的迁移和提高综合语言应用能力。最后，读后活动不应该是机械式的重复或者生搬硬套，而是应该将已学的内容和已有的知识有效结合，生成新的内容，培养学生的创新思维和探索精神。

【案例】

听力素材：Module 3 Culture and history Unit 6 Ancient stories-The Trojan horse

来源：英语（牛津上海版）8A

读后活动设计表

步骤	Post-reading（读后）活动	设计意图	用时
Step 1	Work in groups and discuss the following questions. 1. Can you tell how the Greeks won the war? 2. After reading the story, what do you think a trick is like? 3. What have you learnt from the story?	1. 引导学生复述故事。 2. 在小组讨论中，学生阐述各自对 trick 一词的理解并分享读后心得。这一方式能让学生互相启发，碰撞出思维火花。	8分钟

（五）设计合理创新的阅读课作业

作业是教学活动的重要环节。通过作业，学生不仅可以巩固课堂所学的知识，还能增强对学习的兴趣，养成良好的学习习惯，形成有效的学习策略。因此，一份好的作业对于学生巩固课堂所学，激发学习兴趣，发展学习能力有着重要的促进作业。那么，到底什么才是一份好的阅读课作业呢？

首先，阅读课作业的内容要根据课程标准要求、课堂教学和学生实际去选择。作业可以让学生把所学知识应用起来，即学中用，用中学，学用结合。因此，作业的选择要与教学目标或学习目标相匹配，为学生的学习而服务。

其次，设计阅读课作业是要思考形式的创新性。过去的作业多为机械抄写，或者形式单一的习题。但是语言学习需要交际的机会，需要在使用中复习和巩固。因此，教师要通过各种形式的作业为学生提供语言知识和语言技能的训练，培养学生综合语言应用能力。同时，创新型的作业有利于激发学生的学习兴趣，提高学生学习效率。教师可以以创新理念设计听、说、读、写不同形式的作业，做到封闭性作业与开放性作业结合。

第三，英语作为一种语言，其首要功能是交际和沟通。我们在英语教学中需要培养学生听、说、读、写的基本能力。因此，教师在布置作业时，要从阅读文本出发，思考使用符合教学要求和学生学习需要的作业形式，考虑如何让学生在作业中实现听、说、读、写各方面综合能力的应用能力提高，从而培养学生综合语言应用能力。

最后，教师布置作业时要考虑作业的难度和所需时间。太难或太容易的作业都会使其失去它的意义。同时，如果完成作业所需时间过长，就会占用学生过多的时间，使作业成为一种负担，也不利于学生其他学科和内容的学习。

【案例】

听力素材：Module 3 Culture and history Unit 6 Ancient stories-The Trojan horse

来源：英语（牛津上海版）8A

课后作业：

A（程度较好的学生）

1.Work in groups to design a flow chart of the trick.（建议：可以从希腊首领或者士兵的角度来设计。展开合理想象，适当补充细节。）

2.Learn more about the war by watching BBC- In Search of the Trojan War.

B

Read the text again and summarize the story in your own words.（建议：可以让学生完成本单元写作部分A soldier's story或给一些关键词帮助学生复述。）

三、总结

有效的阅读教学技能培育首先应基于有效的教学目标设计，而有效的教学目标实际则需基于深入清晰且客观详尽的语篇研读和客观且有针对性的学情分析。很多国家和政府高度重视推动儿童和青少年阅读能力培养。近年来，阅读能力的培养和良好的阅读态度和阅读习惯也越来越受到教育部门、老师和家长的关注。2014年，"倡导全面阅读"首次被写入政府工作报告中。此后，"全面阅读"连续出现在政府工作报告中，这说明国家对开展全民阅读的重视。深圳作为联合国"全球全民阅读典范城市"更加重视对未成年人阅读兴趣、阅读习惯和阅读能力的培养。

英语是当今世界上最广泛使用的通用语言之一，英语阅读与母语阅读具有同样的价值和意义。阅读在英语学习中扮演者重要的角色，尤其对正在成长中的中小学生。学会并学好阅读有利于他们打好语言基础、发展语言技能、形成良好的英语语言素养。同时，通过英语阅读，孩子们可以开阔文化视野，丰富生活经历，学会认识自我、认识他人、认识社会。初中阶段的学生正处于心智和思维发展的最关键的时期。因此，教育应该以教授学科知识为基础，培养学生的独立思考能力、判断能力，帮助学生养成终身学习的好习惯对学生至关重要。而一个人终身学习的最主要的途径就是阅读。

英语阅读技能培育任重而道远。

附录：

Module 3 Culture and history Unit 6 Ancient stories
The Trojan horse 教学设计

【文本解读】

（1）【What】主题意义和主要内容

本模块主题为"文化和历史"。本单元话题是"古代故事"。文章内容节选并改编自《荷马史诗·伊利亚特》，通过讲述希腊人由于使用了"木马计"而一夜之间反败为胜赢得特洛伊战争的故事，引发学生从希腊人、特洛伊人的不同角度和木马计的设计本身交流他们的所感所得。

（2）【Why】写作意图

作者通过讲述特洛伊战争的高潮部分，希腊人通过"木马计"一夜之间反败为胜，结束了一个为期十年之久的战争的过程，引发学生思考：希腊人为什么最后能赢得战争的胜利？特洛伊人为什么会失败？这场战争对我们的生活有什么启示吗？

（3）【How】文体结构和语言修辞

本语篇类型为记叙文，按照事件发着的时间顺序描述的战争的发展。从文本结构来看，第一、二、三段围绕木马的出现展开；第四至第六段记述了木马进城后发生的事；最后一段是故事的结局。本文的高潮和最大的冲突就是希腊人在一夜之间反败为胜，结束了一场为期十年之久的战争。而这一切的实现缘于希腊人实施的一个计谋。一场抓住trick这个文眼，梳理the trick of the Trojan Horse的实施过程就能够帮助学生理解文本。从文本的语言来看，文章大量使用到了现在完成时，这是学生还不太理解的语法结构；有些句子比较长，如For ten years, the Greeks could not capture the city by fighting. In one night, however, they succeeded in capturing it through a clever trick.文本的生词量比较大，可以将词汇分类处理。核心词汇如Troy，Trojan，capture，trick，make jokes about等可以通过图片、道具和肢体语言辅助等方式帮助学生在上下文中理解。

【学情分析】

授课对象为八年级学生，学生有学习英语的兴趣，已经解除过故事类文章，但在对故事人物的分析和作者意图的揣摩方面仍需教师的引导。因此，教师可以运用激活背景知识的方法引出话题，帮助学生明确战争双方、历时和起因，激发学生阅读文本的兴趣。随后知道学生运用预测的策略，根据已知信息去推测战争结果，促进学生主动思考，从而产生进一步阅读的需要。教师除了帮助学生理清故事发展脉络之外，还可借助道具创设情境，使学生通过表扬体验任务情感，从而能从不同角度解读这个故事。

【教学重难点】

（1）引导学生运用预测、略读和寻读以及评价等也遇到策略解读文本，促进学生进行"读前—读中—读后"一系列的思考，培养学生理解文本、分析文本和感悟文本的能力。

（2）指导学生应用核心词汇，如leave, go, see, pull, make jokes about, celebrate, go to sleep, climb, open, enter, capture等，从希腊士兵的角度复述故事

并阐述自己对trick一词的理解，从而分享故事本身或从故事中的人物身上所获得的启示。

【教学目标】

在本课学习结束时，学生能够：

（1）提取故事要素，熟练特洛伊战争的经过和发展脉络；

（2）小组合作，从不同角度（特洛伊士兵和希腊士兵）讲述战争的经过，再现故事中的重要场景；

（3）分析特洛伊士兵和希腊士兵的各种行为和造成后果之间的内在关联，归纳和总结可以从这个故事总吸取的教训。

（4）结合特洛伊战争的经历，联系个人生活进行反思，就如何面对困难和解决困难发表自己的观点，培养学生的思辨能力。

【教学流程图】

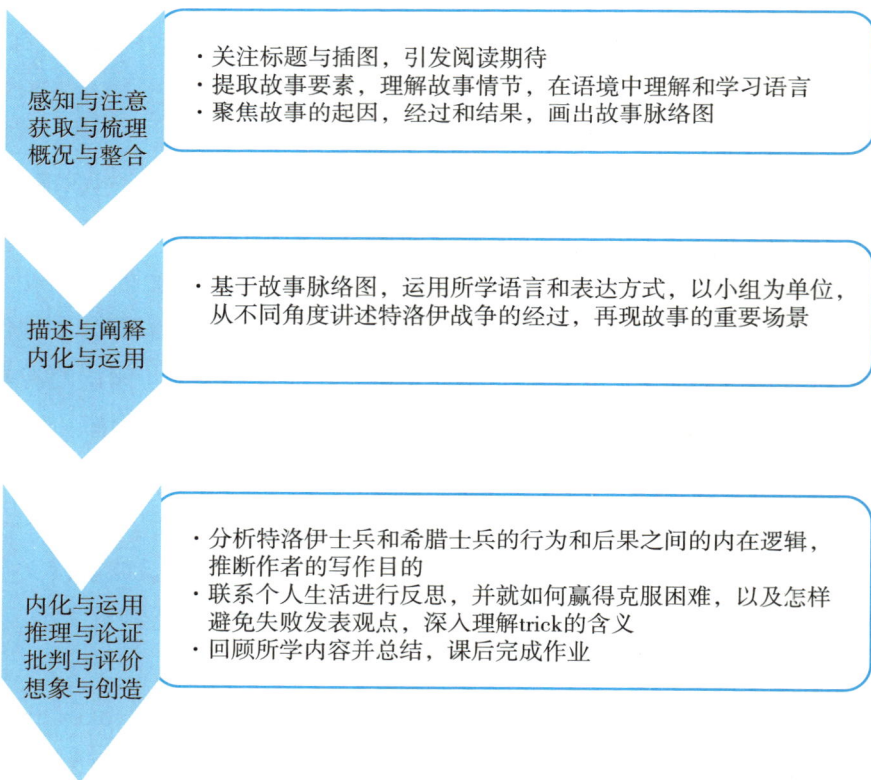

【教学过程】

步骤	Pre-reading（读前）活动	设计意图	用时
Step 1	Watch a video clip about war.	导入战争这个主题，并激发学生关于特洛伊战争的阅读期待。	5分钟
Step 2	Listen to a story about the start of the Trojan War. Questions： 1.Who were the two sides in the war? 2.How long did it last? 3.Why did it start?	通过播放一段关于特洛伊战争起因的录音，激活学生的背景知识，明确战争双方、历时和起因，并完成 Tory 和 Trojan 这两个新词的教授。	
步骤	While-reading（读中）活动	设计意图	用时
Step 3	Read the first two paragraphs of the story and predict the result of the war. Question：Who would won the war?	引导学生通过寻找文本中的词句来支持自己的观点，从而做出合理预测。	2分钟
Step 4	Work in groups of three. Play the roles of the captain, the soldier and the narrator to show the excitement of the Trojan's seeming victory.	通过表演帮助学生体验人物情感。	3分钟
Step 5	Read the last paragraph of the story and tell who won the war in the end.	解开悬念，呈现冲突——结局竟然与预想的不一样。让学生寻找希腊人一夜之间反败为胜的秘诀——a clever trick。	1分钟
Step 6	Read Paragraphs 3–6 and find descriptive words about the "Horse". Questions： 1.What played the most important role in the trick? 2.Why was the horse designed in this way? Give a possible reason. Huge? Wooden? A secret door on the side of the horse? （For example, why was it huge? Because it should be big enough to hold Greek soldiers.）	1. 通过让学生找出在整个计谋中起关键作用的"马"的特征，并通过讨论和提问的方式，解读"马"为什么要设计成这样。 2. 借助图片解释生词 huge, secret, side 等，并通过提问考查学生对这些生词的理解。	5分钟
Step 7	Read Paragraphs 3–6 and put the main idea of each paragraph in the correct order. 　2　The Greek soldiers inside the horse opened a secret door and climbed out. 　3　The Greek soldiers opened the gates and let their army in. 　1　The Trojans celebrated and then went to sleep.	通过排序，帮助学生对木马进城后发生的事情有一个整体理解。	3分钟

步骤	While-reading（读中）活动	设计意图	用时
Step 8	Have a group discussion and tell whether the illustrations match the story. Find the mistakes if there are any. Picture 1: That night, there were some Trojan solders and the wooden horse in the square. Picture 2: That night, two Trojan solders were standing by main gate of the city with the door open. Picture 3: A Trojan soldier climbed out of the secret door on the top of the horse.	通过对比图片和文本，引导学生对细节信息进行进一步观察和理解，并提出自己的见解。	6分钟
Step 9	Complete the table to make a comparison between the Greeks and the Trojans so as to understand why the Greeks won the war. 	The Trojans	The Greeks	 |---|---|
All the citizens celebrated. They sang and danced. They made jokes about their enemies.	Some Greek soldiers hid inside the horse. And the Greek army returned to the outside of the city.
After the Trojans celebrated	After the Trojans went to sleep
They locked all the gates of the city and then all went to sleep.	The Greek soldiers inside the horse opened the secret door, climbed out and opened the main gates. The Greek army entered the city.		通过表格对比特洛伊人和希腊人的举动，总结希腊人赢得战争的原因。至此解决了学生在遇到文本之初提出的问题——希腊人在一夜之间反败为胜的秘诀是什么？	5分钟
Step 10	Work in pairs. Play the role of the Greek soldier in the horse and the Trojan horse and try to tell the story in their own words.	让学生分别以希腊士兵和特洛伊士兵的角度讲述故事，鼓励学生口头叙述，促进学生内化所学知识。	5分钟
	Post-reading（读后）活动		
Step 11	Work in groups and discuss the following questions. 1. Can you tell how the Greeks won the war? 2. After reading the story, what do you think a trick is like? 3. What have you learnt from the story?	1. 引导学生复述故事。 2. 在小组讨论中，学生阐述各自对 trick 一词的理解并分享读后心得。这一方式能让学生互相启发，碰撞出思维火花。	8分钟

【课后作业】

A（程度较好的学生）

1. Work in groups to design a flow chart of the trick.（建议：可以从希腊首领或者士兵的角度来设计。展开合理想象，适当补充细节。）

2. Learn more about the war by watching BBC- In Search of the Trojan War.

B

Read the text again and summarize the story in your own words.（建议：可以让学生完成本单元写作部分A soldier's story或给一些关键词帮助学生复述。）

第四节　中学英语写作技能培训

听、说、读、写是英语学习的四项基本技能，听和读时输入，说和写是输出。在初中英语教学中，写作是最难的一项。它是语言逻辑、语言习惯、语法结构的综合体（毛海忠，2004）。它要求学生能够综合运用所学到的知识，对第二语言进行恰当地组织和表达，英语写作水平直接反映了学生综合运用语言的能力，对学生的要求非常高，也是英语教师在英语教学工作中的重要环节。

根据《义务教育英语课程标准（2011版）》中的分级标准，初中毕业的学生要达到五级的写作标准：能根据写作要求，收集、准备素材；能独立起草短文、短信等，并在教师的指导下进行修改；能使用常见的连接词表示顺序和逻辑关系；能简单表述人物或事件；能根据图示或表格写出简单的段落或操作说明。

而目前写作是初中英语的教学的一大难点,学生觉得难，因为对语言输出的准确性要求高，所以学生在心理上惧怕，同时在语法、修辞等方面错误较多,学生的语篇意识薄弱，导致修辞不当，思维方式也容易受母语干扰。而教师觉得难，是因为需要给教师给学生搭建更多的"脚手架"，帮助克服学生的畏难心理。而这对教师的教学设计也提出了更高的要求。本章节针对此问题进行了探讨与实践，通过输入理论支撑和课例的穿插，主要从阅读输入来入手，以读促写，来提供解决"初中英语写作中教与学困难"的策略。

一、输入理论与输出理论的阐述

20世纪80年代初，美国语言学家克拉申提出了第二语言习得理论，其中包含了五个假说：习得—学习假说、自然顺序假说、监控假说、输入假说与情感过滤假说。输入假说是第二语言习得理论的核心内容，强调了"可理解输入"对语言习得的重要性。克拉申认为，感受性语言如听和阅读在语言学习过程中起主导作用，只要提供足够数量的可理解语言舒服，其他包括语言技巧的提高和语法知识的获得都会随之产生（邓毅婷，2009）。

但是克拉申的输入假说在二语习得中过于注重输入与理解，而忽视了语言输出的重要性。20世纪80年代中期，Swain在观察加拿大法语沉浸式教学课堂时发现，学生的法语输入已经足够了，但是输出能力却与母语为法语的学生相差很多。于是，Swain（1995）认为可理解输入虽然重要，但不完全是一个好方法。因此，他在输入假说的基础上提出了输出假说，认为输出也是语言习得中不可分割的一部分。

成功的二语学习者既要接触大量的可理解性输入，有需要产出可理解性的输出，而在某种情况下，输出可以促进二语习得，其方式不同于输入，但却可以增强输入对二语习得的作用（王荣英，2004）。

语言习得过程中，输入是输出的前提与基础，学习者首先要能听懂，读懂英语，才能产出语言。但是仅仅靠输入又不能真正地将语言进行内化，输入与输出并重，我们要注意处理好两者之间的关系，提高学生的综合语言运用能力（张淼，2021）。

二、输入理论对初中英语写作教学的作用

正如上文所提，语言输入是语言输出的前提条件。所以语言输入资料的质量，直接决定了语言输出的质量。输入理论强调先读后写，英语的书面表达就是要通过大量的有计划有目的地文本阅读输入来实现。通过阅读，输入书面表达所需要的词块，语法和语篇意识，来帮助学生搭建写作所需要的"脚手架"，减少学生对写作的畏难心理，让写作更加得心应手，这便是我们

阅读输入的目的。

（一）注重英语阅读教学中的词块输入

1.词块的定义

词块这一概念最早由 Becker 在 1975 年提出，他认为词块是以整体形式储存在大脑中的一串词，可整体或稍做改动后作为预制组块供学习者提取和使用（王佩福，2010）。但是，迄今为止对词块的定义尚没有一个统一的定论。Pawley 和 Syder（1983）将词块定义为"词汇化的句干"（lexicalized sentence stems），根据他们的理论，词块是一些有长有短的句子单位，其语法形式和词汇内容完全或基本固定。Lewis（1997）指出，语言不是由传统的语法和词汇构成，而是由多词的预制语块构成。王佩娜（2008）认为，词块是语言使用者在语言输入和输出过程中频繁使用的，具有特定语义和结构并以固定或半固定的形式存在的，词块有利于提高语言生成能力的短语、固定搭配、习惯用语或句式。虽然学者们对词块没有一个明确的定义，但是他们都认为词块是由一个或两个单词组成，语法形式基本固定，学习者可以整存整取的一串词。

2.词块积累有助于提高学生英语写作能力

以读促写的教学模式，第一阶段便是阅读。教师通过学习任务的设计和有目的性的引导，可以让学生通过课前预习获得阅读文本中有用的词汇、短语和句型。引导学生提前掌握理解并学会运用核心词块。核心词块的积累，有助于提高学生表达的地道性和自信心。汉语注重意义，而英语注重形式。所以学生在英文写作的过程中，容易出现大量的中国式英语表达，这就是母语的干扰产生的迁移作用。通过培养学生的词块意识，让学生在写作中有意识地去使用地道性的英文词块，提高学生的词汇搭配能力，有利于学生英语思维方式的培养。克服母语负迁移的影响。谢桂玲和索明茹（2012）用行动研究的方法对非英语专业大学生进行了一学期的词块写作训练，证实词块的确有利于提高学生表达的地道性。

同时，核心词块的积累，也有助于学生自信心的建立。储爱华（2011）通过对初中生进行问卷调查和访谈，发现学生在写作中使用词块，能够有效提高学习兴趣，增强他们的写作自信心。在写作时，学生可以针对不同的语境选择具有特定语用功能的词块，不会因为缺乏词汇或者找不到合适的单词而忧虑，也不会为复杂的语法结构而恐慌。在一定程度上，使用词块写作有利于学生写作自信心的建立。

接下来以深圳初中英语九年级的一节人物写作课为例，阐述词块输入对写作的重要性。

写作一：写人物

钟南山

> 本次写作主要是介绍"钟南山"。文章内容会涉及钟南山的个人基本信息，一生的贡献和成就，最后发表对钟南山的看法。

写作课示例

课上第一步，教师为了帮助学生梳理人物介绍需要的词块，先让学生阅读了一段介绍吴荣芳老奶奶个人信息的段落，帮助学生梳理出介绍人物信息需要用到的词块。

Read the following passage and answer the questions.

Wu Rongfang was born in Nanjing, Jiangsu Province. She is an 88-year-old paper-cutting artist who does something meaningful to cheer people up during the fight against the COVID-19. Let me tell you more details about her.

- 1. Who is Wu Rongfang?
- She is a paper-cutting aritist.
- 2. How old is she?
- She is 88 years old.
- 3. When and where was she born?
- Wu Rongfang was born in Nanjing, Jiangsu Province.
- 4. What did she do to fight against the COVID-19?
- She did something meaningful to cheer people up during the fight against the COVID-19.

人物介绍词块示例

通过阅读这一段，老师要求学生回答四个问题，根据答案，梳理出介绍人物的个人身份、出生地点、出生时间、人物年龄和本文主要要涉及的防疫贡献。并把主要的词块信息标红。

- **Wu Rongfang is** _a paper-cutting aritist_.——介绍职业
- 钟南山是一名医生，也是一名医学科学家。
- Zhong Nanshan is a doctor and a medical scientist.
- **She is** _88 years old_.——介绍年龄
- 他86岁了。
- He is 86 years old.
- **Wu Rongfang** _was born in_ Nanjing, Jiangsu Province.——介绍出生地
- 1936年10月出生于南京。
- Zhong Nanshan was born in October, 1936 in Nanjing.

通过仿写上一步提炼的个人身份、年龄、出生地等句子来介绍钟南山，为全文的写作积累词块。

- **She is** _an 88-year-old_ paper-cutting artist who _does something meaningful to cheer people up during the fight against_ the COVID-19.
- 钟南山是一位86岁的医生和医学科学家，他带领他的医疗团队一起来与COVID-19作斗争。
- Zhong Nanshan is an 86-year-old doctor and medical scientist who led his medical team to fight against the COVID-19.

有了简单句的输入，再次仿照阅读的段落，观察阅读段落中介绍人物时所用的复合句——定语从句，利用所学的定语从句知识分析完句子结构以后，用同样的句子来介绍钟南山先生。此处为学生从简单句过渡到复合句的书写搭建了层层递进的脚手架。

人物介绍示例

教学设计中体现的知识层面分析：从以上课例可以看出，在写作之前，为学生搭建好所需要的词块脚手架，让学生写作时避免出现句子错误。本节课例的展示，体现了读写结合中最常见的词块输入搭建，从同样主题的文章中提取写作任务中所学的词块，层层递进。先是阅读，通过回答问题，梳理出所需要的词块。再对词块的作用进行分析，得出介绍人物的常见表达：介绍人物出生年月，地点，人物的身份，人物主要的贡献等。再带着学生对主要的句型进行仿写，构建基本的句型。

教学设计中体现的分层教学分析：对于人物的书写，不同层次的学生书写的句型可以有所不同。英语基础中层以下的同学可以采用简单句的书写，中层以上的同学可以尝试使用复合句。本次课例的设计既是层层递进，也是为不同层次的学生提供不同的写作句型模板。因教施材，为不同层次的学生搭建不同的脚手架。

教学设计中体现的情感意识分析：正如前文所提，写作的第一任务是阅读，教师通过学习任务的设计和有目的性的引导，让学生通过课前阅读获得阅读文本中有用的词汇，短语和句型。引导学生提前掌握理解并学会运用核

心词块。核心词块的积累，有助于提高学生表达的地道性和自信心。减轻学生对写作的畏难心理。同时，写作主题的选取，也是德育教育在英语学科中的一种渗透。根据目前贴近学生生活的现实处境，通过介绍钟南山来对学生进行感恩教育，体现国家提倡的立德树人的教育理念。

（二）注重英语阅读教学中的语法输入

英语语法教学是英语教学的一个重要组成部分，同时它也是开展英语教学活动的基础。英语的写作对语言表达的准确性要求相对较高，而学生的表达中很容易出现语法错误，尤其是时态，动词的运用，句子的结构和介词的搭配上。

首先教师在教学过程中，通过对课前阅读的任务设计，要求学生审清阅读主题下的时态运用，理清不同时态适用于不同的文本，描写计划，通知等应用文类该用一般将来时，描写故事性的记叙文该用一般过去时，描写社会现象等说明文类该用一般现在时。

其次，关于句子的结构，教师要在平时的阅读教学中帮助学生理解并熟悉句子的构成成分，理解句子的结构，理清不同的句子成分的作用。在写作教学中，通过词块的积累，在重新组合句子时注重句子结构的分析，避免出现中式英语的表达。

动词需要掌握的知识点很多，不同时态有不同的形式，这里要在平时阅读教学的词汇学习中帮助学生梳理构词法的规律，避免单词的拼写错误。同时，要多利用阅读文本中词汇的使用，通过不同的语境来感受并理解词汇的用法。避免写作中出现张冠李戴，措辞不当的错误。

最后，使用介词也需要平时注意积累词块。通过积累并收集介词的惯用搭配，为写作做好储备。而这些都可以通过课前的阅读输入来实现。

Step 1 审题：体裁、时态、人称

"时势造英雄。" COVID-19爆发以来，我国涌现出许多抗疫英雄。<u>钟南山就是其中一位给人们带来希望和信心的抗疫英雄。</u>请你写一篇文章来介绍他^{介绍人的说明文}。 写作目的

要点如下：

1. 个人简介：1936年10月出生于南京。1953年，就读于广东实验中学。1960年，毕业于北京医学院。

2. 主要事件描写：2020年春，COVID-19在中国和世界爆发，钟南山带领他的医疗团队，经过长期努力，取得了显著的成绩；

3. 你对他的看法　　一般过去时/一般现在时

第三人称单数 he

提示词汇：广东实验中学：Guangdong Experimental High School
北京医学院：Beijing Medical College

从本节课例中可以看出，教师带着学生，对写作题目进行审题，主要从以下几个方面进行：审写作目的，审体裁，审时态，审人称。这就是上文所提到的，通过写作任务的设计，帮助学生理清适用于文本的时态。

• **She is** <u>an 88-year-old</u> **paper-cutting artist who** <u>does something meaningful to cheer people up during the fight against</u> **the COVID-19.**

• 钟南山是一位86岁的医生和医学科学家，他带领他的医疗团队一起来与COVID-19作斗争。

• **Zhong Nanshan is** <u>an 86-year-old doctor and medical scientist</u> **who** <u>led his medical team to fight against the COVID-19.</u>

此处的设计，是通过阅读任务的设计，来考查学生之前所学的语法知识——定语从句的掌握程度，先进行句子结构的分析，最后将所学的语法知识运用到写作中。

吴荣芳88岁了。

• **Wu Rongfang is** <u>88 years old.</u>

她是一个88岁的剪纸艺术家。

• **She is** <u>an 88-year-old</u> paper-cutting artist.

钟南山86岁了

• **Zhong Nanshan is** <u>86 years old.</u>

他是一位86岁的医学科学家。

• **He is** <u>an 86-year-old</u> medical scientist.

此处的设计，老师带着学生对人物年龄的句型进行分析，因为对年龄的表达到底是做表语和定语，学生经常会出错。老师在这里特别把两个句子拿出来做对比，引导学生分析表达的用法，确定充当句子中不同的成分，表达应有所不同，要遵循英语的表达规律。

She <u>hopes</u> she can use traditional culture and art to encourage medical workers and <u>people who suffer from the epidemic.</u>

As an old saying goes, a small act of kindness can make a difference. In my opinion, she is a great artist <u>with a heart of gold</u>. We should <u>show our respect for</u> her and learn to be a kind person <u>like her.</u>

遭受：suffer from
小小善举：a small kind of act
起作用：make a difference
赤子之心：with a heart of gold
向某人表示尊重：show respect for
像她一样：like her

学生对于介词的使用，虽然经常强调，但仍出现张冠李戴的错误。所以老师分析阅读文本时，特别强调了不同的表达，所搭配的介词也是不一样的。并重点提取了写作中所需要用到的一些词块，对里面的介词进行了详细的点拨。

示范课例

正如前文所说，语法教学是英语教学中的一个重要部分，而语法的系统学习，既是英语教学的基础，也是为语言的表达打下更加牢固的基础。本节课的设计，正是针对学生常见的表达错误，写作时时态应该如何选择，所学

的语法知识如何落实到日常的语言表达中在本节课例中得到了充分的体现。从本节课例中可以看出，教师的教学设计中，除了注重词块的输入，同时也在分析阅读文本和写作主题时，带着学生审题，审时态；利用语法知识，把简单句重组为复合句；注重简单句中表达方式不同，词性的转变也不同；同时也对所积累词块的用法，介词搭配进行分析和点拨。通过层层分析和任务设计，帮助学生排除写作中容易出现的语法错误，使学生对写作更加的内容更加得心应手，胸有成竹。

（三）注重英语阅读教学中的语篇意识输入

英文写作就是培养学生从整体上构思及分层表达自己的思想，用衔接手段进行连词造句，连句成段，连段成篇的能力。英文的写作讲究的是环环相扣，逻辑严谨，避免文章的支离破碎，不知所云。所以通过阅读来培养学生的语篇意识，助力写作是非常重要的。部分学生在进行英语写作时，缺乏语篇的衔接能力，不会使用衔接手段，只是把若干句子进行机械地堆积，写出来的段落或者篇章条理不清晰，逻辑不严密，语义不连贯。因此，教师应该引导学生，通过阅读来提高语篇的写作能力和增强写作思维的逻辑性。

通过阅读提高语篇写作能力。阅读的思路和方法直接影响学生的写作，学生对篇章结构的认识和理解能力越强，在写作中对语篇知识的运用能力就越强，写作的总体水平就越高。教师通过引导学生阅读，培养学生在阅读过程中有意识地吸取有用的语言，借鉴作者的写作方法，在模仿中提高自己的写作能力。同时，通过大量地阅读，积累素材，充实自己。避免在写作中内容空洞，无话可说。既要有宏观的阅读，也要有微观的阅读，学会积累美句，名句，并在写作中灵活运用这些美句名句，给自己的写作增添亮点。

【案例】《英语》（上海牛津版）九年级下册Unit 1写作课：人物写作——读写结合

总课时持续时间是80分钟，两节课。

项目	内容
教学内容	人物写作——读写结合
内容分析	本课时内容是深圳上海牛津版教材九年级下册 Unit1 写作课。主要是写："钟南山"的人物介绍。根据《义务教育英语课程标准（2011 年版）》中的话题项目表显示，人物情况介绍是第一个话题，是初中阶段必须掌握的写作话题。本节课的人物也是目前的时事热点人物，贴近学生的生活，学生对钟南山非常熟悉，也清楚他的抗疫故事。
学情分析	学生初中阶段共有五个单元涉及人物介绍。其中，七上两个单元，九上两个单元，九下一个单元。所以学生对于人物介绍的句型，文章结构相对熟悉。
教学目标	学生能够根据写作任务要求仿写一篇人物介绍的文章——钟南山
教学重点	仿写一篇人物介绍的文章
教学难点	正确使用句型，合理谋篇布局，时态人称的正确使用
教学资源	1. 来自双语报上的一篇介绍吴荣芳老奶奶抗疫故事的文章。 2. 以目前的抗议现实为情境，仿写一篇介绍钟南山抗疫故事的文章。
教学过程	（两节课连堂的读写结合的写作课，总课时时间 80 分钟）

预设时间	教学步骤	教师活动	学生活动	教学目的
2 mins	Step1.Warming-up	向学生展示一副钟南山的照片，并提问：Do you know who he is?What do you know about him?	观看图片并回答老师的问题	为本节课的人物写作进行铺垫，引出主要的人物形象，并了解学生对该人物的认识程度
5 mins	Step2. Lead-in	介绍一位普通人的抗疫故事，并展示介绍吴荣芳老奶奶的文章	阅读吴荣芳老奶奶的文章	通过阅读文章，了解文章的主题，结构和内容

预设时间	教学步骤	教师活动	学生活动	教学目的
25mins	Step3. Pre-writing	1. 引导学生略读文章，理解文章大意和各段落的大意	1. 通过回答问题理解文章大意和段落大意	理解文章结构，为后面写作的谋篇布局做好铺垫
		2. 引导学生细读各段落的细节信息，提取主要有用的信息和词块	2. 通过选择和判断正误理解细节信息。3. 通过教师引导，熟记并应用主要词块	掌握人物介绍的重要句型和短语。为后面的写作做好词，句的铺垫
		3. 引导学生留意各段落的衔接句，各要点的衔接词	4. 通过教师引导总结衔接句和衔接词的使用	掌握段落的衔接和要点的衔接，为写作梳理逻辑做好铺垫
		4. 通过提问帮助阶总结阅读文本的结构，各段落的重要句型和短语	5. 在老师的引导下，通过口头回答，梳理文章结构，重要句型和短语	搭建好写作的框架，提取出有用的句型，短语。为后面的写作做好充分的准备
8mins	Step 4. While-reading（审题阶段）	1. 向学生展示写作题目	1. 自主读题	明确写作任务
		2. 通过提问帮助学生审题：审体裁，审写作目的，审时态，审人称	2.在老师的帮助下，审清写作目的，体裁，时态和人称	审题
		3. 通过写作任务要求，审布局	3.在老师的引导下，梳理文章结构，明确分段及段落内容	为自主写作搭建写作框架，明确文章内容的分布
		4. 审要点，通过中文要求，明确要点的表达，确定可用句型	4. 在老师的引导下，确定重要短语，句型的表达，为自主写作搭好脚手架	为自主写作提前做好短语，句型的选择，避免出现语言表达的简单错误
20 mins	Step 4. While-reading（自主写作阶段）	分发作文纸，要求学生限时写作	限时写作	观察学生在规定时间内写作能力。检查阅读和审题的作用

预设时间	教学步骤	教师活动	学生活动	教学目的
19mins	Step5. Post-writing	1. 检查学生作品，挑取一篇作文展示批改方法和注意事项	1. 观察老师批改的方法和步骤，学会自主批改作文	通过现场批改作文，向学生展示批改的方法和要求。为后面的自主批改作文提供方向和指导
		2.根据刚刚的展示，要求学生对作文进行互批	2.在老师的指导下，对同学的作文进行简单的批改	帮助学生学会自主批改作文，发现同伴的常见错误
		3. 要求学生查看同学对自己作文的批改，及时进行订正	3. 根据同学的批改痕迹，对错误进行订正	发现自己的错误，并学会自主订正
		4. 老师展示老师的范文，并请同学对范文进行分析：文章结构，段落分布，要点书写，衔接词句的表达，句型的使用和选取	4.在老师的引导下，对范文进行剖析，包括文章结构，段落分布，要点的表达，衔接词句的表达，句型的选用，学习范文的好的地方	重新回顾写作的几个重要方面：文章的框架，谋篇布局，语言的表达等
		5. 引导学生总结写作的重要步骤和要点	5.在老师的引导下，总结写作的步骤和要点	总结归纳本次写作所学的重难点
1mins	Step6. Homework	订正今天的所写作文，并誊写到新的作文纸上		

案例反思：

本节课通过教学设计展示这是一节读写结合的课例。通过阅读来提高语篇写作能力。正如上文所说，阅读的思路和方法直接影响学生的写作，教师通过引导学生阅读，培养学生在阅读过程中有意识地关注篇章结构，吸取有用的语言表达，借鉴作者的写作方法，通过仿写来训练写作能力。

本节课从阅读文本开始，每一步都为后面的自主写作搭好脚手架：文章结构，段落的分布，词块的积累等等，每一步的思路非常清晰，所有的阅读任务设计都为后面的写作任务服务。

本节课写作话题来自课标话题，写作题目的设计和限时写作时长都与中考要求一致，把应试的能力在课堂中逐一分解。体现本节课的高效性。两节课连堂，学生不仅学到了人物写作的知识，同时也学会自主批改和订正作文的方法和技巧。既从学生的角度学会了写人物介绍，又从老师角度学会了批改作文。知己知彼才能百战百胜。知道如何写好一篇文章，也懂得如何批改文章，从批改的角度来看，更加容易理解高分作文的秘诀。

本节课先展示学生作品，再进行互批，最后再展示教师范文，层层递进，学生虽然只写了一篇作文，但实际是接受了4篇同类作文，阅读文本，自己的作文，同学的作文到教师的范文，每一次的阅读都是为提升自己的写作能力而服务。阅读文本时为了了解此类话题写作的框架，有用词块。自主写作是为了仿写阅读文本，感受体验人物写作。批改同伴作文是为了以旁人的角度发现写作易犯错误，同时也是学习同伴写作优点。最后教师范文的分析是为了学习语言表达的精确性和人物写作的重要因素。层层递进，每一步都为实现教学目标而服务。

同时本节课也有地方需要进一步思考。首先，面对九年级备考时间紧的现实，每个话题的写作都需要耗费两个课时，那在中考前是否可以完成24个话题的写作训练？其次，对于九年级的写作，是否需要每个话题都铺垫这么多？因为脚手架搭得太多，是否会限制学生的发挥，没有给学生提供足够的机会去进行思想碰撞，进行写作创新和思考？

这里就需要九年级的老师对课标的24个话题进行整合，对于重要的，与教材相互匹配的话题可以进行完整的写作训练；对于重合的话题可以进行整合。可以写作训练开始时多搭脚手架，系统训练以后，就可以让学生发散思维，进行头脑风暴，自己来给自己搭脚手架。

2.教师通过衔接手段的教学，加强学生写作思维的逻辑性。教师可以通过对阅读文本的分析，来引导学生找出阅读文本中的衔接和逻辑思维，在写作前，通过对题目的审题，帮助学生谋篇布局，梳理好篇章的逻辑，选用大脑中积累的具有衔接含义的词块。从而达到训练学生写作逻辑思维的目的。衔接是文章的表层结构，而连贯则是文章的深层结构，在英语写作过程中，二者缺一不可。教师不仅要教会学生通过衔接手法的运用使其文章结构合理、层次分明、条理清楚，且能理解深层的语义关联，领会文章内部的逻辑关系，通过各种语境和使用者的语用知识的运用从而使文章前后连贯而浑然一体，这样才能使其文章思想表达清楚，文理通顺。

【案例】七年级上册写作拓展课：明信片写作——读写结合

总课时持续时间是40分钟。

项目	内容
教学内容	明信片写作——读写结合
内容分析	本课时内容是英语七年级上册第一单元明信片写作。主要是写一封明信片告诉朋友自己的一次旅游经历。本次的写作内容贴近学生生活，学生在假期旅游时经常会给家人，朋友，同学，老师寄明信片，而明信片写作也是课标要求的写作体裁之一。学生需要掌握明信片的格式和内容
学情分析	学生对于明信片相对熟悉，平时旅游经常会买，也会写。但大多是中文的明信片。所以本节课的写作主题对于学生来说相对熟悉，学生写起来也会更加得心应手
教学目标	学生能够根据写作任务要求给朋友写一份明信片，介绍自己的旅游经历，并正确使用时态和连词
教学重点	写一份明信片
教学难点	掌握明信片格式，正确使用句型，时态，连词
教学资源	师生自身的旅游经历分享
教学过程	总时长 40 分钟

预设时间	教学步骤	教师活动	学生活动	教学目的
3 mins	Step1. Lead-in	通过地图的展示，向学生展示老师自己的旅游经历	通过看地图和听老师描述，知道老师的旅游经历	为后面的明信片写作提供支撑并埋下伏笔
11mins	Step2.Pre-writing	1. 展示老师的根据自己的旅游经历给家人写的明信片内容	1. 略读老师的明信片内容，找出明信片格式：称呼，正文，结语，问候，地址书写	通过略读明信片，了解明信片格式和内容

预设时间	教学步骤	教师活动	学生活动	教学目的
		2. 通过思维导图引导学生细读明信片的内容，归纳内容要点	2. 通过老师的引导，根据思维导图的提示，归纳明信片内容：旅游的时间，地点，旅游的同伴，旅游的交通方式，旅游做了什么事，对本次旅游的看法	通过细读，理解明信片的内容要点
		3. 引导学生观察明信片内容中所有的动词形式，总结明信片的时态	3. 在老师的引导下，总结出明信片的主要时态是一般过去时或者现在完成时	掌握明信片的主要时态。
		4. 用火车的形式来引导学生总结明信片内容的要点，一个火车车厢表示一个要点	4. 通过搭建火车车厢，把明信片的主要内容信息填写完整	梳理明信片内容，通过火车原理，为下文的连词强调做铺垫
		5. 引导学生观察火车如果需要开始行使，所有设备是否齐全	5. 在教师的引导下，观察到火车车厢间并没有连接，总结归纳出所有的要点都需要连词在串。体现句子间的逻辑结构	理解连词对于体现句子逻辑的重要性
		6. 教师重新展示一篇缺了连词的明信片内容，让学生把提供的连词按照句子的逻辑关系来填空	6. 通过阅读一篇缺了连词的文本，来明白连词的重要性，并根据句子的逻辑关系，选择正确的连词	通过理解句子的逻辑关系，选择正确的连词。从实际本文阅读中去感受不同连词的作用
13mins	Step 3. While-reading	1. 提供思维导图，引导学生根据思维导图填写自己的旅游经历	1. 根据老师提供的思维导图，填写自己的旅游经历，包括：旅游时间，地点，旅游同伴，旅游交通方式，旅游期间所做的事情，对本次旅游的看法	完成思维导图的同时也是在梳理写作的框架和为写作内容列提纲

预设时间	教学步骤	教师活动	学生活动	教学目的
		2.要求学生根据思维导图内容和上文所阅读的教师的明信片仿写一篇自己的旅游明信片	2.根据老师的要求，写一份自己的旅游明信片，要注意时态，连词的使用。	自主写作，考查前面所学内容是否掌握。
12 mins	Step4. Post–writing	1.老师提供明信片必须涵盖的内容，要求根据内容自主批改是否已经涵盖完整。	1.学生对照老师所罗列的内容，一一检查自己的写作内容是否完整	掌握自主批改技巧，学会核对检查写作要点是否完整。
		2.老师提供问题清单，要求同学交换作品，根据问题清单，阅读同学明信片，看看是否涵盖了所有问题内容。	2.学生根据老师提供的问题清单，阅读同学的明信片，并对清单上所提及的内容进行打钩，帮助同学检查内容知否完整。	掌握对照要点清单进行同伴批改的技巧。
		3.老师提供批改要点清单，要求同学根据清单，阅读同学明信片，看看同学的时态，连词是否使用正确。	3.同学根据老师提供的要点清单，检查同学明信片的时态，连词是否使用正确。	通过阅读文本，掌握明信片的主要时态，连词
		4.邀请部分同学上台分享自己的旅游经历	4.上台分享自己的旅游经历	训练学生的口头表达能力
1 mins	Step5. Homework	将今天的明信片内容写到老师分发的明信片上，并邮寄给自己最好的朋友或者老师。		

案例反思：

　　本节课例利用读写结合的方式教授学生书写明信片，通过一开始教师自身旅游经历的导入，教师明信片内容时的阅读任务设计，每一步都是为了后文的写作做铺垫，层层递进，从总体到细节，思路非常清晰。

　　明信片的写作内容相对简单，符合七年级学生的学情，也是期末考试必考的写作体裁。本节课例从一开始对明信片格式的归纳，让学生掌握了英文地址的书写和中文地址书写的不同，非常的直观形象。

本节课有三处亮点：

第一是真实情境的导入，利用教师自身的真实旅游经历，来吸引学生的注意力，激发学生对本节课的兴趣。同时也创设了真实的写作情境，让学生回想自己的旅游经历。

第二是思维导图的运用，利用直观形象的思维导图来归纳教师明信片的内容，并在后文写作之前引导学生利用一样的思维导图来梳理自己的写作框架，写作要点，前后呼应，连贯，思路非常清晰。

第三是利用火车的形象，来引导学生明白连词在文本中的重要性，注重文本中句子的逻辑关系，让学生明白写作过程中连词的重要性。教师通过衔接手段的教学，加强学生写作思维的逻辑性。

写作结束后通过清单的引导，让学生进行自批，同伴互批的方式来训练学生自主批改的能力，同时也是引导学生梳理明信片写作内容要点。

同时，本节课例也有两处值得思考的问题：本节课在写前阅读和写后批改的部分耗时和自主写作的时长差不多，时间分配是否合理？同时，自主写作只有13分钟，对于七年级学生来说，是否所有学生都能在规定的时间内完成写作？

通过以上两个课例的展示，我们清楚看到，英文写作是一个整体思维表达的过程。不仅要考虑语篇结构，还要考虑遣词造句，衔接词使用。书面表达是一个严谨的过程，学生不仅要会写，同时还要会自己批改和订正。教师可以通过平时的阅读，来引导学生关注写作时主要注意的各个方面。

总之，写作能力的培养，不是一蹴而就的。必须要在日常的教学过程中，通过阅读的大量输入，设计有意义，有目的的学习任务，帮助学生积累词块，理解语法功能，梳理篇章意识，建立逻辑思维，才能有高质量的书面输出。

参考文献

[1] 程京艳.英语听力教学的现状及发展趋势[J].外语界，2009（01）：51-56.

[2] 高杰.高中英语听力教学中存在的问题及改进策略[J].现代交际，2018（01）：145-147.

[3] 舒白梅，向宗平.英语课程与教学论[M].武汉：华中师范大学出版社，2010.

[4]　王艳.以语言能力、思辨能力和跨文化能力为目标构建外语听力教学新模式 [J]. 外语教学，2018（06）：69-73.

[5]　王瑛.关于听说那些事儿 [M]. 上海：上海教育出版社，2020.

[6]　王蔷.英语教学法教程 [M]. 北京：高等教育出版社，2006.

[7]　威尔逊.朗文如何教听力 [M]. 邹为诚译.北京：人民邮电出版社，2012.

[8]　刘小健.中学英语口语教学存在的问题与应对对策 [J]. 语数外学习（英语教育），2012（3）.

[9]　杨爽.重庆市库区移民中学英语口语教学现状调查问题与对策 [D]. 重庆：重庆师范大学，2014.

[10]　王丽娟.农村初中英语口语教学现状与教学策略优化分析 [D]. 北京：首都师范大学，2012.

[11]　王春艳.论农村初中英语口语交际能力的培养 [D]. 武汉：华中师范大学，2013.

[12]　潘高.中学英语口语教学的探讨 [J]. 中小学教师培训，2012（04）.

[13]　王碧翔.初中英语有效课堂教学活动的设计与实施 [J]. 山东师范大学外国语学院学报（基础英语教育），2012（01）.

[14]　鲁修红，甘甜.行动研究在高职院校英语口语教学中的应用 [J]. 疯狂英语（教师版），2012（01）.

[15]　李超然.社会建构主义教学观与口语课堂教学 [J]. 文学教育（中），2012（01）.

[16]　徐嘉佳，钱颖.英语口语互动模式研究及对口语教学的启示 [J]. 佳木斯教育学院学报，2011（05）.

[17]　夏卫华，刘学惠.形成性评价在中学英语口语教学中的运用 [J]. 山东师范大学外国语学院学报（基础英语教育）.2011（04）.

[18]　吴忠华.2000 ~ 2009 年我国中学英语口语教学研究述评 [J]. 教育测量与评价（理论版），2011（05）.

[19]　罗娟.提高高中生英语口语水平的行动研究 [J]. 山东师范大学外国语学院学报（基础英语教育），2010（06）.

[20]　赵宏林.基于初中英语教学目标设计整体性的探究 [J]. 新课程学习（基础教育），2010（11）.

[21] 闵瑶. 建构主义视野下大学英语口语教学研究 [J]. 佳木斯教育学院学报, 2010（05）.

[22] 刘静静. 初中英语口语教学的行动研究 [D]. 上海：上海师范大学, 2013.

[23] 苏秀琴. 初中英语口语教学中的情境创设 [J]. 科学咨询（教育科研）, 2020（09）：294.

[24] 姜红梅. 创客教育理念下大学英语口语教学模式探析 [J]. 西华大学学报（哲学社会科学版）, 2017, 36（01）：110–113.

[25] 秦枫, 洪卫, 郎曼. 基于问题的教学模式在英语口语教学中的行动研究 [J]. 外语电化教学, 2013（04）：70–75.

[26] 高文. 建构主义学习的特征 [J]. 外国教育资料, 1999（1）.

[27] 毛新勇. 建构主义学习理论在教学中的应用 [J]. 课程·教材·教法, 1999（9）.

[28] 王蔷, 敖娜仁图雅, 中小学生外语阅读素养的构成及教学启示 [J]. 中国外语教育, 2015（1）：16–24.

[29] 王蔷, 陈则航. 中国中小学生英语分级阅读标准（实验稿)[M]. 北京：外语教学与研究出版社, 2016.

[30] 王蔷, 齐相林, 敖娜仁图雅. 英语阅读素养与教学设计 [M]. 北京：外语教学与研究出版社, 2021.

[31] 陈志刚. 课前备课学情分析的内容与操作实施 [J]. 内蒙古师范大学年报（教育科学版）, 2019（9）：1–7.

[32] 朱萍. 初中英语阅读教学设计 [M]. 上海：上海教育出版社, 2013.

[33] 毛海忠. 浅谈高中学生英语写作能力培养 [J]. 基础教育外语教学研究, 2004（1）：50‒52.

[34] 曹秋钗. 初中英语写作能力的现状分析及教学对策 [J]. 当代教育论坛（教学研究）, 2011（1）：99‒100.

[35] 邓毅婷. 浅析二语习得输入和输出理论 [J]. 黑龙江教育学院学报, 2009, 28（06）：176–177.

[36] 王荣英. 大学英语输出教学论 [M]. 上海：上海交通大学出版社, 2008.

[37] 张淼. 输入输出理论与初中英语写作教学 [J]. 海外英语（上）, 2021（02）：71–71.

[38] 谢桂玲，索明茹 . 词块教学法应用于大学英语写作教学的行动研究 [J]. 中国劳动关系学院学报，2012，26（5）：109 – 111.

[39] 储爱华 . 词块在初中英语写作教学中的应用研究 [D]. 南京：南京师范大学，2011.

[40] 胡壮麟 . 语篇的衔接与连贯 [M] . 上海：上海外语教育出版社，1994：188.

[41] THORNDIKE E L, 1971. Reading as reasoning：a study of mistakes in paragraph reading[J]. Journal of Educational Psychology, 8：323–332.

[42] SNOW C E, 2002. Reading for understanding：toward an R&D program in reading comprehension[M]. Sana Monica, CA：Rand.

[43] National Assessment Governing Governing Board, 2019. Reading framework for the 2019 National Assessment of Educational Progress[R/OL].2020–05–27. https：//nces.ed.gov/ nationsreportcard/subject/field_pubs/sqb/pdf/2019_sqb_g4_mrs.pdf.

[44] GALLAGHER K. Readicide：how schools are killing reading and what you can do about it[M]. Portland, ME：Stenhouse Publishers, 2009.

[45] Kenneth S. Goodman, 1996. On Reading[M] London：Heinemann, 1996.

[46] Krashen, S. D. The Input Hypothesis：Issues and Implications [M].London：Longman, 1985.

[47] Swain, M. Three Functions of Output in second Language Learning[A].In G. Cook & B. Seidlhofer, eds. Principles and Practice in Applied Linguistics[C]. Oxford：Oxford University Press, 1995：125–144.

[48] Swain, Merrill. Communicative competence：Some roles of comprehensible input and comprehensible output in its development[A]. S. Gass & C. Madden, Input in second language acquisition[C]. Rowley, MA：Newbury House, 1985.

[49] Lewis, M. 1997. The lexical approach：The state of ELT and a way forward [J]. TESOL Quarterly, 28（4）：828 – 828.

[50] Pawley, A. & F. H. Syder. Two puzzles for linguistic theory：Native–like selection and native–like fluency [A]. In J. C. Richards & R.W.Schmidt（Eds.）. Language and Communication [C]. New York：Longman, 1983：191 – 226.

第三章

中学英语特色课程

第一节　国家课程的创新

语言习得理论的基础来自人类习得母语与自然环境潜移默化的作用、人类内在的生物本性及人类生物本性自身的发展规律。语言习得理论对英语教学有着重要意义。

美国语言学家乔姆斯基认为，语言是说话人心理活动的结果，婴儿天生就有一种学习语言的能力，对他们的语言错误不须纠正，随着年龄的增长他们会在生活实践中自我纠正。他于20世纪提出的"转换生成语法"，冲击了结构语言学的支配地位。

克拉申认为，语言习得的关键是一个内在化的过程，即把语言的语法和语规则内在化，成为大脑机制的一部分；外语学习是受环境影响的，一是自然环境，学习者通过与语言接触自然吸收，这种学习是潜意识的，二是课堂环境，学习者在正规的课堂训练中学习语言，这种学是有意识的。两位语言学家都认为无论是母语还是外语都是学会的，只不过是学习的环境和途径不同而已。他提出的第二语言习得理论对近30年语言习得各种研究成果加以理论化、系统化，是当今世界影响最为广泛的语言学理论。尽管克拉申的某些理论存在一定争议，但其先进性、合理性、科学性和革命性得到了广泛认可。目前许多先进的语言学成果，都是在他的理论基础上发展而来。对他的语言学理论的了解，会让我们对掌握语言的实践有非常重要的指导作用。

一、语言习得理论的基础

语言习得理论的基础来自人类习得母语与自然环境潜移默化的作用、人类内在的生物本性及人类生物本性自身的发展规律。人类习得母语是与自然环境潜移默化的作用分不开的。一个人活着从未停止与其同一语言社区的人们相互交流，经过听、说、模仿、类比、评价等过程和发展阶段。这一过程的实现是通过大量自然接触和日常生活交际活动，而不是依靠有意识教学活动。一个人随着年龄增长，他会不断地获得语言知识经验和技巧。婴儿在习得母语的同不自觉地完善着自己语言器官的功能，并不断地将语言与其所反映的环境和事物联系起来，形成特定意义的概念。随着生理机能的发展成熟，这种概念和语言同步形成，并且在特定的地域、特定的环境和特定的人群中反复不断地使用自己的母语。因此，母语及其使用规则是在不断学习不断实践的上升过程中自然而然地被人们所掌握、所熟练的。

二、第二语言习得的特征

生命科学的研究证实人的心灵、智慧的发展主要取决于人类内在的生物本性。人的语言是心智能力的重要组成部分。它隶属于生物的本性，是一种自然的能力。虽然自然界中的一些动物有自己的"语言"，但与人类的语言有着质的不同。人的口、舌、喉、脑等器官是生来具有的，在生长过程中会不断地发展和完善，外界的刺激促使语言通过语言器官去完成。因此，人的自然语言能力是语言习得在其本身上的反映的基础。换言之，母语习得不是专门学来的，而是人类本能的自然行为。生物本性有其自身的发展规律。随着年龄的增长，人到青春期后，大脑随之发生变化。这时一些抑制性能起作用，把已经基本完成的语言生物性能抑制下去，使生物本性潜能化。所以成人的语言习得远不如儿童。因为在语言习得上也是有时间限制的。超过一定的时间，人们必须花费较大的气力才能学好。类似的例子很多，例如：孩子学会走路是很自然的事。假如孩子生下来大腿骨折，就得需要石膏固定治疗一定的时间，然而待骨折痊愈后拆除石膏，这个孩子就不一定自己能走路。如果想摆脱残废的境，就得花费大力气去练习走路。综上所述，我们可以对语言习得理论归纳以下几点：①语言能力是人的大脑机制中的一个组成部分，任何人都有学习语言的天赋和才能；②讲母语无须特定地传授。语言原则是在不自觉的过程中实现的，大部分语言错误是在自己生活过程和语言实践中自我纠正的；③习得语言是一个长时间的内在化过程。在这一过程中学习者不但能够区别母语与非母语的词或句子，而且还能懂得句子结构的深层意义；④习得语言是有时间限制的。它随着生物个体发展中的上升运动条件转变而产生固有事物本性的潜能化。

克拉申于20世纪80年代初发表了两部专著：《第二语言习得和第二语言学习》《第二语言习得的原则和实践》，并与特雷尔（T. Terrell）合作在1982年出版了《自然途径》。在这三部著作中，克拉申通过对第二语言习得过程的分析，系统地阐述了他的外语教学思想和体系。第二语言习得理论主要由以下五个假设组成：习得—学得差异假设、监检假设、输入假设、情感过滤假设、自然顺序假设。

（一）习得—学得差异假设

语言习得分为第一语言习得、第二语言习得。20世纪六七十年代，乔姆斯基等学者认为每一个正常的人生来就有一个语言习得机制，它的提出解释了为什么儿童置身于语言环境中能在较短的时间内形成第一语言能力。因此，习得是一种创造性模式，是一个无意识地学习过程，它能认识语言的本质并且能灵活地运用，习得比学得更成功且效果长久。语言学得是一种技能学习模式，它认为学习是一种理性的活动，是一个有意识的学习过程，它强调通过有目的训练把语言知识内化为语言技能，但必须以理解为基础，模仿也必须先理解，才能达到熟练运用语言的目的。

克拉申第二语言习得理论的出发点和核心是区分"习得"（language acquisition）和"学得"（language learning），以及认识它们在习得者第二语言能力形成过程中所起的作用。在这里有必要弄清楚什么是语言习得。"习得"与"学得"的区别在于"Acquisition"（获得）这个词。"学得"派认为外语靠理性学习，"习得"派认为语言能力应该是下意识自然获得的，理性学习不正确，尤其不能实现交流。这一争论一直持续到今日。Language Acquisition

这个概念在中国被学术界翻译成了"语言习得"。这个术语的翻译有争论，其准确性有待进一步探讨。因为"习"不但是"学"，还是"反复练"。如果将Language Acquisition只是翻译成"语言习得"完全违背了克拉申第二语言习得理论的"自然获得"的初衷。但由于目前学术界普遍采用了"语言习得"为Language Acquisition的译文，为了不引起词义上的混乱，我们不得不继续使用这个被翻译得不达意的词汇。

根据"习得—学得差异"这一假设，成人是通过两条不同的途径逐步习得第二语言能力的。第一条途径是"语言习得"，是一种无意识地、自然而然地学习第二语言的过程。这一过程类似于儿童母语能力发展的过程，在学习过程中，学习者通常意识不到自己在习得语言，而只在自然交际中不知不觉地学会了第二语言。第二条途径是"语言学习"，即通过设定的教学计划和教材，听教师讲解语言现象和语法规则，并辅之以有意识的练习、记忆等活动，达到对所学语言的了解和对其语法概念的"掌握"。习得的结果是潜意识的语言能力；而学得的结果是对语言结构有意识的掌握。克拉申认为，只有语言习得才能直接地促进第二语言能力的发展，才是人们运用语言时的生产机制；而对语言结构有意的了解作为"学得"的结果，只能在语言运用中起监检作用，而不能视为语言能力本身的一部分。克拉申强调"习得"是首要的、第一位的，但也并不排斥"学得"的作用。克拉申的习得—学得差异假设，认为成年人并未失去儿童学语言的能力。如果给予非常理想的条件，成人掌握语言的能力比儿童还要强。

我国学术界对克拉申语言习得理论的研究已经开展了十余年，在以下方面达成共识：需要建立外语思维；语法的掌握是下意识的过程，不应该通过有意识地学习；语言的掌握不是通过翻译和记忆，而是与思维、概念或图像建立直接联系；要注重理解和含义而非结构；提供足量的可理解性输入；语言环境和语言习得的关系。这些基本原理对国内外语的教与学有着重大的意义，可应用在诸多方面，如编写切实可行的教材；制定教学计划；每个教学阶段应采用教学手段；针对每个人的特点制定学习策略；开展教学研究，分析学习成功的案例；依靠阅读大量的报刊、文章成功的学习方法；依靠看电影和听广播成功的学习方法；等等。

（二）监检假设

克拉申的第二语言监控模式是指语言学习中学到的语法会对第二语言的使用起监检作用。这个理论建立在输入假设、习得与学习假设、监控假设、自然顺序假设及情感过滤假设之上，与习得—学得差异假设密切相关，它体现出"语言习得"与"语言学习"的内在关系。根据这一假设，语言习得与语言学习的作用各不相同。语言习得"引导"我们讲第二语言，并直接关系到我们说话的流利程度；而语言学习只起监检或"编辑"的作用。换句话说，当我们开口说话时，话语由"习得"系统产生，经"学得"系统监检后成为"真言"而被说出口。语言学习的这种监检功能能否充分发挥作用还有赖于以下三个条件：①语言使用者必须要有足够的时间才能有效地选择和运用语法规则；②语言使用者的注意力必须集中在所用语言的形式上，即考虑所使用语言的正确性；③语言使用者必须已经具有所学语言的语法概念及语言规则的知识。克拉申区别出三种不同的监检使用型：第一种是使用得比较成功的。这种人在口头使用语言时常有失言，但经人指出后能够自己改正；在写作时，由于较注重语言的形式，很少会出现错误。第二种是使用过度的人。这种人对语言的规则懂得很多，却畏惧口头表达，但书面语一般都较准确。第三种是使用不足的人。这种人能进行口头表达，但错误很多，不能自己改正。

在口头交谈中，人们往往没有时间去斟酌语法，更多注重的是说话的内容而不是形式，非习得来的语法规则（学来的语法规则）一时会用不上。因此，在口头交流中，如果一方过多地使用语法监检，就会不时地纠正自己的语法错误，说起话来结结巴巴，这会使对方失去交谈的兴趣。如果在大会上发言，情况就会不一样，发言者有事先准备好的发言稿，在发言稿的写作中，语法的使用能提高语言的准确性，第二语言监控模式为演讲或文章增添色彩。下意识的语言习得是我们说话流利的原因；而理性的语言学习只起监检或"编辑"的作用。人们往往没有时间去考虑斟酌语法，背出来的语法规则在口头交谈中用不上。但在写作中，语法的使用能提高语言的准确性。

（三）输入假设

输入假设是克拉申第二语言习得理论的核心部分，更是监控模式的核心，是指可理解性语言输入。这一假设表明了克拉申对第二语言习得者是如何接受并吸收语言材料这一过程的实质的认识。以前的外语教学由于受结构主义语言学的影响，大力提倡先学句子结构（即句型），然后再将这些学得的句型用于交际中加以练习。他们认为只有这样才有可能培养学生流畅地说外语的能力。克拉申则认为，只有当习得者接触到"可理解的语言输入"（comprehensive input），即略高于他现有语言技能水平的第二语言输入，而他又能把注意力集中于对意义或信息的理解而不是对形式的理解时，才能产生习得。根据这个假设，语言输入话语既不能太难，也不能太简单，学习者只要获得可理解性语言输入，只要能够听懂对方的话语，语言即可习得。学习者为了听懂新输入的语言材料，会求助于以前的知识经验或利用语境、上下文等进行判断。通过努力，学习者理解了语言输入中"难以理解的成分"，从而使语言习得取得进步。克拉申的输入假设重视学习者理解输入材料时所获得的较高一级的语言形式在头脑中留下的印象。这种印象的有无和深浅与学习者的情感密切相关，决定着语言习得是否成功。理解输入假设的关键是"可理解的语言输入"，"i+1"即在自己现有水平上加"一点儿"难度。语言习得正是因为增加这"一点儿"难度才得以提高。语言的学与教对一系列误区的分析，很多都能从这一假设中找到依据语言习得最重要的技术就是不断地创造这一条件。如果习得者现有水平为"i"，能促进他习得就是"i+1"的输入。克拉申这种"i+1"的输入并不需要人们故意地去提供，只要习得者既能理解输入，亦有足够的量时，就自动地提供了这种输入。按照输入假设，说话的流利程度是随时间的流逝自然而然地达到的，不能直接教会。

克拉申认为，理想的输入应具备四个特点：①可理解性。理解输入语言的编码信息是语言习得的必要条件，不可理解的输入只是一种噪音。对初学者来说，输入那些不理解的语言等于浪费时间。②既有趣又有关联。要使语言输入对语言的习得有利，必须对它的意义进行加工，输入的语言材料越有趣、越有关联，学习者就会在不知不觉中习得语言。③非语法程序安排（not grammatically sequenced）。语言习得关键是足量的可理解的输入。如果目的是"习得"而不是"学习"，按语法程序安排的教学不仅不必要而且不足取。④要有足够的输入量（指的是克拉申提出的i+1原理）要习得一个新的语言结构，单靠几道练习、几篇短文远远不够，它需要连续多个小时的有内容有乐趣的广泛阅读和许多的会话才能解决问题。克拉申的输入假说对英语教学和英语学习具有重要的启发和积极的指导意义。

（四）情感过滤假设

外语学习的效果除了涉及一些客观因素如自身的天赋、学习环境、教师的水平等外，还涉及情感因素。情感过滤假设认为，有了大量的适合的输入的环境并不等于就可以学好目的语，第二语言习得的进程还受着许多情感因素的影响。语言输入必须通过情感过滤才有可能变成语"吸入"。

（五）自然顺序假设

自然顺序假设认为，人们对语言结构知识的习得实际上是按一定顺序进行的，其次序是可以预测的。也就是说，有些语言结构先习得，另一些语言结构后习得。近年一些研究表明，无论儿童或成人将英语作为第二语言学习时，掌握进行时往往先于掌握过去时，掌握名词复数经常会先于掌握名词所有格 "'s"。近年来语言习得理论研究结果表明，儿童和成人学母语或学第二语言都会按照一定的自然顺序来习得语言结构。克拉申认为自然顺序假设并不要求人们按这种顺序来制定教学大纲。另外语言习得有一个非常重要的"沉默期"（silent period）。此概念是在这个假设里引入的。克拉申认为，无论成人或儿童，在掌握说话能力前，都会有一个沉默期，这个沉默期会持续相当长的时间，直到听懂的量达到一定程度而有足够的自信时，才可能说话。这一沉默期是正常的同时也是必要的。

三、引入外教的原因

随着英语课程改革的逐步深入，当前的教育越来越注重学生综合能力的培养。教育部在发布的《普通高中英语课程标准（2017年版）》提出英语学科核心素养包括四个方面：语言能力、学习能力、文化品格和思维品质。在这一理念的指导下，同时为顺应教育国际化发展的需要，以及深圳市建设国际化城市的需要，我校展开了一系列探索和实践，其中包括引进一支优秀的外籍教师队伍，打造国际化教师队伍，构建多元化素养课程体系，开展沉浸式外语教学和特色化的学生活动。努力为学生英语学习营造纯正的语言环境，激发学生英语学习的兴趣，培养学生的英语学习思维，让学生能随口说出流利的英语口语，而不再只是应对考试的"哑巴英语"。

同时，外教的引入也会带来丰富有趣的优质英语学习资源和方法，帮助学生熟练地掌握并使用外国语言，全面提高英语教学质量和教学效果。如，外教在教授我们本土教材的同时，通常会结合一些国外教材资料进行补充，有效培养学生的听说读写能力，并拓宽学生知识和视野。另外，外教们善于在英语学习活动中开展小组合作学习活动，通过转变学生的学习方式，发展学生综合运用英语的能力，培养学生英语口语表达能力，引导学生主动求知、学会学习、学会发现、学会创新，激发学生的英语学习潜能。

此外，引进外籍教师队伍也有利于促进中外教师间互动分享、双向学习。中外教师可以互相观摩课堂，开展研讨活动，课后分享心得体会、教学创意，交流各自国家的一些好的做法。本土教师还可以向外籍教师请教学习如何让课堂更加活泼、生动、有趣，外籍教师则可以借此机会深入了解中国学生学情，更好因材施教。

四、外教课程的目标

（一）激发学生英语学习热情

与本土教师相比，外籍教师更加活泼外向，幽默风趣，富有个性。其教法灵活多样，经常会利用图片、影视、音乐等多媒体手段培养学生学习英语的兴趣，并能寓教于乐。在课堂中，外教们善于利用肢体语言去表现自己，其丰富的面部表情和肢体动作，常常为课堂增添不少欢声笑语，课堂气氛活跃，从而调动学生英语学习的主动性，让学生爱上英语，感受英语的美。同时，外教们还注重设计轻松有趣的游戏与丰富多彩的课堂活动，采用"角色扮演""小组合作"方式来阐释或者教授教学内容，这既符合孩子们好玩好动好表现的天性，牢牢吸引他们的注意力，又能让孩子发挥各自特长，在玩中有所学，充分参与到课堂中来。往往一节课上完后，孩子都非常享受与满足，信心也倍增。

（二）提升学生英语综合能力

英语学科课程目标指出：英语学习应该培养学生形成初步的综合语言运用能力，而文化意识又有利于正确地理解语言和得体地使用语言。英语作为学生的第二语言，不少学生在学习理解方面存在较多困惑和阻力。当前的英语教学也存在着教学方式单一落后，缺乏良好的语言环境以及教师对两种语言背后文化差异了解甚少等问题。外教课堂通过引进国外优质教师教育资源，为学生提供纯正真实的语言环境，为学生打下扎实的语言基础，形成熟练的语言技能，提升学生的听说读写的综合运用能力。引导学生在学习英语这门语言的同时，注意语言背后的文化知识，以及中西文化差异，帮助学生逐步形成多元的文化意识、跨文化理解能力，以及批判性思维能力，不断丰富学生的语言体验。

（三）拓展学生国际视野

教育国际化是深圳国际化发展的重要组成部分，其核心在于先进教育理念和优质课程资源的引进整合，关键在于拥有一支高素质、专业化的国际化教师队伍。引进外籍教师，不仅能够提升学生思维能力以及对语言、文化的感知能力，还能够拓宽学生的国际视野。外籍教师在教学过程中，能够提供更加地道和优质的教育教学资源，渗透西方的风土人情、思维方式、生活习惯、交流方式以及教育方式，帮助学生更加准确了解西方的多元文化，拓宽学生英语知识以及综合知识面，形成一定知识储备。

三、课程内容与特色

（一）沉浸式常规英语课

我校引进了15名来自美国、英国、加拿大等专职优秀外籍教师，以"沉浸式"英语有效教学模式为中心的英语课程结构，启动全校英文口语活动课教学，并开设全小班、沉浸式英语教学实验班（又称"国际班"），英语教学实验班的组建过程分为宣传、申请、抽签、公示四个阶段，并做到全员监督、全程录像，以体现公平、公开的原则。每一年七年级招收新生时，国际班都深受家长和孩子的欢迎，报名人数火爆。该实验班通过开展沉浸式阅读课、沉浸式口语交际课、沉浸式活动课（含开放式）、沉浸式听力训练课、沉浸式读写练习课等，全面提高英语教学质量。外教使用辅助教材America More，教材内容丰富而综合，包含多学科学习的内容。外教们善于培养和发展学生的各项能力，激发学生英语学习兴趣，引导学生主动开口表达，批判性思考问题。

除了课程的精心设计与准备，上课的教室更是独具特色，色彩缤纷，色调轻松明亮，英语学习气息浓厚。外语小教室由外籍教师和学生们合作完成，墙壁上贴满了学生的习作（英文自我介绍、思维导图、手抄报、英语优秀作文）、英语学习技巧、上课规范、英语绘画作品、英美文化展示等，营造出沉浸式英语学习的氛围，成为学生张扬个性、表现自我的舞台。学生在这样的环境里，不由得沉浸其中，更加专注。

（二）多样化的外语第二课堂

在第二课堂方面，学校开设由外教承担的英语阅读俱乐部、英语话剧社、英文写作、卡通俱乐部、国际象棋俱乐部、滑板俱乐部、飞碟俱乐部、橄榄球俱乐部、足球俱乐部等丰富多彩的社团，让学生在全英的课堂中乐学、爱学、会学英语，潜移默化地提升英语学科核心素养，了解世界多元文化。例如，英语阅读俱乐部选用黑布林英语阶梯阅读，阅读材料图文并茂，内容有趣，有利于培养学生的阅读兴趣和习惯，积累语言知识与技能；英文话剧社，旨在满足学生不同的发展需求，先由教师带领学生对一部话剧的结构、人物特征、思想内容以及要表达的情感进行探讨与剖析，再由学生分小组对话剧进行诠释与揣摩，最后通过表演的形式进行演绎。这不仅培养锻炼了学生的语言能力，也是培养学生组织能力、合作能力以及创新能力的有效途径之一。这些社团活动，不仅丰富了学生的初中生活，还培养、提升了学生的各项技能，帮助学生习得各项才艺，为学生提供学习、展示的平台，使素质教育真正做到落地生根。

（三）活力高效的双师课堂

引进外教不仅有效促进了学生的英语学习，还为中教英语教师们提供学习、借鉴的平台。我校每学年都会开展由中教英语教师和外籍教师合作共上的一堂英语示范课，两位教师齐备一堂课，分工明确，配合默契。外教幽默活泼，声情并茂，通过一系列游戏、活动迅速吸引学生的注意力，让学生融入课堂；课中教给学生原汁原味的英语语言表达，渗透语言背后的西方文化。中教指令清晰，循循善诱，对学生遇到的问题进行及时指导；注重引导学生对比中西方语言以及文化，帮助学生更好地去感知两者间的差异。学生之间小组合作，积极上台表演，真正实现课堂以学生为主体。总之，在两位教师精心准备和通力合作下，课堂让学生全身心动起来，化传统的学生被动接受为主动学习。课堂学生参与度很高，颇受学生和老师们的好评。

【案例】Week 5 Lesson A Passive Voice 教学设计

Teacher：	Elle Mason		Co Teachers：	Moira Murdoch
Level：Grade 8	Date：	June 11ᵗʰ, 2020	Time & Duration：	45 min

Objectives： Aim： To introduce how to form the passive voice in the future, past, and present tense. This lesson is almost completely limited to how to mechanically form passive voice sentences and not when to use it or why.

Anticipated problems： Students don't really know what a past participle is, and just associate it with the present perfect（and words like "yet/already/have"）. Even though they know a lot of them, here it is being used in a different context than they are used to.

Materials： PPT, the passive voice song audio file, passive voice worksheet

Timing, Stage & Grouping	Procedure	Materials
1. T – Class 3 min	Warm-Up Play the "passive voice" song.	Passive Voice song audio file
2. T – Class 2 min	Introduction T shows slide 2 and asks what the difference is between the two sentences. You can elicit what the subject is, or that that the verb changes to the present participle. This is just an opportunity to see the two forms, confirm that the meaning is still the same, and see what they know/have already learned about the passive form. If they don't get it from slide 2, elicit using slide three that the second（passive）form does not indicate who is doing the action. Note： The three present/practice sections that follow should take about 15 minutes so that they can do the handout and still have some time to play the rather long game at the end. Cut short sections accordingly if it's too much.	PPT

3. ~15 min	**Present part one（2 minutes）** T introduces the terms active and passive voice and shows that a simple passive voice sentence starts with what is receiving the action rather than it coming after as in a typical sentence. **Practice part one（1 minute）** Quick drill on identifying who is receiving an action in a sentence. **Present part two（2 minutes）** T elicits what the second part of a simple passive voice sentence is, and reviews the verb "to be" across all the tenses on slide 10. It's a static slide on 11 in case you have to refer back to it. **Practice part two（3 minutes）** Some cold-called students see a sentence in the active voice and one in the passive voice where only the "to be" part of it is missing. They must identify what the tense is from the first one and fill in the black in the second one in the same tense. **Present part three（1 minute）** T elicits that the third part of the sentence is the past participle. T elicits a few past participles and write them on the board. **Practice（4 minutes）** Using the three steps covered and on the slide, students convert some sentences from the active to the passive voice one step at a time.	PPT

~8 min	Independent practice Ss complete worksheet changing sentences from the present to the passive voice. Slide 22 shows the three steps to follow.	Passive voice worksheet
~15–20 min	Extended Independent Practice / Simple Game or "Othello" Ss play Othello game. There are some slides explaining how Othello works. NOTE： The game rules and process may be too complicated for students; the PPT is designed so that Ts can simply reference the key game slide and groups can play whiteboard–race style for points. Three teams – A, B, and C. Each gets a whiteboard. · Teams pick a number and reveal a tense/participle they must write a short passive sentence. For example [eat (future) It will be eaten] You can model that sentence for them on slide 40, it's right in the middle but is different on the actual game board, slide 41. · A team gets a question right, they claim a square (tap underneath the square) to make it A, B, or C. · If a team places a piece and there are opponents' pieces between it and another one of their pieces, those pieces are changed to their letter. · If a team doesn't get the question right, just leave it without any letter there. Other teams can still get the tile via the rule above, but for now it is just neutral. NOTE: The flipping of pieces do not cause a chain reaction, i.e, once you flip over the ones in a line between the piece you have placed and another one of yours, that's it. Even if those pieces being flipped means you're now on both sides of other pieces, you don't keep going. They didn't get that last time.	PPT

教学反思

　　本节授课内容为《英语》（牛津上海版）八年级下册Unit3的语法部分——被动语态。本节课的教学目标为掌握一般现在时态、一般过去时态以及一般将来时态下被动语态的基本形式和结构。授课对象为八年级国际班的学生，大部分学生的英语基础较好。小部分学生之前了解过被动语态，但未系统学习过，因此对于大部分学生而言，本节课是一个较新的语法点。不少学生可能对其结构中的过去分词易产生问题。通过课堂反馈与观察，也确实如此。

　　本堂课虽是一节语法课，但教师在设计时仍然兼顾到趣味性与生动性。课堂以一首"被动语态"之歌导入，学生边听边唱，被动语态作为本节课的重点则非常自然被介绍给学生。学生的积极性也被成功调动起来。接着，教师借助幻灯片向学生呈现2个句子，一个主动语态，一个被动语态，引导学生认真观察，找出这两个句子的区别，包括主语、动词。最后，归纳出具体差异以及结构变化。此处值得一提的是，教师对学生可能出现的情况进行了预判，如果学生不能直接根据这两个句子找出差异的话，则继续利用下一张PPT对学生进行提示和辅助。接下来为课堂的主体部分：呈现与操练。教师巧妙将被动语态拆为三个部分：动作的接受者、be动词和过去分词，帮助学生更好掌握被动语态的结构。其中，即学即练是本节课的一大特色。教师通过设计的活动带领学生总结出规则后，立马口头操练，趁热打铁，学生的学习效果得到及时检测，存在的问题也暴露出来，方便教师后续加以强化和巩固。另外，教师在这一环节中，还让学生上台对不同时态及人称下的be动词形式以及动词的过去分词的进行回顾与复习，做到精准抓住学生薄弱项，新旧知识相联系，促进知识的迁移。保证大部分学生这一环节跟上后，分发练习题给学生，进行主动语态与被动语态互相转换的句子操练，再次强化本节课的重点知识与技能。

　　本节课的另一大亮点在于最后的游戏部分。教师将过去分词的操练精心设计成"Othello"游戏，一方面学生需要准确说出对应动词的过去分词，另一方面还有具备超强的观察能力与敏捷的反应能力，选择好下一步走哪，如同下棋一般，步步为营，最终才能取得胜利。最后，棋盘上棋子最多的小组获胜。该游戏刺激又有趣，学生的积极性得到充分调动，课堂气氛超级活跃，学生完全沉浸其中。在复习完过去分词后，游戏难度再上一个台阶，学生被分为5组，各组通力合作，随机选择屏幕上的一个数字，将其对应的单词按要求转换为被动语态形式，并在30秒内造句并写在小黑板上。在规定时间内完成任务的小组，可获得积分及奖品。该环节将本节课的知识点再次操练强化，满足了学生的好胜心与求知欲。

总体而言，本节课活动丰富，环节紧凑，难度递增，学生参与度高，积极性强。不同的活动设计照顾到了每一个学生，让每一个学生都参与进来，给予学生表现的舞台。小组合作环节也有利于培养学生的任务分工以及合作能力，学生的知识与技能都得到很大提升。

【案例】飞碟社（Ultimate Frisbee）教学设计

Lesson： Six

Duration： Roughly 45 minutes（not including any warm up or cool down activities.

Transition between activities is included in activity durations）

Objective： Introduce offensive tactic of:

Clearing - Making space for team mates to receive a pass.

Goals： Participants make space for their team mates to receive passes.

Activities： 1. Introduction（1 or 2 minutes）

Recap skills used in previous lesson.

Outline skills being taught in this lesson.

2. Game（modified rules）（5 minutes）

Small pitch with small teams.

Remind participants that they are the referee and encourage them to point out any breaking of the rules.

Correct rules regarding turnovers, change of possession and change of ends following a score.

3. Flow drill（5 minutes）

　　See Appendix C - Drills.

　　Set up to allow cuts to either side.

　　All throwers must to throw on the correct side.

　　Encourage participants to run to different sides each time
　　it is their turn to be the first cutter.

4. Flow drill（10 minutes）

　　Set up as above.

　　Use Deep Variation1.

5. Game（modified rules）（10 minutes）

　　Rules as above.

　　Using markings on floor, or collapsible cones, divide the
　　pitch into three lanes.

　　Whichever lane the disc is in is the 'Safe Lane'. Both
　　other lanes have a 3 second rule as per week 2.

6. Competitive game（10 minutes）

　　3 second rule no longer used.

　　Other rules as above.

7. Conclusion（1 or 2 minutes）

　　Review the benefits of making space for team mates2.

Notes： 1. Second throw should be out in front of the receiver. This
encourages them to run onto it in order to make the catch.
Remind participants that complete passes are more important
than long throws that no one can catch.

2. By making space, everyone else can receive a pass. If someone
doesn't make space than no one can receive a pass

教学评价

本节课教学目标明确，内容和难度适中，活动环节一环扣一环。本节课的目标在于教会学生如何与其队员默契配合，为队友制造空间顺利接到球。首先，外教先复习之前课程中学到的技巧，并教给学生新的技巧。其次，通过游戏、实操、小组PK等活动让学生逐渐熟悉、掌握跑动的最佳路线、方向。最重要的是，帮助学生明白，在飞盘比赛中，为队友制造空间的重要意义和作用，并帮助学生掌握这一技能。总体来看，本节课设计合理，学生参与度高，下课前，大部分学生都成功掌握这一技能，本节课的教学吗，目标得以实现。

第二节　国际化研学特色课程的创新

一、研学旅行与英语核心素养

研学旅行有广义和狭义之分。狭义的研学旅行主要指教育部门和学校根据学校区域、学生、学科的特点，有计划地组织中小学生通过集体旅行、集体食宿，在校外进行体验式、探究式学习，从而实现综合实践育人目标的一种学习方式。（杨易，胡晓晶，2021）研学旅行是学校教育和校外教育衔接的创新形式，是教育教学的重要内容，是综合实践育人的有效途径。研学旅行旨在帮助中小学生开阔眼界、增长知识。着力提高他们的社会责任感、创新精神和实践能力，提升学生综合素质。引导学生不仅要从书本上学好文化知识，还要从自身生活和社会实践中获取养分，培养学生发现问题、解决问题的能力，激发学生对社会、自然探究的兴趣。同时让学生学会动手动脑，学会生存生活，学会做人做事，促进身心健康、体魄强健、意志坚强，促进形成正确的世界观、人生观、价值观，培养他们成为德智体美全面发展的社会主义建设者和接班人。

当前国内的研学旅行主要有四种模式：第一，自然教育模式，是指在自然环境中锻炼学生，磨砺性情用以培养和发展学生关键知识、技能和素养。例如野外教育探险，自然古迹游学等。第二，生活体验模式，是指通过整体的、特定的生活体验教育课程使学生能直接接触社会生活环境，获得更加具体生动的知识体验。例如职业体验。第三，文化考察模式，例如出国游学，冬夏令营等。第四，交换学习模式，是指通过城市互访和学校交流，使学生获得不同地区的综合体验。（杨易，胡晓晶，2021）本文论述的研学旅行主要是指以文化考察模式开展的出国游学。

2014年3月，教育部发布了《关于全面深化课程改革 落实立德树人根本任务的意见》，提出了"核心素养"这一重要概念。《普通高中英语课程标准（2017年版）》将英语学科核心素养归纳为语言能力、文化品格、思维品质和学习能力四个方面。

（一）语言能力

语言能力指在社会情境中，以听、说、读、看、写等方式理解和表达意义的能力，以及在学习和使用语言的过程中形成的语言意识和语感。英语语言能力构成英语学科核心素养的基础要素。英语语言能力的提高蕴含文化意识、思维品质和学习能力的提升，有助于学生拓展国际视野和思维方式，开展跨文化交流。

（二）文化品格

文化意识指对中外文化的理解和对优秀文化的认同，是学生在全球化背景下表现出的跨文化认知、态度和行为取向。文化意识体现英语学科核心素养的价值取向。文化意识的培育有助于学生增强国家认同和家国情怀，坚定文化自信，树立人类命运共同体意识，学会做人做事，成长为有文明素养和社会责任感的人。

（三）思维品质

思维品质指思维在逻辑性、批判性、创新性等方面所表现的能力和水平。思维品质体现英语学科核心素养的心智特征。思维品质的发展有助于提升学生分析和解决问题的能力，使他们能够从跨文化视角观察和认识世界，对事物做出正确的价值判断。

（四）学习能力

学习能力指学生积极运用和主动调适英语学习策略、拓高英语学习渠道、努力提升英语学习效率的意识和能力。学习能力构成英语学科核心素养的发展条件。学习能力的培养有助于学生做好英语学习的自我管理，养成良好的学习习惯，拓宽学习渠道，提高学习效率。

以文化考察模式开展的出国游学给学生提供了置身于加拿大进行实地观察和实地参与的机会，学生在跨文化交际的体验中能够全面提升其英语学科核心素养。尤其是，学生能够在真实的目标文化环境下（英语）与目标文化使用者之间有一定时间长度的实际相互接触，获得真实的跨文化体验，使他们能够从跨文化视角观察和认识世界，对事物做出正确的价值判断。同时，学生跨文化能力的提升有助于学生增强国家认同和家国情怀，坚定文化自信，树立人类命运共同体意识，学会做人做事，成长为有文明素养和社会责任感的人。

二、研学旅行与五育并举

2019年6月，《中共中央国务院关于深化教育教学改革全面提高义务教育质量的意见》文件发布，要求义务教育要坚持"五育"并举，全面发展素质教育。

（一）突出德育实效

完善德育工作体系，认真制定德育工作实施方案，深化课程育人、文化育人、活动育人、实践育人、管理育人、协同育人。大力开展理想信念、社会主义核心价值观、中华优秀传统文化、生态文明和心理健康教育。加强爱国主义、集体主义、社会主义教育，引导少年儿童听党话、跟党走。加强品德修养教育，强化学生良好行为习惯和法治意识养成。打造中小学生社会实践大课堂，充分发挥爱国主义、优秀传统文化等教育基地和各类公共文化设施与自然资源的重要育人作用，向学生免费或优惠开放。广泛开展先进典型、英雄模范学习宣传活动，积极创建文明校园。健全创作激励与宣传推介机制，提供寓教于乐的优秀儿童文化精品；强化对网络游戏、微视频等的价值引领与管控，创造绿色健康网上空间。突出政治启蒙和价值观塑造，充分发挥共青团、少先队组织育人作用。

《中小学德育工作指南》在"实践育人"部分特别强调："把研学旅行纳入学校教育教学计划，促进研学旅行与学校课程、德育体验、实践锻炼有机融合。"研学旅行是学校德育教育实行的有效途径之一，两者通过政策相互融合、内容相互渗透、功能相互支撑，让学生以集体旅行方式走出校园，在学生融入自然、接触社会的过程中，帮助学生形成良好的道德品质，增强社会责任感，提升集体观念和合作意识。同时，在行走的课堂上，学生对国家的快速发展、文化的博大精深、历史的深厚积淀也会有更加直观的认识和感受，对于培养文化自信、民族自信有着极大的提升作用。学校德育教育为研学旅行指明方向，研学旅行则为学校德育教育提供拓展创新，真正实现实践育人、立德树人的德育目标。

（二）提升智育水平

着力培养认知能力，促进思维发展，激发创新意识。严格按照国家课程方案和课程标准实施教学，确保学生达到国家规定学业质量标准。充分发挥教师主导作用，引导教师深入理解学科特点、知识结构、思想方法，科学把握学生认知规律，上好每一堂课。突出学生主体地位，注重保护学生好奇心、想象力、求知欲，激发学习兴趣，提高学习能力。加强科学教育和实验教学，广泛开展多种形式的读书活动。各地要加强监测和督导，坚决防止学生学业负担过重。

读万卷书，行万里路，读书可以使人明智，而书本上学习到的知识，也可以通过融入自然、接触社会进行升华。研学旅行通过旅行的方式，对课堂教学进行延伸，让学生接收新的学习理念和学习方式，实践与理论相结合，开阔学生视野，创新学习，对学生的认知能力、思维发展、创新意识有极大的促进作用，真正做到知行合一。

（三）强化体育锻炼

坚持健康第一，实施学校体育固本行动。研学旅行以旅行为基础，促使学生出去"行走"，打破了传统教学的空间限制，天然带有体育运动性质。在研学旅行中，加入适当的体育活动和运动游戏，通过合理的运动和休息，有助于学生提高身体素质，进行自我管理。喜闻乐见的体育活动能向学生展示体育运动的魅力，充实学生的旅行生活，有效激发学生的研学兴趣，提升研学旅行的教育效果。研学旅行与体育教学相辅相成，更好地促进学生的身心健康发展，实现体育固本的目标。

（四）增强美育熏陶

美育重要的是培养学生的审美能力和创新表现力，研学旅行将课堂教育延伸至大自然、博物馆，让学生充分接触自然之美、文化之妙，满足学生多样化的创新、审美需求，引导学生进行自主探索、开放讨论，帮助学生拥有一双发现美的眼睛，有效培养学生的审美素养和人文素质，对学校的美育教育有极大提升作用。

（五）加强劳动教育

充分发挥劳动综合育人功能。劳动教育是研学旅行中的必修课。对于日常在课堂上课的学生，研学旅行是非常好的锻炼机会。在研学旅行中，学生要保持个人卫生、维护集体卫生、支撑集体团队，在这个过程中，需要掌握很多相关的劳动技能。同时在研学旅行的过程中，会加入公益性质的活动，能够有效培养学生的劳动自觉性，树立自立自强的心态。研学旅行是开展劳动教育的良好载体，能够充分发挥劳动综合育人的功效，在延伸课堂有效提高劳动教育的效果。

【案例一】福永中学（夏）冬令营营前培课程

【项目背景】

深圳市福永中学以福善文化和海洋文化立校，自从2015年我加入福永中学以来，一直致力于学校教育的国际化的发展。先后进行英国夏令营1次，美国夏令营2次，加拿大夏令营2次，加拿大冬令营3次，随着国际研学经验的日趋丰富，我校的研学项目也日趋完善，深受各国对接的教育局和姊妹学校的一致好评。为了让我校的国际化教育彰显中国特色，同时落实立德树人的根本任务，培养德智体美劳全面发展的社会主义建设者和接班人，为此，我校整合形成了兼容五育并举的国际化研学的校本教材，以供后期研学工作的学习。本项目抽取研学前期准备工作的部分进行介绍。

【项目简介】

项目名称	福永中学冬夏令营营前培	项目时长	1～2个月
相关学科	综合实践	年级	七年级/八年级（13~14岁）
学生情况	报名东夏令营的学生（50～150人）		
老师情况	一位老师带队不多于10名学生，常以年级主任、班主任、科任老师为主。		
驱动性问题	如何增强学生的合作意识和独立能力		
PBL工具	项目优化流程、15分钟站会法等		
成果	木筏、小组 pose		
公开方式	公众号推文、视频		

【核心知识与能力】

· 本项目涉及的核心知识：

· 能够在头脑风暴后，设计好小组pose和小组行动路线

· 能够自主劳动，学会整理好居住的房间和餐后的饭桌的方法

· 能够学会造船的技术

· 本项目涉及的核心能力：

· 沟通和表达能力、团队协作能力、创新能力

· 倾听、尊重、接纳批评与建议、客观评价

· 整理收纳能力

· 路线规划、识别的能力

· 敢于克服恐惧挑战自我的能力

【项目实施】

一、人文学习提升智育

我们借鉴吸收前三次活动的成功经验，先后组织了三次系统的营前培训，力求让同学们在出国游学之前对当地的人文地理、风俗习惯和安全文明礼仪等方面有全面的了解，着力打造一支高素质、高效率和执行力强的游学队伍，让孩子们先打好扎实的理论基础，提升相关智育水平，为后面的研学实践做好铺垫。

　　培训讲座结束后，各带队老师和小组成员之间互相沟通交流、增加熟悉度。有的小组在面对面建群，互相介绍自己；有的小组在讨论拍照创意队形；有的小组现场演练解散集合的速度，增强凝聚力……校园里回荡的是我们开心的笑声，同学们脸上满含的是对未来的期待！

二、团队合作深化德育

为了更好地培养学生的团队协作和默契，增进小组成员的感情，冷静应对外出各种突发状况，帮助学生树立安全意识和纪律意识，每次我校都会组织冬夏令营师生外出拓展以促进小组磨合。2017年我校选择香港西贡保良局北潭涌度假营，2018、2019年则选择东部华侨城进行行前外出拓展。拓展的方式大同小异，均是在领队的指挥下，以小组为单位合作完成任务，或小组传球，或共造木筏，或景点打卡，或小组游戏，无一不是为了提升小组内的向心力和凝聚力。

三、夜路挑战增强体育

同学们练习夜走山路，月黑风高不足惧，越是艰难越向前。山坡夜行项目对锻炼孩子们的团队合作精神、自信、胆量、辨别意识、谨慎很有帮助！历经1个小时，同学们主动有序，手牵手小心谨慎往前走，相互提醒小心路上绊脚的树枝和陡坡台阶，还主动保护随行的老师们，一路上勇敢自信，不自觉唱起军营歌曲，绿色军营绿色军营……教官告诉大家，可能刚刚开始会有恐惧，但是成功挑战后发现原来自己可以做到，增强自信心，也会因此感到很开心！很多东西是老师、家人给的，但是挑战成功的能力和信心是自己的。

四、自给自足强化劳育

第一份营养早餐，同学们吃得很开心。教官先进行用餐前的集体礼仪教育：鼓励每个学生作为领袖带领大家用餐，让学生用心把握每一个做领袖的机会。要求学生注意就餐礼貌、节约食物，用餐后同学们自行清理餐具、桌布、座椅，同时感恩老师们付出的辛勤劳动，主动为老师们缓解疲劳。

五、感恩你我提升美育

生活中不缺乏美，只是缺乏发现美的眼睛，美好的人和事都值得我们铭记在心。将活动推向高潮的是感恩教育分享会。在"月亮代表我的心"的音乐声中，教官通过情境再现了同学们之间互相帮助、彼此信任的场面，告诉孩子们要学会感恩生活中帮助自己的人，尤其要感恩父母、老师的付出，静静反思自我的不足，很多孩子都落泪了，然后去拥抱需要感谢的人。

六、颁发证书合影留念

活动结束后，师生领取证书，依依不舍地与教官合影，并为此次冬令营活动点赞。

【项目亮点】

1. 形式丰富有趣，寓教于乐

本校的冬夏令营活动不但有理论学习，也有实践操作，丰富多彩的小组团队游戏都是让同学们在活动中体会小组每一个成员积极合作的重要性，也明白了勇于挑战自我，关心尊重他人所带来的前所未有的快乐。

2. 学生主体合作创新

我们的目的是为了让同学们真正在国外游学时能够独立自主，互帮互助，所以在前期的培训中我们强化了学生的小组合作能力和独立自主能力，小组造船，小组游戏，小组打卡都给了学生足够的创造空间，让他们体会主人翁意识和责任。

3. 兴趣或同伴引发内驱力，积极性非常高

学生有自主权、选择权，可以自己小组的任务内容进行自我设计，教师都尽量予以支持。设计学生平行评价，驱动学生获得他人 认同，借此达到自我实现。在制作过程中，会要求小组内彼此对对方的表现进行相互评价，并且给予建议。观看别的小组的进度会和自己的小组作比对，产生竞争心态。另外他人的建议，也提供方向，让自己的成长更符合国际小公民的要求。

【活动链接】

附活动公众号推送链接。

【项目反思】

学生通过小组合作和分工完成自己小组的合作内容，体现了合作意识、实践性、生成性。

学生小组部分小组造型、造船、打卡路线的多样化的选择和实践体现了

创造性。

学生在小组PK过程中的落后锻炼了受挫能力，增强了心理承受能力，体现了活动育人功能，培养了学生的品质坚韧性。

学生在感恩晚会上主动拥抱、感恩他人，体现了友善的优良品质以及人文性。

【项目工具】

工具1：头脑风暴

三个班级的队长在明晰规则和项目计划后，接受任务后，有一周的时间熟悉队友、讨论剧本和策划策划表演和采访。

工具2：评价量表

自我评价

对自己的评价	A（优秀）	B（良好）	C（合格）	选答
活动的参与性	积极主动	态度尚认真	很少参与	
在小组中工作表现	最出色	较出色	一般	
小组分工执行能力	较强	一般	较低	
活动中的创新性	较高	一般	较低	
解决问题的能力	较强	一般	较低	

组员评价

对小组成员的评价	A（优秀）	B（良好）	C（合格）	选答
小组成员工作态度情况	积极	较积极	一般	
小组成员完成工作过程	迅速	按时完成	不能按时完成	
小组成员参与过程	积极参与	一般参与	被动参与	
小组成员解决问题能力	强	较强	一般	

教师评价

评价我的学生	A（优秀）	B（良好）	C（合格）	选答
提出的建议的可行性	较高	一般	较低	
学生对本活动的态度	非常投入	较积极	较低	
活动中的与他人相处能力	较强	一般	较低	
学生解决问题的能力	强	较强	一般	

【案例二】参观矿石博物馆，体验劳动之美

一、活动背景

（一）坚持"五育"并举，加强劳动教育

2019年6月，《中共中央国务院关于深化教育教学改革全面提高义务教育质量的意见》要求义务教育要坚持"五育"并举，全面发展素质教育。其中指出，义务教育要加强劳动教育。充分发挥劳动综合育人功能，制定劳动教育指导纲要，加强学生生活实践、劳动技术和职业体验教育。优化综合实践活动课程结构，确保劳动教育课时不少于一半。家长要给孩子安排力所能及的家务劳动，学校要坚持学生值日制度，组织学生参加校园劳动，积极开展校外劳动实践和社区志愿服务。创建一批劳动教育实验区，农村地区要安排相应田地、山林、草场等作为学农实践基地，城镇地区要为学生参加农业生产、工业体验、商业和服务业实践等提供保障。

（二）开展研学旅行，践行素质教育

中小学生研学旅行是由教育部门和学校有计划地组织安排，通过集体旅行、集中食宿方式开展的研究性学习和旅行体验相结合的校外教育活动，是学校教育和校外教育衔接的创新形式，是教育教学的重要内容，是综合实践育人的有效途径。开展研学旅行，有利于促进学生培育和践行社会主义核心价值观，激发学生对党、对国家、对人民的热爱之情；有利于推动全面实施素质教育，创新人才培养模式，引导学生主动适应社会，促进书本知识和生活经验的深度融合；有利于加快提高人民生活质量，满足学生日益增长的旅游需求，从小培养学生文明旅游意识，养成文明旅游行为习惯。

（三）落实立德树人，提升综合素质

为了全面贯彻实施教育部《深化教育改革全面推进素质教育的决定》，秉承"创新、协调、绿色、开放、共享"的发展理念，落实立德树人根本任务，研学旅行旨在帮助中小学生开阔眼界、增长知识，着力提高他们的社会责任感、创新精神和实践能力，提升学生综合素质，引导学生不仅要从书本上学好文化知识，还要从自身生活和社会实践中获取养分，培养学生发现问题、

解决问题的能力，激发学生对社会、自然探究的兴趣。同时让学生学会动手动脑，学会生存生活，学会做人做事，促进身心健康、体魄强健、意志坚强，促进形成正确的世界观、人生观、价值观，培养他们成为德智体美全面发展的社会主义建设者和接班人。

二、活动对象

七年级和八年级夏令营学生。

三、活动目标

组织学生通过集体旅行、集中食宿的方式走出校园，拓宽视野，丰富知识，增加学生对集体生活方式和社会公共道德的体验。

组织学生在研学旅行中主动参与生活实践和劳动体验，充分发挥劳动综合育人功能，全面培养学生的自理能力和实践能力。

鼓励学生在研学旅行中大胆用英语与外国人交流，加强对中外文化的理解和对中国优秀传统文化的认同，在跨文化交际的体验中全面提升英语学科核心素养，尤其是语言表达能力和文化品格。

引导学生用英语组织和表达自己参与的劳动体验，锻炼英语语言表达能力，尤其是说和写的能力，全面培养学生的学科核心素养。

四、活动准备

（一）教师准备

根据温哥华不列颠哥伦比亚矿石博物馆的历史和学生的心理特点，设计合理的活动方案。

引导学生制定参观方案，当学生需要时提供必要的帮助，并预设在活动中可能出现的安全问题，并制定相应的紧急应对方案。

（二）学生准备

熟悉活动方案，做好团队分工。

提前了解温哥华不列颠哥伦比亚矿石博物馆的历史。

五、活动过程

第一阶段：活动准备阶段。

活动内容：

1.确定活动主题：参观矿石博物馆，体验劳动之美。

2.小组明确分工：组长、副组长、摄影、记者。

3.提前了解温哥华不列颠哥伦比亚矿石博物馆的历史：温哥华不列颠哥伦比亚矿石博物馆（British Columbia Mining Museum）是一个铜矿的遗址，保存着20世纪采矿场的真实作业场景，是游客了解20世纪采矿业的最好场所。博物馆主楼前的院子内还停放着一辆235吨重的超大运矿卡车，也见证了当年矿业的辉煌。

第二阶段：学生综合实践活动。

活动内容：

1.学生参观博物馆内展示的各种金属，通过直观观察获得丰富的矿产、矿藏知识。

2.学生以小组为单位乘坐矿山小火车进入矿山内部。学生可以进入从前实际进行过采矿作业并经过安全处理的坑道，然后再通过导游的讲解，重新感受当时各种矿产开采的情形，观看当时工人们使用的各种各样的采矿工具。

3.学生以小组竞赛的方式体验博物馆的淘金沙活动。他们需要将混杂着沙子和小石头的金沙用水反复冲洗，然后再轻轻抖动，去除杂质并找到黄金。这一活动可以让学生深刻体会到淘金并不是一件容易的事情。

第三阶段：活动总结与成果展示

活动内容：

1.收集并展示活动照片。

2.举办活动分享会，学生以小组为单位分享感悟和体会。

British Museum of Ore by Laurie

On Saturday morning, the weather was fine. After more than an hour of trek, we came to the Britannia Mine Museum（British Museum of Ore）.

With the guidance of the staff, all of us wore a helmet to sit on the mine train, and sneaked into the mine. The train started slowly. The guide explained the life of the miners in the past time. He not only introduced the history of the improvement of mining tools, but also personally demonstrated the mining process, so that we could have a detailed understanding of Canada's gold rush history.

Despite the cold weather, we were still enthusiastic and joined the gold rush actively. Each student was attentive, swinging his arms carefully and looking intently at the pot in his hand.

3. 在学校微信公众号平台发布推文总结此次活动。

4. 整理并分享各个小组的淘金步骤英语短文。

First, we had to put enough sand into a big bowl with the help of a small shovel. Remember not to make your clothes wet.

Second, it's time for us to look for small pieces of gold in the big bowl with our hands. You'd better wear a pair of glasses which can be very helpful.

Finally, if you got any pieces of gold from the sand, you could wash them carefully.

六、活动原则

第一，坚持教育性原则。精心设计研学旅行活动方案，确保每次活动立意高、目的明，活动前提前做好具体活动方案，带着目标开展活动。

第二，坚持安全第一的原则。在组织研学旅行活动前，对目标地点进行考察，根据考察情况，制定详细的活动方案和安全应急预案，确保交通、饮食的安全。根据实际情况合理安排学生数量，针对活动内容对学生进行充分的安全教育。

第三，坚持学生自愿的原则。学校公布研学旅行活动具体方案和收费标准，以班级为单位，由学生自愿报名参加，并且由学校和家长签订自愿参加协议。活动内容、时间及费用公开、透明。

第四，坚持食、宿、学统一的原则。研学旅行的根本目的是为了让学生接触社会和自然，在体验中学习和锻炼，培养学生刻苦学习、自理自立、互勉互助、艰苦朴素、吃苦耐劳等优秀品质和精神。

第五，坚持长效性原则。研学旅行是学生体验教育的重要内容，对提高学生综合素养意义重大。学校将不断充实研学旅行目的地，形成序列化，以达到研学旅行活动的连续性、长效性。

七、活动评价与反思

义务教育要坚持"五育"并举，全面发展素质教育。义务教育要加强劳动教育。充分发挥劳动综合育人功能，加强学生生活实践、劳动技术和职业体验教育。本次活动鼓励学生主动参与生活实践和劳动体验，让学生在实践和体验中感受到劳动的收获和快乐，全面提升了学生的劳动能力和实践能力。

在反思中成长，综合实践活动不能流于热闹的表象，想要有深刻的实践体验必须让实践升华。做好评价能够升华活动，激励学生培养从现象看本质的探究精神。本次活动以项目学习为主，是本活动一个亮点。对于提高学生创新意识、实践意识、主体意识、合作意识有促进作用。

强化示范引领和自评、互评等反思教育的引领作用，在活动过程中、在活动结束后，要求学生自我评价、互相评价，总结和反思活动的得失，让评定活动积极分子的过程，让自评互评的过程，成为学生德育提升、能力增强的过程。学校还将把学生参与活动的情况，纳入学生综合素质评价体系。同时开展评选研学旅行先进班集体、先进个人活动。

综合实践活动应注重生成性，教师的思考并不能代表学生的思考，在综合实践活动中遇到的问题和困难对学生而言收益更大印象更深，重在培养学生的"四意识""三能力"，即培养学生的创新意识、实践意识、主体意识、合作意识，促进学生发现问题，正确地分析问题和解决问题的能力。

【案例三】走进哥伦比亚大学，感受人文之美

一、活动背景

（一）理论背景

我校实施美育提升行动，结合地方文化设立艺术特色课程，广泛开展校园艺术活动，帮助每位学生学会1至2项艺术技能、会唱主旋律歌曲。引导学生了解世界优秀艺术，增强文化理解。鼓励学校组建特色艺术团队，办好中小学生艺术展演，推进中华优秀传统文化艺术传承学校建设。学校通过购买服务等方式，鼓励专业艺术人才到中小学兼职任教。

（二）时代背景

中小学生研学旅行是由教育部门和学校有计划地组织安排，通过集体旅行、集中食宿方式开展的研究性学习和旅行体验相结合的校外教育活动，是学校教育和校外教育衔接的创新形式，是教育教学的重要内容，是综合实践育人的有效途径。开展研学旅行，有利于促进学生培育和践行社会主义核心价值观，激发学生对党、对国家、对人民的热爱之情；有利于推动全面实施素质教育，创新人才培养模式，引导学生主动适应社会，促进书本知识和生活经验的深度融合；有利于加快提高人民生活质量，满足学生日益增长的旅游需求，从小培养学生文明旅游意识，养成文明旅游行为习惯。

（三）现实背景

为了全面贯彻实施教育部《深化教育改革全面推进素质教育的决定》，秉承"创新、协调、绿色、开放、共享"的发展理念，落实立德树人根本任务，研学旅行旨在帮助中小学生开阔眼界、增长知识，着力提高他们的社会责任感、创新精神和实践能力，提升学生综合素质，引导学生不仅要从书本上学好文化知识，还要从自身生活和社会实践中获取养分，培养学生发现问题、解决问题的能力，激发学生对社会、自然探究的兴趣。同时让学生学会动手动脑，学会生存生活，学会做人做事，促进身心健康、体魄强健、意志坚强，促进形成正确的世界观、人生观、价值观，培养他们成为德智体美全面发展的社会主义建设者和接班人。

二、活动对象

七年级和八年级夏令营学生。

三、活动目标

组织学生通过集体旅行、集中食宿的方式走出校园，开阔视野，丰富知识，增加学生对集体生活方式和社会公共道德的体验。

提升学生在研学观察和欣赏活动中主动认识美、体验美、感受美、欣赏美和创造美的能力，从而使学生成为具有美的理想、美的情操、美的品格和美的素养的社会主义建设者和接班人。

鼓励学生在研学旅行中用英语积极与外国人沟通和交流，弘扬中国优秀传统文化，让更多的外国人了解中国优秀传统文化。

引导学生在研学旅行中用英语获取和收集信息，锻炼英语语言表达能力，尤其是听和说的能力，帮助学生拓展国际视野和思维方式。

四、活动准备

（一）教师准备

根据不列颠哥伦比亚大学的历史、地位和地理位置，设计合理的活动方案。

引导学生制定参观方案，当学生需要时提供必要的帮助，并预设在活动中可能出现的安全问题，并制定相应的紧急应对方案。

（二）学生准备

熟悉活动方案，做好团队分工。

提前了解不列颠哥伦比亚大学的历史和地理位置。

五、活动过程

第一阶段：活动准备阶段。

活动内容：

1.确定活动主题：走进哥伦比亚大学，感受人文之美。

2.小组明确分工：组长、副组长、摄影、记者。

3.提前了解不列颠哥伦比亚大学的历史和地理位置。不列颠哥伦比亚大学（University of British Columbia，又译"英属哥伦比亚大学"等，简称UBC），位于加拿大温哥华市，始建于1908年，包含温哥华校区（总校区）和奥肯纳根校区，是一所综合研究型大学。截至2020年，不列颠哥伦比亚大学已培养了8位诺贝尔奖获得者、3位加拿大总理、22位3M卓越教学奖获得者、65位奥运奖牌获得者、71位罗德学者、273位加拿大皇家学会成员等众多校友。有三名加拿大总理都曾在不列颠哥伦比亚大学接受教育，包括加拿大首位女总理金·坎贝尔和现任总理贾斯廷·特鲁多。本次活动参观的温哥华校区，位于加拿大第三大城市温哥华的市郊，距离温哥华只有30分钟的车程，校区占地达400公顷。这里有怡人的气候，绵延的海岸线，美丽的海洋与沙滩，是游览观光者必到之处。此外，温哥华校区还有该市最吸引人的许多学术及休闲娱乐设施，包括人类学博物馆、表演艺术中心、不列颠哥伦比亚大学植物园及植物研究中心等。温哥华校区是不列颠哥伦比亚大学最大的校区，学生人数超过45000名。

4.小组讨论并拟定问题清单，为收集和获取信息做好准备。

第二阶段：学生综合实践活动。

活动内容：

1.学生走进不列颠哥伦比亚大学，感受校园的一草一木和风土人情，获得直观的自然美和人文美的体验。

2.学生以小组为单位参观不列颠哥伦比亚大学的人类学博物馆，了解并记录北美西部地区珍贵的艺术品和文物。

3.学生以小组为单位，根据拟定的问题清单，收集和获取信息。

第三阶段：活动总结与成果展示

活动内容：

1.收集并展示活动照片。

2.举办活动分享会，学生以小组为单位分享感悟和体会。

An Unforgettable Memory

by Mandy

In the afternoon, we went to the world-famous university, the University of British Columbia. Under the sun and the blue sky, we first visited the Beaty Biodiversity Museum, where we saw the huge whale bone fossils. Afterwards, we visited many buildings that combined classicality and fashion, tradition and modernity, such as the high clock tower, the old liberal arts library, the modern science library, and the famous rose garden.

Strolling in the beautiful campus, both the students and teachers all felt comfortable and relaxed. We enjoyed the campus, and took many memorable group photos, so that these memories will be forever kept in our mind.

震撼的图腾柱

by Elvis

早上八点，迎着温暖的阳光，我们来到了今日研学之旅的首站——不列颠哥伦比亚大学。

不列颠哥伦比亚大学拥有两个校区，分别是温哥华校区和奥肯那根校区。我们今天即将要参观学习的是温哥华校区。该校区坐落于加拿大西海岸美丽的花园城市温哥华西面的半岛上，依山傍海，风景秀丽。漫步在美丽的校园中，我们每一个人都被校园中的一草一木所吸引。

我们在带队老师的带领下，来到了人类学博物馆。据了解，不列颠哥伦比亚大学的人类学博物馆是温哥华十大游览景点之一。这里收藏着北美西部地区珍贵的艺术品和文物，生动地展示了当地原住民的标志性特点。博物馆的大陈列厅很高，存放着宏伟的图腾柱。其中著名的作品"乌鸦与原住民"（The Raven and the First Men）让我们极为震撼。

作为小组的组长，当我带领着小组组员去向哥伦比亚大学的学生收集和获取信息的时候，我们深刻感受到了熟练的英语表达能力在跨文化沟通中的重要作用。当他们得知我们是来自中国深圳的中学生时，他们都对我们的表现和素养竖起了大拇指。这更加坚定了我们想要学好英语，用好英语的决心。

3.以小组为单位分享各组的问题清单。

A list of Questions

Q1：Where is UBC?

Q2：How can we get to UBC by bus?

Q3：How long have you studied in UBC?

Q4：How many students are there in UBC?

Q5：What is UBC famous for?

Q6：What's your favorite place in UBC?

Q7：Where can we buy some souvenirs of UBC?

Q8：What do you think of UBC?

4.在学校微信公众号平台发布推文总结此次活动。

链接：https：//mp.weixin.qq.com/s/s9QUB3cgwiI_S-R3osG1Tw

六、活动原则

第一，坚持教育性原则。精心设计研学旅行活动方案，确保每次活动立意高、目的明，活动前提前做好具体活动方案，带着目标开展活动。

第二，坚持安全第一的原则。在组织研学旅行活动前，对目标地点进行考察，根据考察情况，制定详细的活动方案和安全应急预案，确保交通、饮食的安全。根据实际情况合理安排学生数量，针对活动内容对学生进行充分的安全教育。

第三，坚持学生自愿的原则。学校公布研学旅行活动具体方案和收费标准，以班级为单位，由学生自愿报名参加，并且由学校和家长签订自愿参加协议。活动内容、时间及费用公开、透明。

第四，坚持食、宿、学统一的原则。研学旅行的根本目的是为了让学生接触社会和自然，在体验中学习和锻炼，培养学生刻苦学习、自理自立、互勉互助、艰苦朴素、吃苦耐劳等优秀品质和精神。

第五，坚持长效性原则。研学旅行是学生体验教育的重要内容，对提高学生综合素养意义重大。学校将不断充实研学旅行目的地，形成序列化，以达到研学旅行活动的连续性、长效性。

七、活动评价与反思

义务教育要坚持"五育"并举，全面发展素质教育。义务教育要增强美育熏陶。引导学生了解世界优秀艺术，增强文化理解，推进中华优秀传统文化艺术传承学校建设。本次实践活动提升学生在研学观察和欣赏活动中主动认识美、体验美、感受美、欣赏美和创造美的能力，从而使学生成为具有美的理想、美的情操、美的品格和美的素养的社会主义建设者和接班人。

在反思中成长，综合实践活动不能流于热闹的表象，想要有深刻的实践体验必须让实践升华。做好评价能够升华活动，激励学生培养从现象看本质的探究精神。本次活动以项目学习为主，是本活动一个亮点。

强化示范引领和自评、互评等反思教育的引领作用，在活动过程中、在活动结束后，要求学生自我评价、互相评价，总结和反思活动的得失，让评定活动积极分子的过程，让自评互评的过程，成为学生德育提升、能力增强的过程。学校还将把学生参与活动的情况，纳入学生综合素质评价体系。同时开展评选研学旅行先进班集体、先进个人活动。

综合实践活动应注重生成性，教师的思考并不能代表学生的思考，在综合实践活动中遇到的问题和困难对学生而言收益更大印象更深，重在培养学生的"四意识""三能力"，即培养学生的创新意识、实践意识、主体意识、合作意识，促进学生发现问题，正确地分析问题和解决问题的能力。

【案例四】2019年福永中学冬夏令营营后分享会

一、活动背景

经过3—4周加拿大冬令营的学习后，同学们的身心都得到了焕新，对这个多元的世界又有了新的认识，为了强化所见所闻，深化所思所想，我们举办了冬令营分享会，让同学们有机会在更多人面前分享自己的研学心得。

二、活动目标

感恩他人：通过再现冬令营期间师友、寄宿家庭、学校给予的帮助，强化感恩意识。

公民素质：通过情境演绎的方式展现在加拿大学习到的国际公民的要求，结合中国的新时代公民要求呼吁同学们提高公民素质。

文化包容：通过真实情境对比中加两国的教育风格的差异，分析背后的原因和兼容并包不同的文化。

三、活动准备

9个小组以小组为单位确定好分享的方式和形式。

小组内成员进行分工和各自的初期准备。

小组整合资源和道具，进行初步的彩排和改进。

以班级为单位进行小组选拔，淘汰组成员融入优胜组作品分享。

小组根据老师的建议优化自己的小组作品。

以小组为单位上台分享自己的冬令营收获。

四、活动流程

1.情景回顾，引发思考

　　播放在加拿大游学活动的精彩活动视频，帮助同学们快速回忆到冬令营的三周时间里，期间收获最大的，感受最深的，最想跟大家分享的是什么，以及为什么。

　　引导学生思考：我们在冬令营中收获了什么？

　　2.小组分享，引发共鸣

　　小组分享内容具体如下：

　　F组：冬令营分享之寄宿家庭。

　　F组再现了冬令营期间寄宿家庭给同学们的种种关爱：比如初见寄宿家庭"爸爸妈妈"的热情好客，担心同学们吃不惯当地食物请来中国朋友帮忙做饭，给同学过生日等暖心行为，同时同学们也懂得感恩和回报，用自己的才艺给家庭带来欢声笑语，最后通过音乐相册视频的方式表达了自己的不舍与感谢。

G组：冬令营分享之同学相处。

F组再现了冬令营期间远离自己的父母，脱离带队老师的督促，独立和自己的同学的日常，有时是出去游玩的快乐；有时是互相照顾的温馨；有时是无伤大雅的打打闹闹；更多的是彼此陪伴的感动。同学情谊在异国他乡显得格外的珍贵，因为它无处不在，才让人心安，小到个人友谊，大到国家交际，只有互帮互助才能长久，G组的同学献上了"中加友谊长存"画代表了对两国友谊的美好祝愿。

H组：冬令营分享之跨国旅程。

从飞机到地铁到巴士，同学们冬令营期间需要乘坐很多不同的交通工具，但无论是哪一种都离不开与当地的人们的英语沟通，对口语优秀的同学来说这本身不是难事，但是对于英语口语本身比较弱的同学来说无疑是一个需要勇气来克服的挑战，好在有善良的同学的帮助和友好的工作人员的引导，我们的同学们也在一点点进步和成长，并改编了歌曲《平凡之路》表达对所有帮助过自己的人的感激之情。

I组：冬令营分享之中加课堂。

亲身体验过了中加两国的课堂后，同学们通过演绎的方式展现了两个国家课堂的差异，两位同学通过中英文演讲的方式道出了他们的发现：中国的课堂更倾向于理论的学习和高效系统的方法，这样的效率很高但是趣味性有时候会略显不足，而加拿大的课堂则相反，他们的课堂更注重实践性，比如一节课会为了介绍自己而出去教室捡来树枝做自我画像，但这样课堂的效率的确不会太高，导向性、和系统性也弱一些，课堂的不同其实是背后的文化价值的不同，我们应该取长补短，相互学习，共同成长。

三、家长感言

家长在看过了这么多的小组演绎后，仿佛自己陪同孩子参加了冬令营一般，了解到他们的变化和成长。感慨孩子第一次离开自己那么久，那么远，担心他们的一切，在此刻都变成满满的欣慰。

四、校长感言

看到同学们用表演、演唱、舞蹈、演讲、视频等多元素呈现冬令营的收获，所有人仿佛回到了一万公里外的温哥华，同学们充分发挥了这次研学的优势，不但学习到了当地的风土人情，更是学会了为人处世，团结同学，独立生活，这也是海外研学的重要意义。

五、活动评价

自我评价

对自己的评价	A（优秀）	B（良好）	C（合格）	选答
从网上收集的资料	比较多	能够完成任务	较少	
在小组中工作表现	最出色	较出色	应付式	
实验中的操作能力	较强	一般	应付	
社区活动中的参与度	较高	一般	较低	

小组评价

对小组成员的评价	A（优秀）	B（良好）	C（合格）	选答
小组成员工作态度情况	积极	较积极	应付式	
小组成员完成工作过程	迅速	按时完成	不能按时完成	
小组成员交流讨论过程	有交流讨论	有交流	没有交流	
小组成员的学习态度	主动性强	较主动	一般	

教师评价

评价我的学生	A（优秀）	B（良好）	C（合格）	选答
学生对资料信息分析	准确分析	能基本分析	不能分析	
提出的建议的可行性	较高	一般	较低	
学生对本活动的态度	非常投入	较积极	应付式	
实验中的操作能力	较强	一般	应付	

六、活动反思

本次活动基于学生真实的生活情境，学生通过小组独立选材和编排体现了活动的创新型，生成性。

整合了英语、美术、音乐和信息技术等学科知识，让学生在活动中学会运用学科知识处理现实生活问题，体现了活动的综合性。

学生增强了合作意识和责任担当，把研学过程中的所见所闻进行深入研究和思考，体现了批判性思维。

七、结语

读万卷书不如行万里路，福中学子有幸能在政府、学校、家庭的支持下在十几岁的年纪就远赴重洋学习，实属机会难得，所以更加要珍惜这机会成为更好的自己和更具国际化素养的公民。

【案例五】福永中学（夏）冬令营活动反思

国家先后发布的《关于进一步加强对中小学生出国参加夏（冬）令营等有关活动管理的通知》《中小学学生赴境外研学旅行活动指南（试行）》《关于推进中小学生研学旅行的意见》等重要文件，在肯定海外研学旅行积极作用的同时，也对规范研学旅行提出了指导性意见，基于以上重要文件，对我校的（夏）冬令营进行了总结和反思，以便后期海外研学活动的进步和完善。

经过四年的探索，我校的海外研学课程已经形成系统的流程，我校也根据研学过程中所学知识的内在一致性和连续性，编制研学手册，把研学课程与学校课程内容相联系，共同服务于整体育人目标。以下几点是我们今后改进的方向。

一、加强前期教师对于研学课程的培训

通过海外研学旅行，学生可以感受不同国家的风土人情、历史地理、饮食特色等。这些异域文化可以拓展学生的国际视野，体悟国与国、人与人、人与自然的关系。但这些体验因人而异地具有主观意义和感性色彩，如果缺乏针对性的指导，只能成为短时记忆，甚至可能产生理解偏差。因此，带着问题去发现和思考，在研学旅行中培养学生综合素质，特别是社会责任感、创新精神和实践能力，显得尤为重要。所以在前期的培训过程中，内容不应局限于学生对于海外国家的理论学习和团队建设，更应该包括带队教师对研学课程的目标和引导方式的探讨，以便在后期研学中达到相对一致的研学效果。

二、就地取材引导学生深度思考

海外研学过程中，学生得以从课本和教材中跳脱出来，置身于海外真实情境，更能促进其理解差异、包容不同，形成全球视野，从而在更高的层次看待问题，用更宽的思路解决问题。基于初中学生已有的文化知识水平，他们很容易发现不同文化之间的差异，比如学校教育方式的差异、饮食文化的差异、人际关系的差异，但是鲜有学生主动深度探索背后深层次的原因，教师可以提前做好课程设计，结合真实情况加以调节，比如可有意识地设计研

学旅行中的衣食住行，使学生在相关的生活情境中体验所到之处的文化特征，养成尊重不同地域文化文明的习惯，在比较中增强对中华民族文化的认知和自信。同时，教师可以有目的地质疑，及时回答学生的问题，帮助学生养成探索—发现—证明的良好思维习惯。

三、提高研学评价的积极作用

海外研学旅行为学生提供了走出国门看世界的机会，它作为一项体验式的教育活动，应当有目标、有计划、有组织、有评价。我校在前三者的一致做得可圈可点，深受社会各界的好评，但是在评价方面还有较大的提升空间。评价工作不应只放在活动的最后环节，而是贯穿研学活动的始终，如前期培训小队长的选拔和确定，小组成员每次活动的反馈，都可以通过生生互评、小组互评的方式强化，这也是为真正的研学活动夯实基础。在研学的过程中，寄宿家庭成员、带队老师、学校老师、班级同学都是可以全方位评价学生，既提高学生的约束力，又能更全面、客观、多维地反馈每一个学生的真实情况。研学结束后的分享会上，学生会因为全程参与评价和被评价而更有意识地反思和总结，从而成为研学中的主动学习者。

总之，研学旅行为促进学生的全面发展、落实核心素养提供了很好的路径。应正确定位海外研学旅行，推动海外研学旅行课程化，以充分发挥其教育作用。

加拿大外教英语学科教案设计

Talking about the Past from the Future		
Teacher: Elle Mason	Co-creators: Jonathan Hale, Rich Helder, Moira Murdoch	
Level: Grade 8	Date: May 22, 2020	Time & Duration: 45 min
Objectives:		
Materials: PPT whiteboards, markers, erasers Guiding Question Card Talking About the Future Worksheet Skit Worksheet		
Timing, Stage & Grouping	**Procedure**	**Materials**

Talking about the Past from the Future		
1. 5 min T – Group	**Warm Up:** Ss will form groups. T will show slide 1. Ss will use their whiteboards to list the top 5 things we use every day that did not exist 50 years ago. 1. smartphones 2. Internet 3. Starbucks 4. email 5. digital watch.	PPT slide 1 whiteboards, markers, erasers
2. 5 min T – Class	**Study ~ Vocabulary：** T leads Ss through vocabulary, eliciting vocabulary from images and filling in blanks where structures are used..	PPT slides 4 – 8
3. 5 – 8 min T – Class	**Engage ~ The Shenzhen of the future：** T will elicit the Shenzhen of the future from Ss, listing Ss responses on the board. Ss can be elicited for things like tourism, shopping, technology, etc. T will show two videos that feature futuristic technology and living.	PPT slide 10
4. 3 min T – Class 7 min Pairs	**Engage ~ In the Year 2070：** T will use the list of the 'Shenzhen of the future' to launch into specific aspects of the city of the future. Giving four specific questions to the Ss. Ss will work in pairs. 1.Pairs will choose a guiding question card. 2.Pairs will discuss their question for 2 min. T will show the model for Part 1 of the worksheet and then assist Ss with their writing and ideas. (writing and picture)	PPT slides 11 – 16 Guiding Question Card Talking About the Future Worksheet
5. 2 min T – Class 5 min（groups）	**Engage – In the Year 2020** T shows the model for the second portion of the worksheet. Ss will use the past continuous to talk about 2020 and what the past equivalent of their future invention is. Pairs will write and draw their ideas.	PPT slide 18 Talking About the Future Worksheet

Talking about the Past from the Future		
6. 5 min	**Activate – Talk with Fuyong Middle School Students** T will show the outline for the speech as well as an example. Students will pretend to be visiting Fuyong Middle School from the year 2070 to talk to students about life in 2020. Ss will adapt the information in their skit from their Talking about the future worksheet.	PPT slide 21,22 Talk with FYMS students Worksheet
8 min	Pairs will practice and prepare to present their speech to the class. T can use any time remaining.	

第三节　英语综合实践活动课程

综合实践活动是一门基于学生的直接经验，紧密贴近学生自身生活与社会生活，由学生自主实践和探索，体现对知识综合运用的全新课程。我校将综合实践活动课程与我校的"国际课程"相结合，秉承"育人为先、五育并举"的办学宗旨，通过课堂教学与活动开展相结合，构建英语综合实践活动课程，意在引导学生以英语学科知识及英语技能为媒介，综合运用各门学科的知识及技能，感受世界的多元文化。

一、基于英语学科核心素养的英语综合实践活动

根据"核心素养"可以简单地定义为：适应个人终身发展和社会发展需要的必备品格和关键能力。学生核心素养的培养，最终要落实在学科素养的培育上（史宁中，2016）。英语学科核心素养是从英语学科的工具性和人文性两个角度来设置英语课程的培养目标的，主要包括语言能力、文化品格、思维品质和学习能力这四个方面。程晓堂（2016）对这四个方面的内涵做了详细介绍：

语言能力：主要是指在社会情境中借助语言进行理解和表达的能力。它既包括过去常说的听、说、读、看、写等语言技能，也包括关于英语和英语

学习的一些意识和认识，以及英语理解和表达的能力等。

文化品格：是学生在全球化背景下表现出的文化意识、人文修养和行为倾向。不仅仅指了解一些与文化相关的知识，还包括对各种不同文化进行鉴赏和评价，形成自己的文化立场与态度、文化认同感和文化鉴别能力等。

思维品质：思维品质是学生通过英语学科的学习而得到的心智发展。思维品质的发展有助于提升学生分析问题和解决问题的能力，从跨文化的视角观察和认识世界，对事物做出正确的价值判断。

学习能力：学习能力是指学生积极运用和主动调适英语学习策略、拓宽英语学习渠道、努力提升英语学习效率的意识和能力。

初中英语综合实践活动课是从综合实践课程引申出来的一门课程。因此，初中英语综合实践活动课也具有综合实践活动课程的特点，即开放性、综合性、实践性、自主性、生成性等。但是，初中英语综合实践活动课也与综合实践活动课程有一定的不同，即初中英语综合实践活动课应该是属于英语这门学科的，在活动过程中更倾向于英语课的特点，教学目标上更着重强调学生综合语言运用能力的培养与提高。初中英语综合实践活动课与综合实践活动课程及其他学科性的综合实践活动课有一个明显的差异：英语学习是初中英语综合实践活动课重中之重的一部分，英语知识及英语技能的掌握必须成为初中英语综合实践活动课的基础目标。同时，初中英语综合实践活动课在学生学什么、如何学、能帮助学生什么的这几个方面，也具有其独特的特点、价值和功能。

二、学科核心素养背景下的英语综合实践活动的意义初探

（一）精细化探索《中国学生发展核心素养》总体框架

"中国学生发展核心素养以培养'全面发展的人'为核心，分为文化基础、自主发展、社会参与3个方面，综合表现为人文底蕴、科学精神、学会学习、健康生活、责任担当、实践创新等六大素养，具体细化为国家认同等18个基本要点。而具体落脚到中学英语学科也有语言能力、文化品格、思维品质和学习能力四个方面。"所以，细化综合实践活动课程也是进一步细化探索

《中国学生发展核心素养》总体框架的重要举措。

（二）具体实践英语学科核心素养

英语活动课因为内容不定，教师可以根据学生需求设计课程，这一过程通过更加灵活的方式促进学生英语核心素养的提高。因为对于学生来说，接触的材料和课程形式都是新颖的，所以能比较有效地提高学生的语言能力和学习能力。另外，英语活动课有较多的开放话题可供讨论，学生能更充分地表达自我，教师可以指向明确地培养学生的思维品质和文化品格。

（三）修正和补充传统课程体系

为英语活动课是介于国家课程、地方课程和校本课程之间的一种课程组织形态，所以可以兼具其他课程形式的优势，可以弥补国家课程千篇一律、缺少个性化的缺陷。同时，地方课程或者校本课程相对来说话题固定且单一，而英语活动课因人而异、因地制宜、随机应变的灵活性更具优势，能很好地弥补传统课程的不足。（四）积极探索新时期英语学习的。日新月异的科技和日渐频繁的文化交融使得当代人的英语学习更具有专业性和实践性，这就要求在基础教育阶段的学生要扩充词汇量并且提升英语应用能力。新课程标准对课外阅读量的要求非常高，同时，英语能力的提升更是要求学生同步拓宽自己的知识面、阅读深度，所以积极探索新时期英语学习有益于打破班级、年级，甚至是校际局限。

三、学科素养背景下的英语综合实践活动的构建方式

学校应搭建能使学生主体性、能动性、创造性能力提升的系统的初中英语综合实践活动课，以活动促使学生英语综合素养的和谐发展。在探索中，笔者在尝试了诸多阅读材料之后发现，通过英语综合实践活动课进行课外阅读和写作，选取报纸新闻以及网络自媒体报道为语料来源，能使在政治、经济、文化、社会、体育和娱乐等不同方面感兴趣的同学参与深度阅读，更能挖掘学生的潜力。在具体实践中，教师可以鼓励学生依据新闻配图和标题，大胆预测新闻内容，再经过设问导读激发学生表述己见，长期练习以形成推测文章主旨的习惯和能力，并通过举一反三加强学生对学习策略的总结。阅

读还有一项很重要的功能，就是能与作者进行思想的对话。通过英语综合实践活动课进行名著导读，可以加深学生对中西方文化的理解，而英语学科核心素养要求之一就是培养学生的文化意识。

学校应构建自主的、自律的、有特色的高中英语综合实践活动课。在英语综合实践活动课开展中，要充分发挥学生的主观能动性，按照学生需求设定教学内容，按照学生兴趣选择教学方式。比如每节课讨论的话题由全体学生投票选出，这样学生的参与度更高，主人翁意识更强，会自发准备语言材料，更会提供备选的课堂话题。在活动中由不同的小组组织活动和推进课堂，一则培养学生组织能力，二来养成自律意识。由于活动场地的选择和布置由学生设计和装饰，课程活动内容含有游戏、访谈、辩论、歌曲、演讲和讲座等，因地制宜，千人千面，各具特色。

四、总结

实施"综合实践活动"和"研究性学习"是我国面向21世纪基础教育课程改革的新视点。因此，初中英语综合实践活动课程的开发和实施，就需要多层面的探索和研究。大容量、跨学科性质的初中英语综合实践活动课是学科核心素养指导下的初中英语课程建设的重要突破点。英语活动课的设计应该结合《中国学生发展核心素养》总体框架，以最新的理论框架为依托和出发点，以王蔷提出的英语学科的核心素养（语言能力、学习能力、思维品质和文化品格）为课程设计原则，抓好英语活动课的设计、实施和反思，这也是对于英语教学内涵和外延的有益探索。

【案例一】香港回归二十载姊妹交流谱新篇

一、活动背景

2017年7月1日，即将迎来香港回归二十周年大庆，粤港合作到了历史新起点。为加强深港两地的教育交流与合作，我校与香港姊妹学校积极开展了多次学习交流活动。旨在通过缔结"姊妹学校"的情谊，抓住粤港澳大湾区建设的历史机遇，开展更多有深度、有温度的交流活动，在交流中发展我校学生的核心素养，同时为粤澳教育进一步融合发展、为两地学校携手合作提供示范。

二、学情分析

本次活动参与的学生来自初一和初二。两个年级的学生均有一定的英语表达基础，对基本的日常沟通障碍较小。但是本次活动中涉及港澳学生"共上一堂英语课"，香港学生的英语水平较高，因此我校学生可能会跟不上。

另外，七年级学生热情好学，在老师的帮助下，能够将查阅的信息简单用英语简单撰写出来，有基本的听说技巧，有助于实践活动的开展。

三、活动目标

通过艺术展览、开幕演出、才艺晚会、英语话剧等各式各样的表演，让学生在课堂内外均有机会接触不同的艺术种类。

通过多元化、国际化的艺术节内容，我校学生充分体会浸大附中学生多元艺术发展性，感受了浸大附中学生在校内的美艺氛围与平台上发挥其艺术潜能。

通过形式多样的英语活动以及表演精彩的英语话剧，深刻感受英语语言的魅力。

四、活动准备

活动地点：浸会大学附属学校王锦辉中小学及福永中学。

活动时间：两周。

活动方式：组建行动队，开展队建活动。

每个小队10人左右，自行组队，并按以下表格内容进行队建。

队名		队长	
队伍口号			
队伍规则			

五、活动过程

（一）第一阶段：表演与选拔，为交流活动中的"英文日"表演做准备

1. 各小队进行讨论，选出本队想要表演的英语话剧，并且撰写好剧本，请老师帮忙修改。

2. 各队员根据所见，结合自己的个人情况，以小队为单位，分工进行准备，并且确定以下的问题：

（1）每个人分别演什么角色，分工如何安排？

（2）道具和服装需要哪些？

（3）每天的排练时间及地点安排如何？

3. 各小队在一周后进行"英语话剧比赛"，并且选出最佳剧组，代表我校前往香港，为福中及浸大附中交流活动中的"英文日"进行表演。

（二）第二阶段：访问与参观，参与及体验"英文日"活动

1. 胜出节目前往浸大附中访问与参观该校的"英文日"活动，并且一展风采，表演精彩的英语话剧。

2. 欣赏校园歌手带来的经典和热门英语串烧歌曲节目《音乐棒棒糖》。

3. 不同学生团队的英语主题展示，如《15分钟环游世界》《身边的经济》《网络交友》《国际品牌知多少》，期间更有问答互动环节，让学生们在轻松愉快的活动中感受英语、应用英语、享受英语。

4. 沈中叶慧勤校长与我交换了寓意情谊长存的纪念锦旗和纪念品，期待两校在学习交流、师生互访等方面继续加强联系、拓展合作，期待友谊绵长、共同成长。

（三）第三阶段：回访与交流，在活动中共筑友谊

1."深港共上一堂课"。沈中师生走进教室，与我校师生互动交流，加强了姊妹学校间的互信了解。外籍教师Andrew和Nancy给香港的学生及我校学生讲授一节福中外语特色课，并对他们的到来表示热烈欢迎。现场全英文的交流气氛十分活跃，其乐融融。

2.学生活动，共筑友谊。一首合奏曲《AuldLangSyne》拉开了活动的序幕，福中学生用古筝、钢琴、大提琴、葫芦丝、长笛完美诠释中、西方艺术文化的魅力，也寓意两校的友谊地久天长。

沈中学子也带来了精彩的短剧表演，展示幽默的语言和精湛的演技。

自制名片、随机分组，相互认识，开展小组合作游戏："欢乐抢板凳""你划我猜""翻转吧！杯子"。

3.两校学生分小队讨论交流游戏感受，分享各自的学习和生活经历。

五、活动成果

英语话剧的剧本。

英语话剧视频。

《AuldLangSyne》表演视频。

六、活动评价

队员根据下列表格进行队内自评、互评和他评。

活动自评表

环节	具体评估
小组讨论	①我主动发言，提出建议，带领队员讨论；②我参与讨论，说出想法；③我主要是认真聆听，做好笔记；④偶尔走神，不太感兴趣
表演话剧	①我主动排练，提出建议，带领队员讨论；②我参与排练，说出想法；③我主要是认真聆听，演好自己的角色；④偶尔走神，不太感兴趣
参观访问	①我主动体验，提出问题，带领队员体验；②我参与体验，说出想法；③我主要是认真观看；④偶尔走神，不太感兴趣
交流互动	①我主动发言，提出建议，带领队员讨论；②我参与讨论，说出想法；③我主要是认真聆听，做好笔记；④偶尔走神，不太感兴趣

活动互评表

环节	队员	具体表现	评分（10分）
小组讨论			
表演话剧			
参观访问			
交流互动			

活动他评表表现优异者	具体表现	加分（10分）

七、活动反思

充实学生的生活，从学校交换交流中寻找实践的契机，为学生实践学习提供舞台，体现开放性。该活动结束后，我们的视频和公众号，有助于扩大本次英语综合实践活动的影响力，吸引更多的学生勇于用英语表达中华文化，体现延续性。各项设计任务，融合培养学生语言能力、文化品格、思维品质和学习能力四个维度的英语学科核心素养，体现整合性。

以情境任务式的驱动实践，加以适当的引导，学生在活动中发现、分析、解决问题，充分体现自主性和实践性。

【案例二】新春佳节元宵夜 最美福中一家亲

一、活动背景

为了让学生了解元宵节的主要风俗习惯，体验传统节日的魅力，把握学校进行传统文化教育的契机，学校德育处、团委组织举行庆元宵活动，各班班主任精心准备，联合家长，调动学生在班上开展班级特色庆祝活动，让家长走进学校，让科任走进班级，拉近亲子距离，密切家校合作，希望给孩子们带来一个难忘的元宵佳节。与此同时，本次活动还邀请重要嘉宾——学校的外教。通过邀请外教参与中国传统活动，锻炼学生用英语讲述中国传统文化，激发学生的民族自信，培养学生的核心素养。

二、学情分析

本次活动参与的学生来自初一和初二。两个年级的学生均有一定的英语表达基础，对基本的日常沟通障碍较小。但是本次活动的主题是"庆元宵"，并且要将元宵节的传统用英语介绍，涉及较多的难词和生词。

另外，七年级学生热情好学。在老师的帮助下，能够将查阅的信息简单用英语撰写出来。能够有基本的听说技巧，有助于实践活动的开展。

三、活动目标

通过联合家长，调动学生将班级布置得富有元宵节特色，拉近亲子距离，密切家校合作。

通过猜灯谜、手写对联及吃元宵等活动，让学生亲身体验传统元宵节的特色和底蕴。

通过邀请外教参与元宵节活动，给外教介绍元宵节的寓意以及各项活动的美好含义，激发学生的民族自信，提高学生用英语讲好中国文化的能力，全面培养学生的英语核心素养。

四、活动准备

活动地点：福永中学。

活动时间：两周。

活动方式：组建行动队，开展队建活动。

每个小队5人，自行组队，并按以下表格内容进行队建。

队名		队长	
队伍口号			
队伍规则			

五、活动过程

第一阶段：讨论与分工

1.将元宵节活动中的各个环节细分，各小组讨论确定本组负责的内容，定好任务有：布置教室，组织和介绍猜灯谜活动，组织和介绍对联活动，组织介绍做元宵活动，准备联欢表演。

2.各队员根据所见，结合自己小组的特长情况，以小队为单位，以思维导图的方式整理出每个人具体的小任务的分工表。

第二阶段：筹备及排练

1.将准备好的活动介绍在英语课上进行展示和预演，各小队分享本队的活动介绍，全班讨论并提出各组英语介绍存在的问题。英语老师也对此进行点评，各小组根据老师和同学们的点评进行修改。

2.各小组准备好本组所分到任务需要的流程及材料工具。班级布置组需要红灯笼及喜庆的墙画；猜灯谜组需要准备好小灯笼和灯谜条；对联组需要准备好对联及笔墨；联欢表演组需准备好表演道具等。

3.各小队将准备好的英语介绍和材料工具，顺着流程，各小组进行活动前简单的预演和排练。

第三阶段：新春佳节元宵夜 最美福中一家亲

1.邀请家长及外教，共同参与元宵活动。各个小组有序开展各小组负责的任务，引导家长和外教融入活动中去。

2.各小组成员分别用英语为同学们和外教们用英语介绍元宵节的由来、猜灯谜、写对联及做元宵的细节。

3.每个小队介绍完后，则全身心参与到元宵节活动中去，享受及体验传统的元宵佳节，感受中国传统文化的魅力。

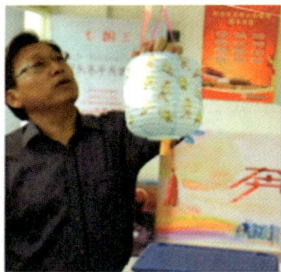

六、活动成果

有元宵佳节特色的教室布置。

与家长及外教共度元宵佳节的视频。

元宵节各项活动的英语介绍。

七、活动评价

队员根据下列表格进行队内自评、互评和他评。

活动自评表

环节	具体评估
小组讨论	①我主动发言，提出建议，带领队员讨论；②我参与讨论，说出想法；③我主要是认真聆听，做好笔记；④偶尔走神，不太感兴趣
表演话剧	①我主动排练，提出建议，带领队员讨论；②我参与排练，说出想法；③我主要是认真聆听，演好自己的角色；④偶尔走神，不太感兴趣
参观访问	①我主动体验，提出问题，带领队员体验；②我参与体验，说出想法；③我主要是认真观看；④偶尔走神，不太感兴趣
交流互动	①我主动发言，提出建议，带领队员讨论；②我参与讨论，说出想法；③我主要是认真聆听，做好笔记；④偶尔走神，不太感兴趣

活动互评表

环节	队员	具体表现	评分（10分）
小组讨论			
表演话剧			
参观访问			
交流互动			

活动他评

表现优异者	具体表现	加分（10分）

八、活动反思

中华传统节日体现了中华民族的价值观念、思维模式、伦理道德、行为规范、审美情趣。体现了中华民族以和为美的社会伦理思想，强调人与人之间的和谐、家庭的和谐、邻里和睦到社会和谐。中华民族对生活的无限热爱和对社会进步的渴望体现了中华民族朴实、热情、开朗、健康的品质特征体现了中华民族崇尚劳动、尊亲敬祖、敬老敬贤、慎终追远等传统伦理观念。

福永中学始终重视传统文化教育，通过组织活动纪念传统节日，感悟各节日的意义，使师生的精神生活得以充实，道德境界得以提升。周而复始，岁岁年年，福中大家庭会一年更比一年好，国家会永远繁荣昌盛，更加富强。

【案例三】我和外教游宝安过春节

一、活动背景

深圳市福永中学在培养学生核心素养理念的指导下，开展丰富多彩的课外活动。作为宝安区国际化教育示范校，为积极响应宝安区教育局关于开展"我和外教游宝安过春节"系列活动的号召，不断丰富学生英语学习实践，丰富外籍教师和学生的假期生活，学生通过用英语讲好本土文化的方式，以福永街道当地标志性景点为介绍内容，相约外教共同开展"我和外教过春节"的文化交流活动，进而培养学生语言能力、文化品格、思维品质和学习能力四个维度的英语学科核心素养。

二、学情分析

本次活动参与的学生来自初一和初二。两个年级的学生均有一定的英语表达基础，对基本的日常沟通障碍较小。但是由于介绍的景点涉及较多专业表达以及涉及文化和历史的表达，学生需要做大量的背景知识准备才可以给外教顺利介绍福永当地的传统著名景点。

另外，初中学生已掌握基本的调查研究能力。在老师的帮助下，能够将查阅的信息简单用英语撰写出来。能够有基本的听说技巧，有助于实践活动的开展。

三、活动目标

价值体认：通过团队合作探究，树立集体合作意识，增强关注弘扬本土文化的意识和责任感。

问题解决：通过网上查阅资料，采访了解醒狮及万福壁的前辈，将中文资料转化成简单的英语表达，向外教介绍福永街道的凤凰山、万福壁和怀德醒狮，用英语来讲好、呈现好本土文化。

创意物化：形成"我和外教游宝安过春节"的游览视频、公众号推送以及相关照片。

四、教学重难点

重点：根据网上资料查阅及相关前辈采访，给出丰富有意义的福永游览方案，并且将内容用英语向外教介绍。

难点：设计出具有福永本土特色的介绍方案；探索出最具本土特色的福永街道文化。

五、教学过程

（一）组建行动队，开展队建活动

每个小队5人，自行组队，并按以下表格内容进行队建。

队名		队长	
队伍口号			
队伍规则			

（二）上网调查及实地考察，确定具有福永本土文化特色的景点

1.引导学生发现福永街道具有本土文化特色的景点。

2.队员以小队为单位进行讨论交流，结合自己调查和了解的内容，用思维导图的方式整理体现福永本土文化特色的景点。

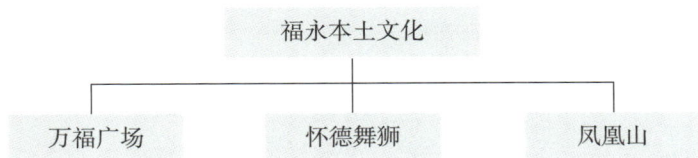

福永本土文化
├── 万福广场
├── 怀德舞狮
└── 凤凰山

3.各小队通过交流，结合现实情况，确定三个具有福永特色的景点：万福壁、怀德祠堂（醒狮）、凤凰山。

（三）资料整理及访谈调查，形成游览方案及英文介绍提纲

为介绍以上景点，开展网络资料搜索及实地访谈与相应景点有关的前辈。

将前期查阅和访谈所得资料与小组成员合作翻译成英语，与英语老师共同探讨，将其转化成更符合日常表达的英语。

了解景点所在位置，确定游览路线。与外教沟通，告知游览方案。

外教和学生许下了岁岁常欢愉，万事皆如意的美好愿望
May peace and prosperity be with you throughout the new year

（四）与外教前往景点实地游览，学校组织拍摄

拍摄场景1：学校门口。

人员：拍摄师生、拍摄团队。

道具：无。

内容：门口偶遇。

注意：提前完成拍摄人员的化妆，和师生强调拍摄注意事项。

拍摄场景2：万福广场。

人员：拍摄师生、拍摄团队。

道具：书法道具、桌子。

内容：拍摄外景、万福广场写"福"字。

注意：提前联系街道宣传部做好场地报备，联系义工联义工准备好桌子并协助维持现场秩序，提前提醒宇峰老师提前带好活动所需道具（笔墨纸砚）。

拍摄场景3：凤凰山。

人员：拍摄师生、拍摄团队。

道具：许愿牌。

内容：拍摄外景，俯瞰福永全貌，带外教许愿。

注意：提前联系区城管局做好场地报备，拍摄过程中不能出现违反意识形态和主旋律的镜头。

拍摄场景4：怀德祠堂。

人员：拍摄师生、拍摄团队、怀德醒狮团。

道具：醒狮团提供场地和道具（锣鼓镲等）。

内容：带外教领略南狮文化。

注意：提前整理拍摄地卫生和物品摆放，进行环境保洁，避免拍入杂物。

六、课后延伸

小组成员整理、剪辑当天拍摄的视频和照片，制作"我和外教游宝安过春节"的宣传视频。

将视频、照片与文字相结合，制作带有中英文双语介绍的公众号推送文章，宣传本次活动，让更多的学生和家长了解用英语讲好本土文化的意义。

七、活动成果

（一）"我和外教游宝安过春节"英语介绍

场景一：福中门口偶遇

对话：

Lukas&Juan：…（Discussing）

Yang：Good morning!

Huang：Hi, teachers!

Teachers：Hello.

Wuang：What are you doing?

Lukas：We are talking about the Spring Festival.

Andrew：What do you usually do during the Spring Festival?

Juan：We want to experience some local customs.

Wei：Maybe we can be your guides today, would you like to enjoy a one-day trip around Fuyong?

Teachers：Sure!

Wuang：Let's go!

场景二：万福广场

Lying in Fuyong Sub-district, Wanfu Square was built in 1999. Wanfu Square is divided into 3 parts. In 2011, a hip hop show was performed here by the local workers and it was then shown in CCTV Spring Festival gala evening.

The huge pillar in the center of Wanfu square is Jiulong Pillar, which means "nine dragon" and there are nine dragons on its body. Usually at night, there are beautiful music fountains.

Wanfu wall stands in the central square of Fuyong town. With Wanfu wall being included as "the top of Guinness in the world", it has gradually become a major scenic spot in Shenzhen, and attracts many tourists. People touch the different characters of "fu" on the wall in order to make wishes

As an element of traditional Chinese culture, the character "Fu" has a history of thousands of years. It represents the Chinese people's pursuit and wish for good wishes. "Wanfu wall" combines the word "Fu" with the Chinese long wall on which people have lived for thousands of years, reflecting the high unity of traditional art and Chinese custom.

场景三：怀德醒狮训练基地

Huaide Ancestral Temple is a temple for families with a surname of Pan around Huaide Village. It was first built in 1308 and rebuilt in 1992. The basic function of the ancestral temple is to offer sacrifices to the ancestors.

The tall hall, exquisite (pretty) carving and superior (wonderful) materials have become a symbol of the family's glory. In Guangdong, where traditional culture is more valued, there are many ancestral temples that can be kept well.

Lion dance is an excellent folk art in China. Lion dance can be divided into North lion and south lion. South lion is also called Xingshi. People often put cinnabar on the lion's eyes to stand for giving life. The lion who has been highlighted will be lively at this time, symbolizing avoiding evil, good luck and prosperity of life or business!

Fuyong had a wide range of lion dance activities early in the Jiaqing period of the Qing Dynasty. In 2003, Fuyong street was named "the hometown of lion dance" by Guangdong government. In 2008, Fuyong Xingshi was listed in the provincial intangible cultural heritage list by Guangdong government. The Lion Dance Team in Fuyong is so famous that they were invited to perform in CCTV Spring Festival gala evening in 2019.

Lions are made of colored cloth strips. Each lion is usually performed by two people, one dancing head and one dancing tail. One of the outstanding features of Fuyong lion dance is that it uses piles, pillars and steel wires as props to stand for mountains and bridges. In the performance, actors are good at expressing the lion's happiness, anger, sadness and cheer by closing and opening the lion's eyes and mouth, which is also a feature of Fuyong lion dance.

Fenghuang mountain, also known as Shenzhen Fenghuangshan Forest Park, is located in Fenghuang village, Fuyong street. Fenghuang mountain is one of the most famous mountains in Bao'an, with three scenic spots. It is a good place for residents to play and relax, and also a gathering place of Chinese culture.

Fenghuang Academy, located on the hillside of Fenghuang mountain, is rebuilt from an ancient building with beautiful environment. Fenghuang Academy also has held no less than 50 lectures on Humanities and arts, serving different groups, scholars and so on. In the future, the Fenghuang Academy will develop into a national cultural landmark and learning center.

The God turtle pond is located in front of Fengyan ancient temple. The pond is big and square, representing the wishes of safety in Chinese traditional culture. There are three golden turtles in the pool. Local residents often put coins into the pool to wish their friends or relatives a long and healthy life. Therefore, it is also called wishing pool.

（二）"我和外教游宝安过春节"活动视频

"我和外教游宝安过春节"活动视频略。

八、活动评价

队员根据下列表格进行队内自评、互评和他评。

活动自评表

环节	具体评估
小组讨论	①我主动发言，提出建议，带领队员讨论；②我参与讨论，说出想法；③我主要是认真聆听，做好笔记；④偶尔走神，不太感兴趣
表演话剧	①我主动排练，提出建议，带领队员讨论；②我参与排练，说出想法；③我主要是认真聆听，演好自己的角色；④偶尔走神，不太感兴趣
参观访问	①我主动体验，提出问题，带领队员体验；②我参与体验，说出想法；③我主要是认真观看；④偶尔走神，不太感兴趣
交流互动	①我主动发言，提出建议，带领队员讨论；②我参与讨论，说出想法；③我主要是认真聆听，做好笔记；④偶尔走神，不太感兴趣

活动互评表

环节	队员	具体表现	评分（10分）
小组讨论			
表演话剧			
参观访问			
交流互动			

活动他评

表现优异者	具体表现	加分（10分）

九、教学反思

关注学生的生活，从生活中寻找实践的契机，为学生实践学习提供舞台，体现开放性。

该活动结束后，我们的视频和公众号，有助于扩大本次英语综合实践活动的影响力，吸引更多的学生勇于用英语表达中华文化，体现延续性。

各项设计任务，融合培养学生语言能力、文化品格、思维品质和学习能力四个维度的英语学科核心素养，体现整合性。

以情境任务式的驱动实践，加以适当的引导，学生在活动中发现、分析、解决问题，充分体现自主性和实践性。

参考文献

[1] 杨易，胡晓晶 . 研学旅行背景下我国中小学生跨文化交际能力提升的路径探究 [J]. 吉林省教育学院学报，2021（01）.

[2] 魏晓玲，靳博清 . 学科核心素养指导下的高中英语综合实践活动课建设 [J]. 亚太教育，2019（07）：166-167.

[3] 平怀林 . 立足本土·放眼世界：一所普通中学的教育国际化之路 [J]. 中小学管理，2018（01）：43-45.

[4] 徐永军 . 初中英语综合实践活动课的建构与实施 [J]. 基础教育，2013（08）：75-80.

[5] 杨素珍 .PBL 模式在二语教学中的运用及其问题研究：以《英语国家国情》教学为例 [J].

[6] 云南师范大学学报（对外汉语教学与研究版），2020（09）：41-47.

[7] 程晓堂 . 英语学科核心素养及其测评 [J]. 中国考试，2016（5）：8.

[8] 陈时见，文可义 . 综合实践活动（教师用书)[M]. 南宁：广西科技出版社，2011.

第四章
中学英语特色教学艺术

第一节　新沉浸式英语教学模式

一、沉浸式语言教学的概念与理论基础

沉浸式语言教学又称"浸泡式语言教学""浸入式教学"，是指以非母语的第二语言作为直接教学语言的基本教学模式。即学生在学校的全部或部分时间内，被完全"浸泡"在第二语言环境中，教师面对学生不仅用第二语言教授第二语言，而且用第二语言讲授部分学科课程。也就是说，"第二语言不仅是学习的内容，还是学习的工具。浸入式教学使传统的、孤立的外语教学向外语与学科知识教学相结合的方向转变。"

沉浸式教学法开始于20世纪60年代加拿大特有的多元文化背景下，经过多年实践已经结出了丰硕的成果，为第二语言习得提供了宝贵的经验，并成为极具创新意识和特色的外语教学形式之一，被称为"第二语言学习和教学发展的一次革命"。随着沉浸式教学在加拿大的成功展开，越来越多的学生拥有不同的语言背景，这也意味着他们更具竞争力，因此世界许多国家也结合本国实际对浸入式教学模式进行了改良，出现了许多不同的模式。

沉浸式教学法具备两个显著特点。第一，绝大多数的教学时间都直接用第二语言上课；第二，不仅通过语言课学习第二语言，还要通过第二语言来学习其他学科内容。这种教学模式以互动式交际为主要教学形式，课堂气氛轻松活泼，能充分调动学生积极参与的欲望，让学生在逼真的英语环境中耳

濡目染，并养成英语的思维习惯，突破心理障碍，能随口说出流利的英语。

实行沉浸式双语教育的重要理论依据在于克拉申关于语言习得和学得的划分，以及语言输入假设。

语言习得类似于儿童母语发展的过程，是无意识的、自然而然发生的，而语言学得则受意识控制，通常是在学校的正规教学中通过听教师讲解语言现象和语法规则并辅之以有意识的练习、记忆和不断地由别人或自己纠错等，达到对所学语言的了解和语法知识的掌握。浸入式教学模式强调语言的习得，希望儿童"浸泡"在第二语言环境中，耳濡目染，自然地学习语言。

输入假设认为人们习得某种语言的条件是理解高于自己能力的语言输入，主要指听和读的输入，而这种理解依靠上下文语境。克拉申认为学习者习得语言主要是因为理解了听和读的内容而非注重语言的形式。理想的输入应具备四个特点：可理解性、既有趣又有关联、非语法程序安排和足够的输入量。克拉申认为，最佳情感条件是指学习者有强烈的学习动机，充满信心，心情愉悦无任何心理负担和外在压力，语言的习得关键是有足够的、可理解性的输入。因此，浸入式教学模式强调不按语法程序安排教学，先学什么词汇，先接触什么句型，主要是根据学科知识内容，或以主题为单位的综合课程的活动内容来确定。

简言之，浸入式教学模式主张将儿童"浸泡"在第二语言环境中，以其大量的语言输入、生动有趣的语言活动、宽松的语言环境，为儿童创设习得外语的条件，使儿童在轻松愉悦的氛围中感受外语和运用外语，逐渐从朦胧走向清晰，从困惑转向理解。沉浸式教学模式和传统教学模式的最大区别在于，它不是把外语教学当作一门学科去孤立地学习，而是采取类似母语的习得方式，把学习语言和认知活动相联系，使学习的过程直观化、形象化、情境化、活动化，增强外语的趣味性、可接受性和可理解性，最终获得最佳的语言习得效果。

二、沉浸式语言教学的现实基础

2014年3月，教育部发布了《关于全面深化课程改革落实立德树人根本任务的意见》，提出了"核心素养"这一种重要概念。在中国，学生核心素养的培养主要通过基本教育阶段各学科的教育教学来实践，各学科的课程都要为发展学生的核心素养服务，都要结合学科内容帮助学生形成关键能力和必备品格，由此衍生出各学科核心素养。

初中英语作为基础教育阶段的必修课程，也在与时俱进。目前我国英语课程改革逐步深入，当前的教育也越来越注重学生综合能力的培养。经过修订并颁布的最新发布的《普通高中英语课程标准（2017年版）》（以下简称《课标》），将英语课程目标由原来的"综合语言运用能力"转向了"英语学科核心素养"，它包括四个方面：语言能力、学习能力、文化品格和思维品质。语言能力是基础，涵盖了《课标》"语言知识"和"语言技能"；学习能力是核心素养的发展条件，拓展了《课标》"学习策略"的表述；文化品格是学生的跨文化认知、态度和行为取向，是《课标》"文化意识"部分的补充和完善；思维品质是核心素养的心智特征，是《课标》"情感态度"的拓展与升华。核心素养四要素相互渗透，融合互动，协调发展，整合了知识、能力与情感态度。要切实促进学生英语学科核心素养的发展，培育具有爱国情怀、国际视野和跨文化沟通能力的社会主义建设者和接班人。

近年来，福永中学在培养学生核心素养理念的指导下，同时为顺应教育国际化发展趋势和深圳市建设国际化城市的现实需要，开展沉浸式外语教学，帮助学生提高核心素养。为此，学校不断完善英语校本课程内容，为学生营造纯正的英语学习环境。同时，学校引进了15名来自美国、英国、加拿大等专职优秀外籍教师，启动全校英文口语活动课教学并开设全小班、沉浸式英语教学实验班（又称"国际班"）。沉浸式英语课堂教学模式通过创设人文环境、模拟活动情境、营造英语氛围等形式，树立学生对语言的正确认识，降低学生的学习压力，让学生在课堂中全方位、全时间段尽可能地"浸泡"在英语学习中，从而形成目标语言的思维习惯，达到灵活运用英语的目的。福永中学用其实际办学实例构建了沉浸式英语教学法在初中英语学科教学中的模式图，形成了具有福永中学特色的英语学科核心素养培养体系。

三、福永中学沉浸式英语教学模式

福永中学用其实际办学实例构建了沉浸式英语教学法在初中英语学科教

学中的模式图，形成了具有福永中学特色的英语学科核心素养培养体系。该模式包括三个大方面：构建多元化素养课程、打造国际化教师队伍、开展特色化学生活动。

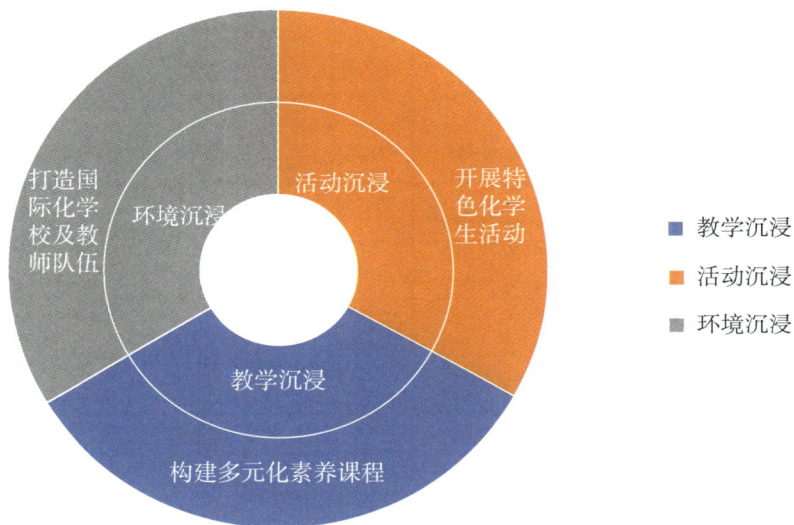

图1　福永中学沉浸式英语教学模式图

（一）构建多元化素养课程

福永中学的多元化素养课程，包括了常规英语课，外语第二课堂和海外研学课程。

1.常规英语课：外教沉浸式英语小班化教学

沉浸式英语课堂教学模式通过创设人文环境、模拟活动情境、营造英语氛围等形式，树立学生对语言的正确认识，降低学生的学习压力，让学生在课堂中全方位、全时间段尽可能地"浸泡"在英语学习中，从而形成目标语言的思维习惯，达到灵活运用英语的目的。

表1 外教课表

Day\Class	Monday	Tuesday	Wednesday	Thursday	Friday
Fuyong Middle School 2016-2017 Second Semester Schedule					
1 (8:00-8:45)	7（14）Mark/Theresa	7（13）Dave/Jeanette		7（13）Dave/Jeanette	7（13）Dave/Jeanette
2 (8:55-9:40)	7（15）Dave/Jeanette	7（14）Mark/Theresa	7（13）Dave/Jeanette		7（15）Dave/Jeanette
3 (10:10-10:55)	8（2）Dave/Mark/Theresa	8（2）Dave/Mark/Theresa		8（2）Dave/Mark/Theresa	8（14）Jeanette/Mark/Theresa
4 (11:05-11:50)	8（14）Jeanette/Mark/Theresa	8（14）Jeanette/Mark/Theresa	7（14）Mark/Theresa	7（14）Mark/Theresa	7（14）Mark/Theresa
5 (2:10-2:55)			7（15）Dave/Jeanette	7（15）Dave/Jeanette	
6 (3:05-3:50)			8（2）Dave/Mark/Theresa		
7 (4:05-4:50)	7（13）Dave/Jeanette	7（15）Dave/Jeanette	8（14）Jeanette/Mark/Theresa		
8 (5:00-5:40)		English Club Mark		English Club Theresa	

Day\Time	Monday	Tuesday	Wednesday	Thursday	Friday
Fuyong Middle School 2017-2018 Semester 2 Grade 8 & 9 International Classes					
8:00-8:45 (1)		Int. Class 2 Grade 8 Nancy/Andrew/Alex	Int. Class 2 Grade 8 Nancy/Andrew/Alex		Int. Class 2 Grade 9 Nancy/Andrew/Alex
8:55-9:40 (2)	Int. Class 3 Grade 8 Nancy/Andrew/Alex	Int. Class 1 Grade 8 Nancy/AndrewAlex			Int. Class 1 Grade 9 Nancy/Andrew/Alex
10:10-10:55 (3)		Int. Class 3 Grade 8 Nancy/Andrew/Alex	Int. Class 1 Grade 8 Nancy/Andrew/Alex		
11:05-11:50 (4)			Int. Class 3 Grade 8 Nancy/Andrew/Alex	Int. Class 2 Grade 9 Nancy/Andrew/Alex	
2:00-2:45 (5)	Int. Class 1 Grade 9 Nancy/Andrew/Alex			Int. Class 2 Grade 8 Nancy/Andrew/Alex	Int. Class 1 Grade 8 Nancy/Andrew/Alex
2:55-3:40 (6)	Int. Class 2 Grade 8 Nancy/Andrew/Alex				
3:55-4:40 (7)	Int. Class 1 Grade 8 Nancy/Andrew/Alex			Int. Class 3 Grade 8 Nancy/Andrew/Alex	

Nancy: in Language Room 4; Andrew: Language Room 3; Alex:every class's homeroom

Time \ Day	Monday	Tuesday	Wednesday	Thursday	Friday
			Fuyong Middle School 2018-2019 Semester 1		
			Grade 9 International Classes (Alex, Andrew, Nancy)		
7:50—8:35(1)					
8:45—09:30(2)			International 2		
10:00—10:45(3)		International 3			
10:55—11:40(4)	International 2			International 3	International 1
2:10—2:55(5)	International 1				
3:05—3:50(6)					
4:05—4:50(7)					
			Clubs 5:00—5:40		

　　从表1三位外教的课表可以看出，国际班在初一和初二安排了每周3至4节的外教课。以"沉浸式"英语有效教学模式为中心的英语课程结构，开展沉浸式阅读课、沉浸式口语交际课、沉浸式活动课（含开放式）、沉浸式听力训练课、沉浸式读写练习课等，全面提高英语教学质量。初三出于中考的需要，每周安排两节外教课。

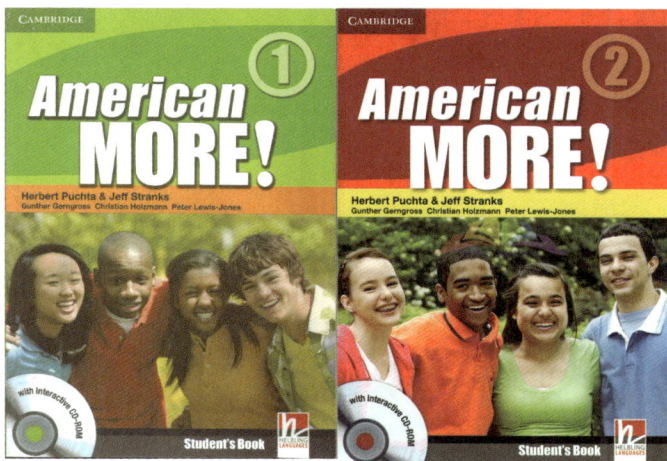

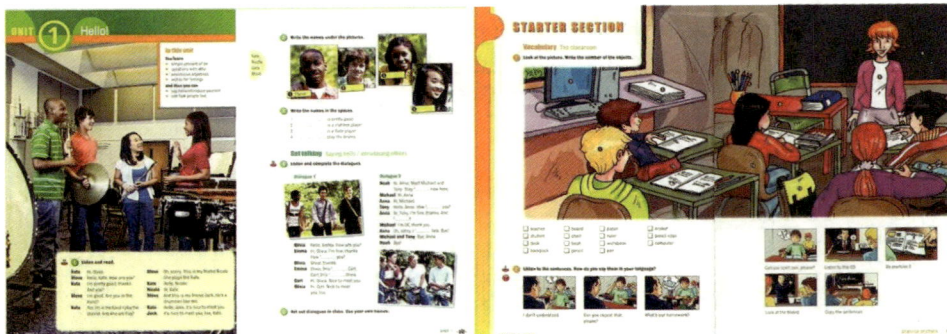

图2 外教所用的辅助教材

从图2可知，外教使用辅助教材AmericanMore，1和2分别对应初一和初二年级。教材包含丰富的阅读、文化、语法、单词、听说读写综合技能以及多学科学习的内容。教材的各个教学环节有着鲜明的逻辑结构，层层递进的螺旋式教学方式，整体提升学生的综合语言技能。在初三，外教根据考试模式自行设计适合学生复习的活动。

图3 外教上课的风采

从图3可知，外教们善于在英语学习活动中开展学生小组合作学习活动，通过转变学生的学习方式，帮助学生掌握学科的知识点和知识体系，发展学生综合运用英语的能力，引导学生主动求知、学会学习、学会发现、学会创新。希望通过小组合作，培养学生英语口语表达能力，突出学生的主体地位，激发学生的英语学习潜能。

图4 外教的集体备课

如图4所示，外教每周会进行一次集体备课，反思上一周教学问题，计划下一周教学内容和活动。

2.外语第二课堂

在第二课堂方面，学校开设由外教承担的橄榄球俱乐部、足球俱乐部、滑板俱乐部等丰富多彩的社团，让学生在全英语的课堂中提升英语学科核心素养。还可以通过语文、英语、历史、地理等学科教学活动，渗透世界多元文化。

图5 英语阅读社

如图5所示，课后阅读选用了黑布林英语阶梯阅读，阅读材料图文并茂，内容有趣，有利于培养学生的阅读兴趣和习惯。

图6　滑板社

外教执教的滑板社，让学生体验滑板乐趣的同时习得英语。

图7　国际象棋社

在国际象棋课上，学生与外教Johnathan博弈。

图8　橄榄球社

橄榄球校队在结束了一场球赛后，在操场合影。

图9　话剧课

在英语话剧课上，外教Daniel指导学生练习表演动作和讨论剧本。

图10　写作社

在第二课堂写作课上，外教Terry教授英语写作时态。

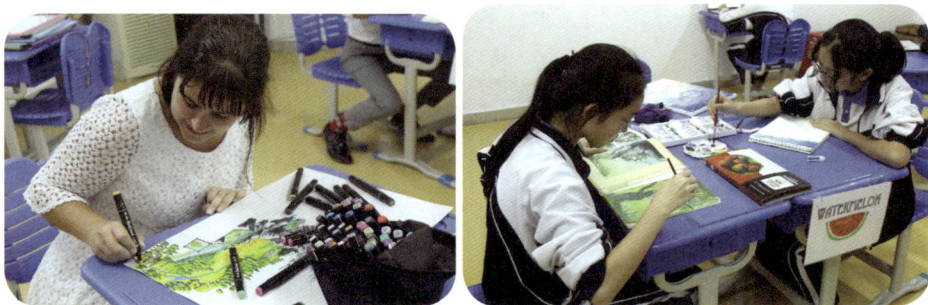

图11　卡通绘画社

在卡通绘画课上，学生在外教Nancy的指导下进行绘画练习。

图12　足球社

西班牙足球外教Juan向学生讲解足球技巧。

图13　飞碟社

学生在外教的指导下进行飞碟练习。

图14　STEAM社团

外教Andrew带着学生做不同的纸飞机，探索纸飞机原理。

3.海外研学课程

　　每年的寒假伊始，福永中学吹响海外游学冬令营的号角。从2016年以来，已经派出6批师生赴加拿大、美国、英国等主要英语国家，开启为期约20天的异国游学之旅。如图15所示。

图15　2016—2019年海外研学合照

　　在加拿大的游学活动主要在加拿大列治文和温哥华地区开展。白天，同学们分成学习小组到当地学校和加国学生一起学习，在纯英语教学的环境中，进一步感受加国课堂气氛。加拿大教室里里外外都贴满了学生的作品，桌子都是五六张桌子合在一起分小组进行摆放，学生学习氛围热烈，大家互帮互助，团结合作，共同完成学习任务。同学们收获的不仅仅是知识，更是思维观念的转变，以及乐观自觉、相互尊重、相互包容的人生态度，也提升了团结合作能力、沟通交流能力和社会责任感。如图16所示。

图16　在加拿大的课上学习活动

　　每天晚上，同学们分组入住到加拿大寄宿家庭，与寄宿家庭"父母"共同生活，深度体验加拿大当地家庭的生活习惯和民俗文化。他们亲自品味了寄宿家庭父母亲手做的当地美食。在离别之际，有些寄宿家庭的父母还带同学们出去看电影、吃大餐，陪伴同学们购买回国赠送亲友的礼物。在与加拿大家庭成员的相互了解和沟通中，同学们不但互相交流了文化、增进了感情，英语表达也规范很多。

　　周末，师生们共同游历加拿大名胜古迹、当地著名的文化景点和大学如哥伦比亚大学。在领略异国美好风光的同时，学以致用，知行合一，同学们不仅开阔了视野，更学会了独立、增强了自信。如图17所示。

图17 海外参观活动

福永中学的老师也当起了"学生"，学习加国先进的教育理念。老师们认真听取加拿大著名教育专家、列治文市前教育总监Bruce教授从宏观上对加拿大的教育体制、教育理念和价值观的论述，认识加拿大的教育价值与目标：包括提供授课、提供指导、发展关系和开发能力四大不可分割的组成部分。加拿大在学生个人素养方面，与国内截然不同。他们没有单独开设专门的思想品德课，而是将树立正确的人生态度、具备批判性思维和创造性思维能力、学会团队合作的能力和沟通交流的能力、相互尊重和培养社会责任感这些要素贯穿于学校教育教学各环节的始终。这也给了我们福永中学沉浸式英语教学模式一定的启发。如图18所示。

图18 福永中学教师学习加拿大优秀办学理念

福中师生好学的热情、严明的纪律、开放的思维、包容的态度深受加拿大师生们好评，给加国人民留下来深刻的印象。而同学们也通过冬令营活动，培养独立能力、沟通交流能力和互帮互助的意识，学会了互相尊重和感恩身边的人。

（二）打造国际化环境与教师队伍

为进一步让教育国际化的理念深入人心，学校从建设校园环境到打造师资队伍，多措并举让学生沉浸在国际化的环境中，从而拓展国际视野。

图19　外语小教室的布置

图19可看出，外语小教室的墙壁贴满了学生的习作，英语学习技巧，上课规范，英美文化展示等等，配以色彩缤纷的图案，彩纸，营造出英语学习的氛围，成了学生张扬个性，表现自我的舞台。

为了打造一支国际化优质教师队伍，福永中学结合"请进来"和"走出去"的教师培训方针，构建教师"自培"体系，让教师不断地往专业型、研究型发展。

1. "请进来"和"走出去"相结合的教师培训

"请进来"，我们虚心向学。2016年7月25日，Daphne教授到校对师生讲授回顾"脚手架"教学法，重点讲授了如何通过示范、引导、独立、应用四个环节来逐步释放责任感给学生；Greg教授风趣幽默讲授了如何设立评价学生标准的做法。

2017年12月3日，加拿大BC省列治文学区副总监LynnArcher和教育局局长RichardHudson来我校进行教育友好访问，笔者对两位来宾的来访表示欢迎，并向他们介绍了学校的办学历史、教学模式、师生活动、建筑设施等基本情况。笔者近两年来选派数百名师生赴加进行游学培训，希望今后能继续加强中加交流与合作，促进两地文化教育领域共同发展。如图20所示。

图20　加拿大列治文市教育局相关人士回访我校

　　身为福中教育智库成员之一，广东外语外贸大学柯晓玲博士等专家在福永中学进行调研指导已成为惯例。在一次交流中，意外发现其观点与笔者的"学科中发展学生核心素养"相契合，故柯博士开展了一期关于"核心素养"的专题指导，结合最新课标，解读英语学科核心素养的内涵指标、智慧学校环境创设、课堂活动的认知行为等问题。为了进一步推动我校课程与教学改革，加强教学实践探索，形成我校的课程特色，五月底，笔者特邀请广东外语外贸大学柯晓玲教授、张丽冰教授和吕琳琼教授入校做英语教学及研究指导，共同探讨课堂教学改革与课程体系建设。如图21所示。

图21　广东外语外贸大学教授指导

"走出去"，我们意气风发。为了进一步提升我校青年教师的教育理论和实践水平，学校组织青年教师前往国际化人才培养的广东外语外贸大学，开展为期4天的、第三阶段的暑期培训。本次培训邀请了广东外语外贸大学英语教育学院的院长、书记、教授等专家进行专业的讲座，使学员提高对中学课程、教学理论与方法的认识，形成自我反思、自我发展的能力和学习能力，提高专业能力。董金伟院长讲到教师间相互合作已经成为促进教师发展的最有效形式之一。一方面教师平时要努力工作，勤于科研，为自身创造良好的竞争条件。另一方面，教师本人还要多一些大度宽容谦虚的君子之风。肖建芳教授从国际视野的新高度出发，提出了新概念"深度教学"以及当下最热的话题"核心素养"，让青年教师们在轻松的学习过程中有了不一样的教育认知，更好地体会教师这个职业的责任感。

在加拿大参加冬令营的19位老师参与"基于国际化教育的教师专业发展项目"，聆听加拿大著名教育专家们关于教育和教学的先进理念。培训课上，首先，加拿大著名教育专家、列治文市前教育总监Bruce教授从宏观上对加拿大的教育体制、教育理念和价值观进行了论述，我们认识到加拿大的教育价值与目标，是包括提供授课、提供指导、发展关系和开发能力四大不可分割的组成部分的。同时，在学生个人素养的培养方面，也与我们截然不同，加拿大没有单独开设专门的思想品德课，而是将树立正确的人生态度、具备批判性思维和创造性思维能力、学会团队合作的能力和沟通交流的能力，相互尊重和培养社会责任感这些要素贯穿于学校教育教学各环节的始终。加拿大教育专家Daphne教授从微观上对加拿大的课堂教学，尤其是混班制和小组教学做了详细的阐述，并对小组教学进行了案例分析和现场示范，让我们同行的老师们都茅塞顿开，跃跃欲试地想要将学到的教学方法运用到实际的教学中。整个培训下来，老师们深刻地体会到了在课堂上互相尊重和激发学生内在驱动力的重要性，认识到每个孩子都很重要，对每个孩子都应该尊重，对每个孩子学习兴趣的培养都应该重视。

课上，教授们不拘泥于传统课堂形式，设置了抽签分组、小组讨论及上台展示等活动，既增进了教师之间的了解，又将丰富知识贯穿其中。经过一周的学习，教师们对加拿大教育的教育目标、价值理念、校园文化等有了进一步了解。老师们学习了加拿大先进的教育理念，领悟了加拿大教育培养孩子所具备的核心素养：尊重、包容、合作等等。如图22所示。

图22　教师们在加拿大积极参与课堂

2.教师自培体系，中外教师交流

为进一步打造学校青年教师，笔者成立了工作室，并带领工作室开展了"在英语学科教学中如何培育学生核心素养"研讨系列活动。笔者认为英语老师需要改变思想、改变课堂教学模式、改变教学方式。老师要有创新思想，不能再干讲知识，满堂灌的填鸭式教学，学生的学习也要从被动变为主动。教学需从三个方面来改变，即改变老师、改变课堂、改变作业。教师要改变传统重知识轻能力的思想，在备课和上课方面多谋创新，创设更多真实交际的情境；课堂要多实施情境式教学和任务型教学，培养学生的合作能力；课后作业要多样化，如看电影、听歌曲、读名著、"撩"外教等，让学生对英语学科的兴趣更加浓，更会学以致用。在英语教学中要注意做到以学生为本，采取情境式教学、沉浸式教学、交互式教学，利用好学校现在慢慢发展的智慧校园模式，不断促进学生的综合发展水平。英语老师要从过于注重语言知识点的学习过渡到情境式教学；要组织更多的活动来增强这门学科的趣味性；要善于利用多媒体工具增加学生的输入；要多鼓励学生来增强他们的自信心。关于"英语学科核心素养"的内容维度主要汇聚在文化学习、自我发展和社会参与三大领域相关的素养方面。文化学习是适应未来社会的根本动力,自我发展是实现自我与推动社会健全发展的重要基础,社会参与则是个体实现自我价值与推动社会发展的根本保障。笔者对各个小组的探讨结果表示肯定，发展学生核心素养的建构可以整合这三个领域素养，有效地实现个人发展、社会发展与国家发展相统一的目标。

笔者重视中外教师之间的教学交流，在科组会上，大家集体备课，相互交流，带外教融入中国的教学环境，同时我们也从外教身上学习到国外先进的语言教学理念和方法。为促进学生全面发展和教师专业化成长，促进教与学方式转变，提高课堂学习效率，本学期学校开展了"生态高效课堂"系列教研活动。在一节英语课中，中国英语老师和外教一同为同学们授课。两位教师合理分工，循序渐进，不仅提升了课堂老师方面的效率，同时也提升了整节课的效率。本堂课不只是听力上的操练，还把国外常使用的活动类型："role-play"（角色扮演），连环画看图说话，以小组合作的形式，让学生全身心动起来，积极上台表演，真正实现课堂以学生为主体，化传统的学生被动接受到主动学习。如图23所示。

图23　双师课堂

（三）开展特色化学生活动

美国教育家杜威说："学校应当把单纯的以知识为中心的教育转移到儿童的活动上来。"正所谓，读万卷书，还需行万里路。活动无疑在教育中起到春风化雨，润物无声的作用。从校内的跨文化特色的学生活动，到与港澳姊妹学校的交流活动，再到海外游学，福永中学的学生活动独具特色，充满国际范。

1.校内跨文化特色的学生活动

为了给学生创造更多沉浸式的英语学习环境，学校这几年举办了各种国际化主题活动，英语电影配音比赛不仅为学生提供了一个学习英语、展示自己的平台，同时还能让学生们在不同的电影中体会英语语言的美感，充分展现英语学习的工具性与人文性。选手们在外教的辅导下，语音标准，语调生动，情感丰富，充分展现了外语特色教学的优势。英语话剧比赛和英语讲故事比赛更是展现了学生精湛的演技、流利的英语口语和开拓创新的精神，营造了校园英语学习氛围，激发了学生学习英语的兴趣，拓宽了学生英语课外知识面和提高了学生的组织应用能力。

此外，为了让学生了解节日的风俗习惯，体验传统节日的魅力，学校组织学生邀请外教一起共度中国传统元宵节和中秋节，同时还组织学生和外教一起庆祝西方的圣诞节和万圣节，让学生不仅学会用英语讲好中国故事，又能体会英语国家的风俗习惯。同时，学校还组织外籍教师走进众多社团课堂，面对面给学生开展全方位英语情景教学，这些多彩社团课堂不仅是帮助学生树立阳光心态、锻炼合作能力、提高综合素养的有效途径，更是增进学生国际理解并成为世界小公民的多样舞台。如图24所示。

图24 学生校内跨文化交流活动

2.港澳姊妹学校交流活动

2016年10月，我校与香港佛教沈香林纪念中学缔结为姊妹学校，为加强两校之间的教育交流与合作，香港佛教沈香林纪念中学65名师生于2017年6月到访我校，与我校师生开展了丰富多彩的交流活动。活动中，两校代表学生分组交流，相互认识后互诉了友好问候和美好祝愿，同时还在体育馆进行了团队友谊赛，包括"指压板有轨电车"和"大河之舞"两个项目，最后两校师生互赠礼物、合影留念，让两校友谊之花尽情绽放。2019年3月，应香港佛教沈香林纪念中学，我校师生赴港参加了沈香林纪念中学STEAM日活动，此次科技活动中，两地学生共同学习如何使用ipad进行编写程序，并根据所学内容调试机械车运动，富有创造性和挑战性的比赛让我校学生深刻体会到了STEAM教育的魅力。如图25所示。

图25 与香港佛教沈香林纪念中学交流活动

2019年4月，我校与香港另一所姊妹学校香港浸会大学附属王锦辉中学共同参与"2019年粤港澳姊妹学校中华经典美文诵读比赛"，两校编排的《年少侠客梦》荣获此次大赛唯一一个特等奖和最佳创意奖。节目以金庸武侠小说中的经典诗文为题材，通过两校学生精彩的朗诵，幻化成中华少年心中永不褪色的侠客梦，也加深了两校之间的友谊。如图26所示。

图26　与香港浸会大学附属王锦辉中学文艺汇演

3.海外游学活动

笔者提倡学生们跨出国门，亲身体验异国风情，逐渐树立全球视野。2016年暑假，146名学生和16名老师前往加拿大、美国进行了近一个月的夏令营游学活动。游学期间，学生们住进当地家庭，感受本土文化，踏入异国课堂，聆听原味课程；参与校外活动，大胆英语交流；游览著名景观，丰富知识储备。2017年寒假，学校中加冬令营如火如荼地开展着，当万家团圆过春节时，我校中加冬令营的167名学生与寄宿家庭的亲友们一起写春联、绘年画、赠礼物。2017年暑假，我校组织学生进行了为期16天的英国学习之旅，学生们在巴纳德城堡学校及罗素学校学习与生活，深刻体味异国风情。2018年寒假，我校103名师生前往加拿大开启异国游学之旅，此次加拿大冬令营研学中，学生不仅学到了语言和知识，更是收获了在多元文化中的生活和学习的体验，以及在此过程中不断提升的公民素养。图27所示。

图27　海外研学

丰富多彩的特色活动潜移默化地影响着学生，并逐渐形成乐观自信、团结合作、乐于助人、尊重包容等个性品质，培养了学生的语言能力、学习能力、文化品格和思维品质的核心素养。

四、沉浸式英语课堂设计案例

Reader's theatre – Four fairy tales

Teacher：Jonathan Hale	Co Teachers：Andrew Battaini

Level：Grade 8　　Date：　May 19, 2020		Time & Duration：　45 min

Objectives：Students will get a lot of practice with vocabulary from units 1–8 and their speaking by performing in short plays.

Anticipated problems：Getting the students to be quiet and listen while the other groups are performing is always difficult. I'm going to be recording the performances so hopefully they will behave.

Materials：
Week 13 Lesson B – Fairy Tales Reader's Theatre.ppt
Four scripts：The princess and the pea, The Frog Prince, Rapunzel, and Hansel and Gretel.
Some props/pictures of characters in play（optional for them to use）

Reader's theatre – Four fairy tales		
Timing, Stage & Grouping	**Procedure**	**Materials**
1. T – Class 2 minutes	**Warmup：** T tells students that we will be acting today and goes over the three tips to acting well on slide 2.	Ppt Slides 1–21
4 minutes	T reviews some of the words that will be used in the plays quickly. The idea is just to give them an idea of what's going on in the stories later, not to work intensively on memorizing these words.	
4 minutes	T Shows some slides of the fairy tales and elicits any words they know or if they know what happens in the story. If they don't, try to get them to come up with ideas（why is she in the tower, etc）. This is just to try and warm them up/get them interested and in case they don't know the stories at all. NOTE： In our play, the frog becomes a prince when it is thrown against the wall, not kissed.	
2. 20 minutes	**Practice：** T assigns one script to each group. Ss pick a role and practice saying their lines together. T circles the classroom and helps with pronunciation. T hands out props（please remind them not to write on their plays or destroy the props as they will be re-used ） and encourages them to move around and practice where they will go and what they will do during the performance.	Scripts Paper props and cut-out characters.
3. Groups – Class 15 minutes（or until end of class）	**Produce/Perform：** Students perform their plays for the rest of the class. Time permitting, T can review some of the words or pronunciation between the plays.	Scripts Ppt slides 22–40 Paper props and cut-out characters.

这是外教设计的一堂话剧表演课，课堂摒弃传统教学中灌输和被动记忆的方法，而从学生的兴趣入手，以活动为主，开展了内容丰富多彩、形式生动活泼的活动，让学生在活动中学习和发展。这堂课由于英语作为教学语言始终贯穿于整个活动中，使得儿童接触英语的机会大大增多，迫使他们不得不积极地学习和运用英语。另一方面，教师也在教学中采取多种教学辅助手段，如实物、图片、幻灯、投影、录像等配以各种体态语言，同时运用多种教学方式，如情境教学、活动教学等，学生被丰富有趣的教学形式和教学内容所吸引，参与活动的热情被激发了出来，他们主动发现、获取知识的积极性被调动了起来。这种全英语的浸入式教学抛开了母语，教师在教学活动中均用英语进行讲授和指导，迫使儿童减少对母语的依赖，直接用英语去思考和反应，这也大大促进了学生的思维能力的发展，使得他们学习英语的主动性和创造性可以得到充分发挥。其次，这种沉浸式教学法也促进了学生综合素质及个性的健康发展。

五、总结与反思

学校创新沉浸式教学模式，推广小组合作学习模式，提高学生英语学习能力。开展国际理解教育，提升学生国际视野是推进教育国际化的重要内容。重视教师专业素养，满足沉浸式教学法对教师专业技能的要求。

秉承"育人为先，务实创新"的办学宗旨，学校努力探索基于教育国际化视野下适合区域发展、学校实际情况的国际理解教育课程开发。学校决定采取课堂教学与课外活动开展相结合的策略，引进教材与校本教材相结合的策略，逐步构建丰富的国际理解教育课程实施体系。在英语课堂上，采用新版沪教版牛津英语教材，American More!为教辅资料，告别老教材书中老旧的英语表达方式，让学生学习到最新的潮流英语。每年寒暑假，学校派出部分骨干教师及学生远渡重洋，赴国外参加游学活动，以此为契机，帮助学生在纯正的英语学习环境下，了解不同国家的民俗文化、文明礼仪和风土人情，培养团队合作意识，提高英语交际水平，提升国际视野。不仅如此，学校计划举办以教育国际化为主题的开放日活动，通过与兄弟学校的分享交流，进一步完善学校的国际理解教育课程，为宝安教育国际化的发展助力。另外，在中华民族传统节日之际，各班还会邀请外籍教师到班上，与学生一起做月饼、包饺子，共度传统佳节，弘扬中华优秀传统文化。

笔者提倡教师也要创设不同的教学活动形式，如演讲比赛、讲故事等，增加学习外语的基本概念和掌握语言结构的机会，让学生更广泛地进行交流和合作，让学生能经常地听英语、说英语、想英语，随时随地地培养学生用英语思维，用英语表述事情、进行交流的能力。在英语教学中加强对教学模式的研究。英语学科的课堂教学通常以传授书本知识、获得间接经验为主。学习的方法往往是通过定向模仿的形式把一些固定的知识记忆下来，形成一种比较固定的程序化教学模式，小组合作学习为中学英语课堂教学改革注入新的活力。

学校定期邀请加拿大教育专家到校开展英语教学讲座，指导教师提升课堂效率。另外，英语科组将组织外籍和本土任课教师开展课程观摩和研讨活动，让中外英语教师积极分享听课体会和教学创意，通过同类课型的不同展示，展开教学方法的讨论和研究，并分享各自国家对该课型的一些做法，以达到分享经验、优势互补、共同成长的目的。本土教师和外籍教师相互观摩的学习过程，也促使外籍教师更加了解学情、提高课堂管理能力，而外籍教师非常擅长开展对话、写作、听力等活动，并覆盖大量本土教材词汇，让本土教师学会如何让课堂更加鲜活、生动和有趣。

学校通过拓展师生国际视野、探索国际教育资源、组织国际教育交流、开展国际校级合作，将教育国际化充分落实在学校办学理念、课程、教学、德育、评价等方面。面对汹涌而来的国际化浪潮，学校将对自身教育优势的发扬与变革、融合与创新，以更大的勇气、更务实的行动走上国际化发展道路，走出真正的"国际范儿"，可以说沉浸式英语教学法在其中发挥了很强的驱动作用。我校日益国际化的校园环境，日益成熟的国际化课程教学，日益专业的国际化教师队伍，和日益深化的国际化交流合作等将使得我校逐渐形成具有海洋文明和幸福生态文明的学校特色和教育国际化的学校品牌。

笔者深知沉浸式英语教学还要改善学校硬软件设施，创设更潜移默化的沉浸式教学情境。开展外语教学要创造情境，让学生更广泛地进行交流和合作，让学生置身于英语环境之中。这种语言环境既包括课堂的学语言的小环境，也包括课堂外的自然语言大环境。在教室墙上，我们计划挂上英语的名言警句、行为规范、课堂要求等标识，还会粘贴英语学科知识，让学生随时随地都能接触到英语。在图书馆专设的外文阅读角，要有规划、有步骤地组织师生前来阅读和学习等等。

此外，沉浸式英语教学案例集需要进一步丰富，除了外教的课程安排，还有不同年级中国英语教师的课程安排，深入探索和呈现不同课型可以采用的具体的沉浸式教学法。老师们也要进一步思考在自己的班级如何加强落实沉浸式英语教学法，以期做进一步的推广，体现更大的实践影响意义。

第二节　中外教师合作教学模式

一、实施背景

习近平总书记在党的十九大报告中指出："建设教育强国是中华民族伟大复兴的基础工程。"加快教育强国建设是建设社会主义现代化强国和实现中华民族伟大复兴的中国梦的必然要求。伴随着全球化进程加快，教育国际化已经成为当前我国基础教育改革和发展的重要趋势和基本要求，而其中英语这门学科就是推进教育国际化的有力抓手。就英语这一门语言在中国的发展而言，中国的学校是1980年代末期至1990年代初期开始开始学习英语的。中国的基本教育（小学至高中）阶段，特别是中学阶段，外语以英语作为必修课的超过90％。中国自1980年代末期至1990年代初期开始，在全日制普通大学推行英语等级考试，作为对选择英语作为第一外语必修课课程的达标要求。由此可见，中国是在20世纪80年代末期才开始真正的重视英语学习。随着全球国际化程度不断提升，教育也走向了国际化。而当今的世界，相对而言，英语较大程度地起到了会话媒介的作用，因此成了世界上使用率最高的一门语言。英语之所以能成为世界通用语言之一很大的一个原因在于它仅仅只有26个英文字母。而今，无论是在语言，书籍等教育教学方面，还是贸易等方面，英语无疑都占据着重中之重的地位。

作为在中国改革开放前沿的深圳经济特区的一所学校，深圳市福永中学着眼于教育国际化，致力于打造一所具有国际特色的中学，确立了"培养立足本土、放眼世界、具有民族情怀、创新素养、发展潜力的世界幸福小公民"的国际化人才培养目标。"百年大计，教育为本。教育大计，教师为本。"党的十八大以来，以习近平同志为核心的党中央高度重视教师队伍建设问题，在不同场合多次强调教师工作的重要意义。我校高度重视发展教师队伍，在英语教学上，我校在有26名中教的基础上，为了依托优秀外籍教师资源，促进英语教学与国际接轨，特此引进了16名来自加拿大、英国、美国、西班牙、德国等的专职优秀外籍教师，启动全校性的英文口语活动课教学。并结合沉浸式英语教学法开创了全小班、沉浸式英语教学实验班（又称国际班），开展了一系列沉浸式课堂如沉浸式阅读课、沉浸式口语交际课、沉浸式活动课、沉浸式听力训练课等。在此基础上，我校推行中外英语教师合作模式，以此帮助学生更好地提升英语水平。

二、文献综述

中外英语教师合作教学模式即指中方英语教师和外籍英语教师进行合作教学。合作教学是20世纪60年代由美国中学之父威廉·亚历山大提出的，一般由两个或两个以上的教师组成教学小组，共同负责整个教学活动的教学模式，即合作教师"共同计划、实施和评估同一学习团体的学习"。随着社会教育水平的不断发展，我国从20世纪70年代开始聘请外籍教师，即外教，以此来提升我国学生的外语水平，中外教师合作教学的模式在我国顺利展开，但最初大多应用在大学教育中，而后才渐渐应用于中小学中。"中外教师合作教学"模式（Cooperation between Chinese and Foreign Teachers，又称为Co-teaching）是指一位或多位中国教师（以下简称"中教"）和一位或多位外教合作完成教学任务的合作教学模式，包括教师共同备课、同时上课、合作完成对学生的评议和考核。最常见的中外教师合作教学模式是合作教学的平行教学模式，即中教负责课程中涉及的读写译部分，外教负责听说部分，并介绍与文章内容有关的背景文化。我校经过研究其他已经采取中外教师合作教学模式的学校后决定从以下两种合作方式开展中外教师合作教学模式，两种模式都需要中外教师同时备课，但操作方式不一样。第一种是中教外教同时进入课堂，相辅相成，优势互补。另一种则是中外教分开教学于同一个班，其中外教一星期三节，中教一星期二节，双方负责的教学进度一致但教学内容侧重点不一致，外教偏重听说，文化理解类，中教偏重语法解释，写作教学等。两种合作方式各有其好处，由此更全方位的帮助学生更好更高效的提高英语水平。

三、理论基础

中外教师合作教学模式在国内开展得如火如荼，原因在于其模式是获得了多个理论基础的支撑的。

（一）最近发展区理论

随着我国教育事业的不断发展，教学模式已经由传统的教师单方面讲授变成以学生为主体，教师为引导者的模式。首先从学生角度的认知水平进行论述，结合维果斯基的"最近发展区理论"可以发现，中外教师合作教学模式是更适合帮助教师找到学生找到"最近发展区"。"最近发展区理论"认为学生的发展有两种水平：一种是学生的现有水平，即独立活动时解决问题的水平；另一种是学生潜在的发展水平，即在有指导的条件下可能达到的水平。两者之间的差异就是最近发展区。教学应着眼于学生的最近发展区，为学生提供带有难度的内容，调动学生的积极性，发挥其潜能，超越其最近发展区而达到下一发展阶段的水平，然后在此基础上进行下一个发展区的发展。维果斯基说："如果儿童在最近发展区接受新的学习，其发展会更有成果。在这个区内，如能得到成人帮助，儿童比较容易吸收单靠自己无法吸收的东西。"结合1+1>2的理论，中外教能够有效结合自己的教学经验背景，在进行共同备课的时候会共同分析学情，合力制作出更有质量更高效的教学设计。例如，中教在备课的过程中会更注重如何结合国家课程标准，英语学科核心素养，中国学生在不同阶段的平均英语水平和接受程度，考试题型等进行教学设计。而外教则会更侧重于游戏类活动的设计，口语表达活动的设计，更注重如何进行过程性评价，在课堂上会侧重于师生互动，让学生多开口说英语，由此不断的激发学生学习英语的兴趣，提高学生课堂参与度和活跃度。

（二）协同教学模式理论

中外教师合作教学模式应验了德国赫尔曼·哈肯于1977年创立了的协同学。协同学重要的理论是"协同效应"，简单地说，就是"1+1>2"的效应。美国杜威在1930年使协同教学（Team Teaching，简称T.T）正式成为一种计划性的教育形式。美国华盛顿大学夏普林教授认为，协同教学指的是由两名或两名以上的教师共同担当一组学生的全部教学或其中的重要部分的一种教学组织形式。教师间要彼此分工合作策划和实施教学活动的一种教学形态。随着经济全球化、文化多元化、国际化的快速推进，为了使全球的教育得到更好的发展，各国教育不断进行改革，在此教育改革的过程中，各国教师也意识到教师间合作的重要性，由此协同教学也得到了更好的发展。首先，协同教学小组向教师共同体发展。其次，协同教学广泛应用于职前教师教育。职前教师教育中协同教学模式可分为观察型、训练型、助理型、平等型和合作型五种类型。其中，"合作型协同教学"又称作"同步式协同教学""互动式协同教学""同时授课的二人制课程"等，是一类合作程度最高的协同教学。而中外教合作模式正是此类协同教学模式，因此此教学模式已经随着时代变化而不断发展并且得到了时代的验证这种教学模式是合理存在且有效的。

总的来说，协同教学模式主要有以下几种形式，即互补式、平行式、支持式同堂教学。目前协同教学已经由各个学校结合自己学校的实际情况进行开展，主要体现了以下几个特征，分别为参与主体多元化，应用领域不断拓宽，与信息技术高度融合。协同教学其实是合作教学模式的一种，更强调的是教师之间的合作。合作授课是协同教学的一个环节或初级形式，协同教学是合作授课的扩展与完善。合作授课是指由两名或更多具有互补性专业技能的教育者在课堂上进行协作，共同授课和处理课堂事务的一种教学形态，主要包括平行授课（parallel teaching）、分站式授课（station teaching）、交替式授课（alternative teaching）三种形式。而我校的中外教师合作教学模式，由于考虑到双师同堂授课即平行授课（parallel teaching）的时候学生与外教的交流会减少，因此我校的中外教师合作教学模式并不局限于同堂，还开设了沉浸式英语教学实验班（又称国际班），一星期将各班的英语课时分配给中教和外教，即分站式授课（station teaching）。因而能很好地保证学生与外教之间的互动效果。中外教合作教学模式能够发挥出中外教双方各自的作用，两位教师即能公平的承担教学任务，合理分工，又能发挥各自所长，在课前备课的时候能够从双方教师角度共同观察、分析学生并进行授课，授课过程中又能在中外教师中进行课堂的任务分工，授课结束后又能分工合作共同对学生进行课后的个性化指导，由此更能保证学生能够更好地吸收课堂所学，课后能有效解决学生在课堂中所遇到的困惑由此体现了真正意义上的协同教学，有效的发挥教师合力作用，进行教学资源整合，提高教学的整体效益，生成外籍教师、中国教师和中国学生的"动态三角形"，由此实现1+1>2的教学效果。

（三）二语习得理论

二语习得指的是在自然的或有指导的情况下，语言学习者通过有意识或无意识吸收掌握母语以外的一门语言的过程，对这一过程的研究即为二语习得研究。

克拉申的二语习得理论的核心内容就是语言输入理论，也可以称为"i+1"理论。他认为，语言习得是通过理解信息来实现的，学习第二语言最根本的方法就是语言输入。也就是说，学生在课堂上接触到的英语必须是与学生的真实水平相近并且要稍高于学生的语言水平才可以保证语言输入的效果，学生的英语水平才能获得提升。而"中外教师合作教学"模式能有效避免由中教单一方上课时候因为母语是中文而习惯性在课堂上说中文，因为是中外教合作，为了使外教能够顺利参与课堂，中教不得不全程说英语，由此外教也起到了督促作用。当课堂是全英课堂时，学生就需要集中注意力去倾听并且理解老师的话。由此保证了高于学生水平的英语水平，语言输入的效果。

克拉申认为，习得是指学习者在外部环境和文化氛围改变的条件下，在交际实践中使用第二语言时，偶然学到第二语言的相关知识和表达方法，最终熟练掌握第二语言。学得是指学习者在有意识的情况下，受到来自家长或老师等外力的推动，通过科学地记忆和分析第二语言的词汇、语法等表达方法，达到全面且正确掌握第二语言的目标。在中外教师合作教学课堂中，外教本身的母语就是英语，更能理解英语背后的文化背景和历史，因此在日常与学生的交流中能够用更地道更准确的英语引导学生。学生在课堂上与教师交流的时候也会模仿教师所说，由此能够帮助学生在全英的外部环境和文化氛围下更好地在实际交流中使用第二语言。中教在课堂中则侧重于知识点，语法点方面等应对考试相关的策略及知识范围，能够很好地在知识层面把关，并且能够结合国情站在中国学生的英语水平及时调整课堂内容，帮助学生更好地吸收和消化。通过中外教双方结合，能够很好地帮助中国学生在课堂上保证习得和学得的效果，不断提高英语学习水平。

在语言学习的过程中，学习者在学习过程中的情感因素也会对语言习得的效果产生影响，因为语言输入必须通过情感过滤才能被有效吸收。在中外教师合作的课堂中，双方教师能够很好地关注到个体的情绪。如果遇到有学生因为缺乏自信而不敢开口，两个教师也能更容易发现学生的情况并且及时予以引导和帮助，由此能使学生在学习语言的过程时产生的情感过滤保持在最低状态。

最后，在克拉申的二语习得理论中，语言输出也占有重要的地位。影响语言输出效果的因素有很多，如语言环境、交流互动机制、语言知识的输入和积累、实践锻炼等。在中外教师合作教学模式的课堂中，全英课堂能够保证一定量的语言输入，并且有中教结合中国历史文化背景加以诠释能够帮助学生理解。在有效的语言输入后，学生通过教师引导可以进行语言输出，形式可以是多种多样，如师生对话，生生对话，小组合作交流，辩论赛，写作，游戏等等的形式。而中外教师合作教学模式中，外教就可以将本国英语学习中用到的各种教学活动形式灵活运用在中国学生的课堂中，而中教也可以帮助筛选适合中国学生的课堂活动，并结合自己的教学经验加以优化，使得每个学生能够在课堂上更加活跃，提升课堂参与度，争取每个人都能在课堂上得到一定量的语言输出。当学生在课堂上敢于表达自我，熟能生巧，学生的英语水平自然也能稳步提升。

四、紧扣课标及核心素养

国家课程标准是教材编写、教学、评估和考试命题的依据，对教材、教学和评价具有重要指导意义，是教材、教学和评价的出发点与归宿。无论教材、教学还是评价，出发点都是为了课程标准中所规定的素质的培养，最终的落脚点也都是这些基本的素质要求。因此无论是何种教学模式，都需要紧扣课标，紧随国家教育方针。2014年，教育部研制印发《关于全面深化课程改革落实立德树人根本任务的意见》，提出"教育部将组织研究提出各学段学生发展核心素养体系，明确学生应具备的适应终身发展和社会发展需要的必备品格和关键能力"。学生发展核心素养，主要指学生应具备的，能够适应终身发展和社会发展需要的必备品格和关键能力。研究学生发展核心素养是落实立德树人根本任务的一项重要举措，也是适应世界教育改革发展趋势、提升我国教育国际竞争力的迫切需要。只有重视培养学生的核心素养，才能将课标里对学生的素质要求落到实处，才能促使学生全面发展。

英语核心素养则是指学生学习英语需要具备的各种能力和品质。英语核心素养可以分为四个方面：语言能力、思维品质、文化品格、学习能力。在英语教学时，需要围绕这四方面的内容进行开展。与传统的教育不同的是，重视发展英语核心素养的英语课堂更侧重于如何将培养学生核心素养贯穿于整个教学中去，培养学生多方面的能力和素养。下面将以我校的中外教师合作教学模式为例与英语核心素养结合进行论述。

第一，语言能力是英语课堂中学生首要提升的能力，中外教师合作教学模式的课堂与传统课堂不同之处在于不再是单一的中教，而是有外教的语言氛围。中外合作模式的课堂必定是全英课堂，在这样的课堂环境中，学生不得不将英语作为交流的主要语言而非中文。中外教师在课堂上会结合双方的教学经验、结合学生的实际情况进行教学设计，让学生在真实的语境中理解和掌握英语。在英语的听说读写四个方面中，听和说在全英课堂中全程都得到了锻炼，读则有精选的外语教材、与时俱进的阅读素材提供给学生进行阅读，在写的方面则由中教指导考试方向、格式要求等，辅以外教规范的英语口语表达教学，更好地帮助学生正确运用英语与人交际。

第二，思维品质，重点培养学生的逻辑思维、创新思维。在中外教师合作教学的课堂中，可以充分发挥教师的数量优势，关注到更多的学生。中教和外教可结合本国的新颖教学活动设计全新的活动项目。例如，在加拿大课堂中有拼图式的、全班的自我介绍，化零为整，学生充分发挥自己的能动性、创新性，积极参与课堂教学活动，真正体验到英语学习的乐趣。

第三，文化意识，在中外教师合作教学的课堂上，不仅教授语法、单词等语言知识，还要介绍西方的历史和文化。全球化和国际化是当今世界的主要发展趋势，而中西方文化存在较大差异，对于中国学生来说不可避免地会用中式思维去理解英语知识。他们只有了解一定的西方文化背景才能更好地理解这门语言，懂得如何在真实的交际环境中正确运用英语与人交流。当教学内容、情境与西方文化有关时，如感恩节、圣诞节等，外教可以适当补充文化背景知识，甚至与学生模拟对话、观看相关视频、观察相关的文化载体，加深学生对知识点的理解；当学生遇到难以理解的问题时，中教可结合中国文化帮助学生理解，由此提升学生的文化意识及跨文化交际能力。

最后，学习能力，学生能够通过有效的学习方法和策略，提高英语学习能力。在中外教师合作教学的课堂上，学生可以接触到两种截然不同的教学风格，在中外文化碰撞中了解西方文化内涵，进而提高英语综合能力。正所谓"授人以鱼不如授人以渔"，教师不能一味地单方面输入语言知识，而是要让学生自行理解、自主思考，才能更好地发展学生的语言运用能力。兴趣是最好的老师，教师以学生为主体，设计了丰富多彩的课堂活动。学生由被动学习变为主动学习，通过小组合作、角色扮演、分组辩论、绘制思维导图等方式，有效提升了课堂参与度和活跃度。中外教师合力创设的浸入式语言学习环境，能够潜移默化地提升学生的英语交际能力。

由此可见，中外教师合作教学具有传统英语教学无法比拟的优势，适应我国教育改革的需要，也是实现教改的有效途径，能够显著提升学生的英语素养及双语沟通能力，促使学生主动学习，从而真正成为学习的主人，更好地为社会服务。

五、中外教师单一授课的优势与不足之处

英语作为学生的主要学科，学生们都十分重视该门学科，然而由于考试的时候更侧重于知识点的考察让中国学生对英语的知识掌握能力好，而实际应用能力弱。为了提升学生的英语能力水平，营造一个沉浸式的英语环境势在必行，而中外教师合作教学模式是社会教育发展的产物，符合教育改革，紧随国家教育方针，紧扣国家课程标准，落实核心素养培育。既满足了英语交际的教学原则，又突出学生的主体地位，在教学中提升了学生的跨文化交际能力。反观中外教师单一授课的时候，无论是中教还是外教，都有自己的优势和不足。

中教单一授课时，有以下优势：

一是由于中教自身是在中国的英语教育下成长起来的，因此中教比外教更熟悉中国学生的心理特征和实际教学环境、教学材料和教学计划，能紧扣国家课程标准所要求的英语教学方向，将英语核心素养落到实处。

二是由于语言优势，中教比外教更能有效掌控课堂，学生能认真听从指令，了解课堂要求。

三是英语在中国已经得到了多年的实践与发展，形成了一套知识体系和语法体系，而中教对于知识和语法体系的理解更系统，更全面，因此在教学中也更好的注重如何构建知识体系，循序渐进的将知识不断加深难度，而不是一蹴而就。

相比起外教授课，中教授课也存在以下不足之处：

一是由于中教一直以来都是以考试为学生的评价标准，因此在教学中也会偏重于英语这门语言的笔试能力而忽略了学生的口语表达能力。中教习惯于让学生以汉译英的方式依靠中文思维进行输入再来学习英语表达进行输出，由此会让学生形成中式英语，表达不地道，并且学生的英语视野会过于狭隘，一步步易让学生学的是"哑巴英语"。

二是由于中教本身受中国文化影响深远，对于西方文化的差异性也难以诠释到位，也没有在日常教学中下意识对学生的跨文化交际能力进行培养，学生对于中西方文化差异理解不到位也会影响学生对于英语能力的提升。

　　三是中教在课堂中由于赶教学进度等容易形成单一的教学模式，缺乏培养学生对英语的观察能力，分析能力，创新能力，思维能力等而单方面的知识输入易形成"满堂灌"的课堂，而学生对于这样枯燥无趣的课堂是无法提起学习英语的兴趣的。教师的教学观念和教学方式等都没有得到及时的更新，故步自封，难以激发学生的学习英语的热情和动力。

　　外教单一授课时，有以下优势：

　　一是语言优势，无论是英语口语表达还是书面表达，外教都比中教更有优势。外教的发音及表达方式为学生创造了一个真实的语境，学生沉浸在英语语言环境中，有效培养了英语语感、英语思维。

　　二是在教学方式和形式上，外教能够结合自己本国在课堂中所采用的多种多样的英语教学活动形式，让学生成为课堂的主体，通过各种游戏，教学任务创新英语教学，让学生享受英语学习。除此以外，外教更善于挖掘学生闪光点，并给予鼓励以此提升学生学习英语自信心。

　　三是在跨文化能力培养上，外教大多来自英语母语国家，自小接受着英语国家文化的熏陶，因此对于英语的文化背景有更为深刻的理解，能够在日常教学中融入对学生的跨文化意识和能力的培养，让学生在潜移默化中感受到中西方文化的差异及各自的文化魅力，有助于拓宽学生的国际视野及提升综合素养。

　　相比起中教授课，外教授课也存在以下不足之处：

　　一是在语言方面，由于英语是外教的母语，外教授课时往往更为随意，缺乏系统性，不能根据中国学生的实际情况讲授知识性内容。外教很难掌握学生的真实语言水平，容易使用一些超出学生理解能力的词句，造成学生难以听懂指令而无法正常开展教学的情况。

　　二是在管控课堂方面，基础较差的学生由于语言能力弱无法跟上外教而容易出现走神，课堂开小差，讲话等情况，而外教又因语言不通无法有效管教学生而导致课堂秩序较乱，教学进度慢的情况。

　　三是在课堂活动形式上，外教侧重于丰富课堂活动形式，以学生为主体，但也难以避免形式大于内容，导致学生在课堂上收效甚微，学习效果差，教学进度慢的情况。

通过中外教师合作教学，实现优势互补，以此提升英语教学效果。中外教师合作教学可以弥补中教的语言优势不足，外教的知识系统性不足，中教教学活动形式单一的不足，外教活动形式大于内容的不足，中教跨文化交际能力培养的不足，外教课堂管控能力的不足等等，由此可见，中外教师合作教学模式与中教外教单一授课相比，是更适合当代中国教育发展的教学模式，更能在英语教学中提升学生的核心素养，以学生为主体，激发学生学习英语的兴趣，主动参与英语学习中去。

六、中外教师合作教学模式课例探讨

实践才能出真知。我校在有26名中教的基础上，为了依托优秀外籍教师资源，促进英语教学与国际接轨，特此引进了16名来自加拿大、英国、美国、西班牙、德国等国专职优秀外籍教师，启动全校性的英文口语活动课教学，并结合沉浸式英语教学法开创了全小班、沉浸式英语教学实验班（又称国际班）。基于对我国英语教育中中教外教单一教学时候的优势和不足之处考虑，我校积极创新，大胆改革，开展中外教师合作教学模式。基础教育的国际化是全球化过程中教育全球化的必然要求，也是其重要的组成部分。深圳市福永中学坐落于深圳宝安国际机场东部，东依望牛山麓，西眺零丁洋，曾经是一所乡土气息浓厚的一所中学，但我校紧随时代潮流，不断学习最前沿的教育理念和教育手段，坚持与时俱进，不断创新。经历我校坚持不懈的努力，坚持进行国际化学校发展，目前我校已经成为全市知名，省内一流的幸福生态品牌学校，开辟了属于自己学校特色和符合我校实际情况的全面精准、富有特色的教育国际化道路。俗话说，一个人也许走得快，但一群人才能走得更远。我校的教师队伍团结一致，有着很强的合作意识，通过不断地实践并进行调整，最终形成了目前我校的教育国际化道路。接下来将结合我校优秀中外教师合作教学模式课例进行评析。

（一）卢敏燕中教和Moira外教的Grammar Lesson

1.课堂剖析

本堂课的教学重点内容是教会学生形容词性物主代词和名词性物主代词

是什么以及如何在语境中正确使用。在课堂中的Lead-in环节，中外教用一首Possessives song引入，并由教师一同带着学生唱歌。先让学生在一个有趣的语境中去自行感悟并引出本课的要点物主代词。中外教师一人负责一个知识板块，中教负责形容词性物主代词，外教负责名词性物主代词，由此在知识点教授分工上，两个教师分工明确，减轻各自老师的负担。在教学过程中，双方教师通过集体备课，共同确定由图片和句子结合的形式让学生看图说话。形容词性物主代词和名词性物主代词的关键就在于日常交流中要明确这个物体的所属，如何明确表达所有格，因此看图说话是最能让学生接受并理解和掌握的。

在课堂中的Pre-teaching环节，学生在学习和理解形容词性物主代词和名词性物主代词是什么后，做练习前外教讲解规则，让学生结合图片用上物主代词补全句子，由此可以在课堂上立马检测学生的实际掌握情况。在完成后，中外教进行分工合作，对完成练习较快的学生的练习情况进行检查。由于中国的国情，中国作为人口大国，在教学上一个班有至少40个以上甚至50个学生，在此基础上，一个教师要想在课堂上快速检查学生的练习来了解学生的掌握情况是很艰巨的任务，但中外教师合作教学模式就可以实现课堂上立马检查反馈，因此中外教在检查练习反馈方面可以做到很好的分工合作，有利于教师结合学生掌握情况及时在课堂上调整教学进度和节奏，教学内容的难易度。

I found __my__ books, but Tony couldn't find __his__.

在课堂中的While-teaching环节，利用小组合作让学生听教师的描述，和组员一同讨论并从物主代词卡中挑选正确的物主代词，再由小组长抢答后回答核对答案。中外教两人合作演示游戏规则，让学生更直观的理解。并且在活动过程中，中外教轮流负责，一人巡视全场起监督作用，一人走入学生当中，帮助学生答疑解惑。在小组合作过程中，两位老师都能和学生交流沟通，即实现了沉浸式教学法，又有师生、生生之间的互动。小组合作解决问题也是任务式教学的体现。相比起中国传统的英语语法课堂，传统课堂中教师总是执着于语法规则，讲解后就让学生做题再讲评题目，将知识仅仅停留于做题和讲题中，但是本次的中外教师合作教学模式的语法课堂，真正做到了以学生为中心，让学生在合力解决问题的过程中，既保证了语言的输入，又能保证学生在课堂中真正理解了该语法内容并且懂得如何应用，如此也避免了教语法时容易带来的枯燥无味的课堂。

1. Listen to the teacher speak.

2. Talk together with your group. Choose the correct card.

3. Group leaders check the answer.

在课堂中的Post-teaching环节，是一个项目式课堂活动设计，让学生以制作海报的形式，用形容词性物主代词和名词性物主代词进行描述并且绘制相关的图片，培养了学生的动手能力和思维能力，让学生结合自己的生活学会应用英语。英语作为一门学科，更是一门语言，是我们与他人交流的工具。在此活动中，学生真正做到了应用英语，由此进行输出也可以检查学生的掌握情况。通过项目式活动学习英语，能够有效地提高学生的学习兴趣，课堂参与度。

2.执教老师课后反思

本堂课的教学重点是形容词性物主代词和名词性物主代词是什么以及如何在语境中正确使用。在课堂中，中外教分工合作分内容进行教学，由此可以避免学生在课堂上对老师有疲劳感，可以激活学生在课堂中的学习兴趣。

本节课的教学目标在于结合看图说话的方式让学生在真实语境中运用好形容词性物主代词和名词性物主代词，探索促进学生英语学科核心素养形成与发展。侧重于培养学生获取信息、口语表达、辨析能力。

在课堂中的Pre-teaching环节，教师分工结合图片讲解形容词性物主代词和名词性物主代词是什么并且让学生及时反馈，由此进行了一定量的输入，给予学生脚手架。在课堂中的While-teaching环节，利用小组合作让学生听教师的描述，和组员一同讨论并从物主代词卡中挑选正确的物主代词，再由小组长抢答后回答核对答案。由此以任务式教学方式进行教学，既提升了学生小组合作意识，又让学生在完成任务的过程中深入学习。在教学过程中，中外教两位老师都走进学生中去，倾听学生的想法并给予及时的指导，让整个课堂的学习氛围更浓厚，更能调动学生的学习积极性。通过给予真实情境让学生介绍事物所属，由此引导学生培养尊重他人的意识。通过课前的输入，课中的运用，引导学生对比、分析、总结、合成、创造，培养学生的批判思维能力和创造能力。在学习能力方面，教师一节课教两种物主代词，即形容词性物主代词和名词性物主代词，由此引导学生学会区分两种物主代词是如何正确使用，鼓励学生用这两种物主代词来介绍事物，大胆表达自我的看法，为学生提供了自由表达自我想法、自主合作和探索的合作学习平台。在课堂中的Post-teaching环节，是一个项目式课堂活动设计，让学生以制作海报的形式，用所学内容进行描述并且绘制相关的图片。由此可以让学生学以致用，以便让教师检验学生的学习情况。由此真正做到了以学生为中心，避免了一言堂的枯燥无味的语法课，让学生积极的于真实情境中去使用英语这门语言。

总而言之，这堂课是基于任务式教学、沉浸式教学、合作式教学让学生在有一定量的输入后进行输出的课堂。在本节课中，学生的参与度很高，学习氛围浓厚，学生学以致用，教师能够有效检验学生所学情况，同时也可以帮助学生在应用中加深对语法知识的理解。但本节课尚有改进的余地，如在输入环节可以穿插一些动画视频来让教学内容更加鲜活，更容易让学生理解，如中外教师可以直接对话来讲授两种物主代词的不同使用方式。在学生输出的过程中，也可以增加几种学生小组展现的方式，如让学生以舞台短剧的形式上台介绍，或将输出延展至下一节课，让学生自行准备物品直接上台并使用物主代词进行介绍。除此以外，学生的自我评价环节也很重要，可以增添学生相互评价环节，给予学生一定的评价标准让学生有评价意识，通过评价他人也可以意识到自己该注意哪些方面的问题，由此相互提升。

（二）罗嘉伶中教和Nancy外教的Listening and Speaking Lesson

1.课堂剖析

上海教育出版社版本的牛津英语教材以"模块—单元"的模块安排内容，每一个模块都有一个独立的主题，模块内的每一个单元都围绕着模块主题安排了不同的教学方向内容，如Listening, Reading, Speaking, Grammar and Writing各项教学内容。整个模块和单元之间有机结合，相辅相成。本堂课就做到了将本单元的各个板块融会贯通，让学生对循环有更深层次的理解，本堂课的教学重点在于让学生由单元的阅读文本的水循环过渡到听力文本的硬币循环，再到让学生发散思维讨论我们生活中常见的其他循环，由此真正对循环理解透彻。

在教学目标上，结合英语学科核心素养的四大方面也制定了各自方向的教学目标。在语言能力方面，教师帮助学生练习英语的听说能力中获取关键信息能力和复述故事能力。在思维品质方面，通过在课堂中让学生结合循环的过程进行排序能够提升他们的观察能力，锻炼他们的批判思维能力和总结能力。在学习能力方面，学生能够通过制作思维导图来描述循环，锻炼自己的发散思维和逻辑思维能力。在文化品格方面，学生能够通过接触不同的循环提升他们的循环意识，在日常生活中也会关注到生活中各种小循环，让学生对这个世界有更深层次的理解，可上升到我们要保护环境，多进行可回收的循环等，提升学生对世界的尊重。通过小组合作制作思维导图和合作描述循环也可锻炼学生的小组合作意识。

在课堂中的Lead-in环节，中外教共同引导学生进行头脑风暴Brainstorming，思考什么是循环，"What is a cycle"以此问题激发学生学习兴趣，发散思维。学生有了兴趣就能更积极地投入课堂之中，积极思考。再引导学生复习本单元阅读文本中的水循环内容，复习旧知，引出新知。学习是循序渐进的事情，学生在回顾所学知识的基础上，以旧知作为切入点，架起新旧知识联系的支点，能够有效降低学习难度。教师给予学生例子，比如白天和夜晚的循环，种子开花结果的循环，鸡生蛋蛋生鸡的生命循环等，由此教师也可以自然地引入本节课的主题循环。在此环节中，中外教以一问一答的形式轮流举例子，让课堂更加生动，给予了学生丰富的语言输入，也展现了英语作为一门语言学科的工具性和应用性。

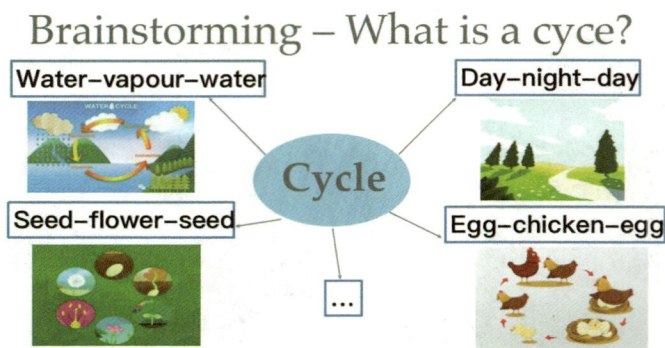

在课堂中的Pre-teaching环节，教师播放听力文本，并且为了降低难度，教师提供了听力文本让学生以挖空的形式考察部分重点单词。结合中国国情，学生虽然都是自幼学习英语，但由于日常中并没有像讲中文那样讲英语，导致英语仅仅是一门学科，而没有充分发挥它的语言工具性，因此学生容易学成哑巴英语，而英语课堂中要想激发学生对英语的学习兴趣，就必须要降低学习难度，否则会造成学生的畏难心理，增加他们学英语的负担。

One day, Dora's mother gave her a coin. It was a bit dirty, so Dora washed it. Then it started talking to Dora, and told her its story.

First, the coin <u>was made</u> in a bank. It was <u>nice and clean</u>

Second, the coin stayed at the bank for <u>a few days</u> .

Then, a person at the bank <u>gave the coin to</u> a man. He took the coin to his cake shop.

Next, Dora's mother received the coin <u>as part of her change</u> when she <u>bought</u> some cakes.

After that, Dora's mother <u>dropped the coin carelessly</u> in the street and a street cleaner <u>returned it to</u> her.

Finally, when Dora's mother <u>returned home</u> , she gave it as <u>pocket money</u> to Dora. The coin was so dirty that Dora washed it to make it clean again.

"It's like a cycle!" Dora thought. "This coin started clean, got lost and dirty, and here it is, clean again!"

在播放听力后，教师给每个小组一张图片，并让学生结合听力按故事发展的顺序在黑板上进行粘贴。由此能够提升学生理解能力、动手能力、获取信息的能力。

在正确粘贴图片顺序后，中外教师合作进行角色扮演的展示，示范如何进行循环的描述。中教担当硬币的角色，外教担当工作者的角色。并以图片和关键词结合的形式，引导学生用上连词进行表述。由此也可以体现，在中外教师合作教学模式中，中外教师可以合作进行例子的示范，如角色扮演，让学生对于指令，游戏规则等有更直观的感受，避免全英课堂中学生由于语言水平的能力有限而限制了课堂的活动形式。

在课堂中的While-teaching环节，在教师示范硬币循环后，由学生小组合作制作不同的循环。首先，学生需要合作将自己组内负责的循环的图片和关键词相匹配，并且按正确的循序粘贴在卡纸上，接下来要结合图片和关键词对每一个循环的环节进行描述，写在学生学案上，最后是要确定各自所扮演的角色并且练习角色扮演准备上台表演。

　　如上图的塑料瓶循环，学生锻炼后喝完饮料，瓶子扔到可回收垃圾桶中，由相关车辆运输到循环工厂中进行加热燃烧融化，再重新利用原料制作新的塑料制品，如餐具、椅子等。由此可以既可以让学生通过小组合作进行项目式学习，又可以让学生在学习英语的过程中提升保护环境的意识，真正做到教学与英语学科素养的融会贯通。而在小组合作的过程中，中外教师同时巡走，分工合作指引学生，帮助学生答疑解惑，以便课堂教学活动能够顺利开展，同时可以及时了解学生的小组合作情况，及时进行教学内容难题度和进度的调整。因此，在课堂中进行各种各样的活动时，中外教师合作教学模式的优势得到了很好的展现。

　　在课堂中的Post-teaching环节，教师邀请学生以小组为单位逐一上台进行展示，由此可以给予学生展示的舞台，以学生为中心。可以有效地锻炼学生的语言组织能力和表达能力，提升学生英语自信心，保证了课堂上学生一定量的输出。而其他学生在此期间要结合评价表对表演的小组从语言，表现力等方面进行评价，由此也锻炼了学生的评价分析能力，让他们从评价他人的时候也由此感受到在用英语时要注意哪些方面。在最后的教学环节，教师引导学生思考属于自己的循环，并且制作简单的思维导图，在课后细化并完成自己的思维导图后与其他同学进行分享。由此可以锻炼学生的思维能力，发散思维并且提升他们对于循环的意识，更加尊重这个世界和生命。

2.执教老师课后反思

本堂课是一节听说课，串联本单元的各个板块，聚焦循环主题让学生对循环有更深入的理解。在教学目标的体现和落实上，有效的做到了多方面英语学科素养的培养。在语言能力上让学生懂得如何描述循环。在思维品质方面能通过观察和分析总结出循环的过程，并发散思维创造自己理解的循环。在学习能力上学生通过制作思维导图能即使学以致用将输入转化为输出，让学生锻炼思维。在文化意识方面可以让学生懂得循环的意义并且让学生对这个世界更充满敬畏之心。

在课堂的Lead-in环节，中外教分别介绍简单的日常可见的循环如白天到晚上的循环，鸡生蛋蛋生鸡的循环，花草成长的循环等激发学生兴趣。中外教以一问一答的形式互动，能抓取学生注意力，让学生迅速投入到课堂中去。在Pre-teaching环节，复习了本单元所学内容水循环，不仅能发散学生思维，还让学生能够回顾如何描述水循环的过程，由此循序渐进再引出其他的循环。在While-teaching环节，遵循学生学习的规律，由简入难。先让学生听录音去以小组合作的形式排序，再听细节训练学生获取关键信息的能力。在Post-teaching环节，在一定量的输入后，学生进行输出。中外教师先做示范，以课文中的硬币循环为基础改编，进行了角色扮演的表演。在教师示范后，让学生再进行小组合作和角色扮演能给予学生脚手架，学生更懂得做什么，怎么做。角色扮演的活动能给予学生展示自我的机会，并且教师要求学生每个人都要开口，每个人在听说课上都能得到一定的锻炼，由此也体现了听说课的特点。只有教师积极引导学生，给予学生足够的脚手架，学生在小组合作的形式下才更愿意大胆开口，才能使他们的表达能力得到充分的锻炼。

总而言之，本节听说课导入充分，模块串联围绕循环主题，主题明确，更能让学生抓住重点。通过中外教师合作对话形式进行导入，角色扮演，让课堂氛围更加活跃开心，寓教于乐，学生的课堂参与度更高，更有兴趣学习英语。通过示范能给予学生一定的脚手架，让学生在输出的过程中减少阻碍，增强自信心。但本节课尚有改进的余地，如在导入环节只是播放了一些小动画，可以以简介视频来展示循环更有画面感和代入感。在做听说题的时候，可以采取抢答的方式来核对答案，这样更能激活学生兴趣。在最后角色扮演的环节，示范的时候除了中外教双方进行角色扮演，还可以现场邀请学生一同来示范，让学生参与其中，其他学生也会更集中注意力。其次，在时间的把握上还可以加快前面的进度，让学生有更多的时间进行自我的展示，由此更能体现听说课的性质，让学生在听说课上得到足够机会进行自我表达。

（三）Elle的Grammar Lesson

1.课堂剖析

在日常教学中，我校结合沉浸式教学专门设立了沉浸式英语教学实验班（又称国际班），接下来将以其中一位外教的语法课为例，结合讲解我校的国际班中，中教外教分开负责各自的课时的时候，外教是如何在日常教学中辅助教学的。

在课堂中的Lead-in环节，教师以一首Passive voice song导入，让学生在歌曲中感受被动语态的用法。

在课堂中的Pre-teaching环节，以两张图片对比区分了解主动和被动的区别和不同的描述。通过对句子的分析，不断举例子让学生认识到动作的承受者这个概念，再让学生学会在实际例子中辨认。

What's the difference?

You stole the cookie.

The cookie was stolen.

**Passive voice -- Part 1:
What receives the verb?**

What is receiving the action in these
sentences?

1. I wrote a letter.　a letter
2. I gave a phone to my friend.　a phone
3. We saw a movie that was very funny.
　　a movie
4. We went to the store and drank cola.
　　the store　　　　cola

在课堂中的While-teaching环节，教师先引导学生通过看图说话的形式，学会主动语态与被动语态的转化。让学生懂得如何在实际中应用被动语态。

The cute cat brought a leaf

A leaf __was__ brought.

在课堂中的Post-teaching环节，当学生已经熟练掌握能分辨动作承受者、动词如何结合时态变成被动时，外教引导学生熟悉了解一个游戏"Othello"，即模仿黑白棋的游戏规则，只是学生下棋变成了写被动形式。学生需要从1—25个数字中选取其中一个数字，翻开数字卡后面是一个动词和对应的时态要求。学生需要在小组的白板上在30秒的立即写下相应的变形。

ride (future)	fly (present)	take (present)	draw (present)	wake up (future)
drive (past)	choose (past)	help (present)	see (past)	leave (past)
give (future)	stand on (present)	eat (past)	buy (past)	ring (future)
write (future)	steal (past)	wear (future)	hold (past)	break (present)
hurt (past)	lose (future)	meet (past)	teach (present)	bring (future)

1) Reciever of action + 2) verb "to be" + 3) Past participle (p.p.)

在整个课堂中，教师没有通过固定的语法规则对学生进行输入，而是通过看图说话，游戏结合的形式让学生在练习表达，实际语境和游戏中感受被动语态是如何使用的，由此能让学生寓教于乐，对英语学习更有兴趣，也更能在使用英语的过程中了解并熟悉相应的语法规则。

2.执教老师课后反思

在所有的课型中，语法课是最容易枯燥无味的，但在我校的沉浸式英语教学实验班（又称国际班），Elle外教所教授的语法课生动有趣，因此这也是我们中教所需要向外教学习的，如何寓教于乐，将教学知识融于游戏中让学生在做游戏的同时感悟语法规则。

本节课的教学内容是被动语态，外教在教学上注重图文结合，让学生更有直观感受，更容易理解。在导入环节，外教直接给予学生同一意思的主动语态和被动语态的不同表达形式，让学生自行分析辨析。由此是符合学生学习规律，由已学的知识过渡到新的知识，让学生在已学知识的基础上再进行辨析理解新的知识，由此能让学生自行形成知识网络，帮助学生将知识与知识进行串联总结，学生在此之后能学会灵活运用。在知识教学环节，外教以看图说话的形式引导学生懂得运用被动，结合了不同时态的被动语态让学生在时态层面把握被动语态的变化。在教会学生如何辨析被动语态后，再引导学生分析被动语态的组成，明确谁是施动者，谁是承受者，动词的过去分词是什么等由此进行组织被动句，将一个句子拆分让学生理解被动句的组成能帮助学生在最短的时间内掌握被动语态的结构及用法。在课堂的输出环节，以小组合作游戏"Othello"即模仿黑白棋的游戏规则，让学生以写被动形式进行下棋。由此既能培养学生小组合作的意识，又可以让学生在游戏中感悟英语的魅力。

总体而言，本节语法课生动有趣，将知识点拆分成小块能帮助学生更好地理解如何使用被动语态。本节课培养了学生的学科素养，如"语言能力"，学会用被动语态表达事物；"思维品质"，辨析和总结出被动语态和主动语态的不同之处；"学习能力"，学会从已学知识过渡到新知识，搭建知识网络，提升英语学习的效率和意识；"文化意识"，小组合作意识，明确事物之间关系的意识。但本节课尚有改进的余地，如在导入环节只是简单呈现了两个语态的句子，可以用生动有趣的，让学生配合表演来引导学生自行说出两种语态的表达方式。在教学环节中，看图说话可以结合一些小动画，让学生在描述的过程中更有兴趣，更有画面感和代入感。在输出环节的游戏中，可以穿插一些小奖励或者小机关，增加游戏的刺激感和新鲜感，避免让学生在玩游戏的过程中感到厌倦。倘若语法课堂只是一味地将知识展示给学生，学生不仅觉得枯燥，也很难理解。因此像外教那样由已学知识过渡到新的知识更容易让学生接受和掌握，寓教于乐也能让学生对学习英语更有兴趣，学习的效果更好。

七、结语

中外教师合作教学模式不仅仅能应用于常规课堂，更能延展至第二课堂。多种形式和内容的中外教师合作教学模式，不仅能够使得学生在充满趣味性又有实用性的课堂中提升自我对英语的学习兴趣和课堂参与度，也能整合优化学校的教学和教师队伍资源，更能在合作的过程中促使中教的英语水平能力不断提升，也能使外教结合中国学生学情教学的能力提升，促成多赢局面。中外教师不仅仅要在课堂上进行合作与交流，为了呈现优质课堂，中外教师必须从备课开始就围绕教学理念、教学内容、教学环节、教学方法、文化品格培养等方面进行交流，再设计教案、学案、课件等，由此也能够促使中外教师进行思维和文化的碰撞，产出一堂堂优质课堂。中外教师在合作备课的过程中，除了对教学内容和方法进行讨论和设计，更需要对学生跨文化意识进行培养，因此中外教师必须具有合作精神、以学生为中心、并且在上完课后还要及时进行反思，只有不断地反思才能促使教师不断地思考和改进，提升中外教师合作教学模式的课堂效能，避免课堂的形式大于内容。中外教师合作教学模式的课堂中，中外教师的教学地位应当是平等的，是双教师主导，以学生为中心的课堂，两位教师在课堂教学过程中相辅相成，都是必不可少的角色。只有当中外教师的合作形式是良性的互动，教师与学生，学生与学生之间才能在良好的课堂氛围中积极参与课堂，使得两位教师在课堂中发挥1+1>2的效果，否则中外教师合作教学模式就没有必要继续进行了。

目前，中外教师合作教学模式还没有全面铺开，但我们要相信好的东西是一定能得到流传和发展的，因此我们要坚持紧随国家教育方针，深化教育国际化，与时俱进，不断创新。在实践的过程中也许会遇到很多困惑与问题，如何分配中外教师所承担的工作部分，如何充分发挥中外教师各自的优势，避免各自的不足之处，如何在课后跟踪学生的学习情况等，这些都是我们需要考虑和解决的问题。我们必须在实践中不断调整、论证，才能逐一解决上述问题。正所谓"星星之火可以燎原"，我们可以通过英语学科的中外教师合作教学模式促进其他学科也大胆创新。相信在不久的将来，中外教师合作教学模式会更加完善，得到各个学校的大力推广，让家长和孩子都能够满意。

第三节 英语混合式教学模式

一、"线上线下混合式教学"的产生背景

（一）英语学习的习得规律

美国语言学家克拉申认为："发展外语口语表达能力主要依靠两种途径，语言学习和语言习得，语言学习指有意识地学习外语的知识，而语言习得类似儿童习得母语的过程，通常是在大量语言训练的刺激下，通过语言的自然交际获得。"即学生在学习英语的过程中，需要大量的语言输入的刺激，沉浸于全英的习得环境。乔姆斯基认为："我们应该努力为正常人本身拥有的、本能的直观判断能力创造一个丰富的语言环境。"也就是说，我们需要为学生们提供一个沉浸式的英语学习环境，培养学生能够使用英语的思维方式来交流和思考问题。所以引入外教的课堂非常有必要。

（二）新冠疫情推动"线上教学"的发展

随着大数据、云计算、人工智能等互联网技术的普及，在线教育迅速发展。教育也早已不再仅仅是一块黑板、一本教材再加上一支粉笔的传统教学模式。2017年，全国两会首次将在线教育写入政府工作报告，提倡大力发展"互联网+教育"。2020年，由于新冠疫情的影响，为了响应教育部"停课不停教、停课不停学"的原则，全国中小学利用网络科技全方位的进行线上教学。或许此种局面是短暂的，但这已静悄悄地推动了教学模式的改革与创新，线上教学模式在全国全面铺开。受疫情影响，外教也没办法面对面授课，纷纷借助网络平台进行跨国线上教学，打破了时空的限制，让身处任何地方的学生都能学习课程，而且还最大限度地还原了传统课堂面对面授课的场景，给了学生如同现场面对面授课的体验。

（三）"线上单师教学"的现状与反思

疫情期间，各校借助钉钉，QQ等平台开展线上课堂，教师在屏幕的一端授课，在屏幕另一端的学生可以实时地接收信息和学习课程。然而，作为线下教育的补充和完善，线上教育目前还无法完全取代线下教育，因此，线上线下混合式教育模式逐渐成为一线教师实践与探索的新方向。另外，随着线上教学的开展，单师线上教学的问题也随之而来。典型的问题就如：课堂互动的效果不及面对面交流高效，线上教学师生只能通过语音或文字交流，教师无法及时洞察学生上课的表情和状态；其次教师很难及时掌控和管理学生，很多不自觉的学生甚至不认真听讲，边上课边做其他的事情，导致上课效率低。因此，实施"线上线下混合式教学"很有必要，既可以弥补单师线上教学存在的缺陷，又能实现教师间的优势互补。线上外教可以利用丰富的语言学习的资源提升学生的兴趣，并且通过全英交流为学生提供沉浸式的英语学习环境；线下中教可以随时观察学生的动态和管理学生。

二、"线上线下混合式教学"的内涵特征与优势

（一）"线上线下混合式教学"的定义

线上线下混合式教学是一种远程协作教学模式，与传统课堂相比，课堂的教学组织者数量从1增加到2，即由外教线上授课和线下英语教师辅助教学来共同完成授课活动。外籍主讲教师通过互联网和云服务平台为依托的"线上教学"系统进行授课，给学生如同面授一样的上课体验；辅导教师除了与外籍主讲教师实时双向互动协同授课，还需要负责在班级内维护课堂秩序、适时介入指导学生等。简略来讲，线上线下双师结合的课堂教学既可以提高教学质量又可以兼顾课堂管理，在双师课堂中，两类教师缺一不可，相辅相成，实现良好的教学效果。

（二）"线上线下混合式教学"的特点与优势

1.趣味性。卢梭说："问题不在于教他各种学问，而在于培养他有爱好学问的兴趣，而且在这种兴趣充分增长起来的时候，教他以研究学问的方法。"因此学生想要提高语言能力，前提是培养对于这门语言的兴趣。目前学生是

第一次接触线上线下混合式直播课堂，这堂课对于他们来说是非常具有新鲜感和趣味性的。而且线上外教课堂对于教师的选择比传统的外教课更加的灵活，每节课可以随时切换外教，学生在接触不同外教的同时可以体验不同的教学风格，增加了对课堂的新鲜感。另外中教和外教协同进行课堂教学的新教学模式，能全方位、多角度地吸引学生，它不仅可以调动学生课堂学习的兴趣，提高学生参与课堂教学活动的积极性，还可以实现教师乐教和学生乐学的和谐统一。对学生而言，"混合式教学"是学生主体性的凸显、个性的表现和创造性的解放，实现了"学习中感受，感受中学习"的目的，体现了学生学习的主体性地位;对教师而言，则意味着上课已不是简单的知识传授，而是一个在新问题、新情况不断出现的情况下引导学生共同学习、共同提高的过程，是教师在"工作中学习，学习中工作"的具体体现。

2.互动性。混合式课堂更注重学生的主体性和互动性，它的教学活动多样，课堂气氛活跃，大大增加教师与学生，学生与学生之间的交流互动，学生真正成为课堂的主人，参与活动更加积极。"混合式教学"模式可以保证每个小组成员讨论和回答问题的效率。例如，在学习7BUnit1 people around us的第一课时中，外教在导入环节运用照片引导学生开口描述，难度由浅至深，并且通过各种形式的活动或游戏来随机点学生回答问题，基本每位学生都能开口回答问题。在这节课中外教并未采用传统课堂中抽学号或直接点名字的方式，而是用"rock，paper，scissors""pass the pencil"等游戏让学生都把注意力集中在课堂上，并且大胆开口回答。整堂课都在引导学生开口表达，真正贯彻以学生为主体的教学理念。极大减少了传统课堂教学中部分学生没有机会发言，难以参与课堂的现象，提高了学生的学习动力和学习质量，进而提高了教学质量。

3.沉浸性。在线平台具有丰富外教资源，而且外教都是来自以英语为母语的国家，具有中教无可比拟的语音语调优势。另外，外教整节课都是用英语进行教学和发布指令，无形之中学生在听力和口语方面都能够得到提升，也有利于学生模仿及学会原汁原味的语音语调和地道的表达。教学方式方面，外教往往性格开朗，肢体语言丰富，语言教学方式也更加丰富，能充分调动学生积极性，创建踊跃交流的课堂氛围。课堂中教师与学生之间用英语交流的越多，学生越能掌握一些常用的对话交流用语以及提升语言交流的流畅度。告别"把中文句子翻译成英语句子"的思维方式，真正把语言当作交流的工具，对答如流。

三、"线上线下混合式教学"的理论基础

（一）第二语言习得理论

福永中学的英语课一直把第二语言英语作为教学语言，致力于打造沉浸式课堂。在外教英语课上，外教用英语和学生互动，线下中教不会直接用中文翻译给听不懂的学生，而是用简单的英语和肢体动作做解释，帮助学生理解。因此，学生完全"浸入"到英语的语言氛围中，交流能力也得以提高。

沉浸式学习是一种学习方式，其背后有克拉申的学习/习得理论做支撑。克拉申作为第二语言教学的先驱，早在1981年就提出"学习"和"习得"的区别，并强调"习得"的重要作用。他提出，习得是"在自然的语言环境中非正式的、潜意识的学习"。"习得"第二语言需要大量的输入,而这种输入必须真实有效。有效的输入应具有5个特点：可理解、有趣味、非语法程序，以及足够的输入量。（1981：8-20）为了给学生带来更多的可理解、有趣味、足够的有效输入，福永中学坚持每周安排外教课（普通班1节，国际班3节）让学生不断以最自然的方式习得语言。

（二）"线上线下混合式教学"的渊源

福永中学在2021年之前都是采用线下外教课，但是逐渐也发现了单一线下外教的弊端：外教质量参差不齐、流动率高、课堂管理存在问题，而这些问题在后疫情时代，随着优质外教无法走出国门而尤为凸显。

疫情期间，响应国家"停课不停学"的号召，线上课程成为教学的主流。线上教学在疫情期间确实功不可没，但对于中小学生，也有不可忽视的弊端：中小学生普遍自控能力较差，纯线上课程因时空距离无法做到有效监管；中小学生需要成为课堂的主体，而纯线上教学互动性、启发性相对较差。在后疫情背景下，教育工作者纷纷认识到了线上、线下单线都有其弊端，必须要实行双线互动。"双师课堂"又称混合式教学（Blended Learning）再次成为教

育热点。

"双师教学"模式是进入21世纪后，随着慕课、SPOC翻转课堂的发展而形成的一种新型课堂形式。在国外，Bonk和Graham于21世纪初首次提出混合式教学（Blended Learning）的概念，认为它是"面对面教学和计算机辅助在线学习的混合"。相比于慕课和纯线上教学，形成了双向互动、互相补充的模式，在国外得到了广泛的推广。何克抗（2004）在国内首先论述了混合式教学的优势，即"把传统学习方式的优势和数字化或网络化学习的优势结合起来，既要发挥教师引导、启发、监控教学过程的主导作用，又要充分体现学生作为学习过程主体的主动性、积极与创造性"。

近年来，我国大中小学纷纷依托教育技术，创新外语教学模式，混合式教学令人瞩目。北京联合大学将所有的大学计算机课程调整为混合式教学模式，借助微信公众号平台、微博学习社区等教学辅助工具，通过微课开展以培养学生思辨能力为导向的学术英语混合教学。在中小学，线上+线下双师课程逐渐成为英语辅导机构的招牌，优质持证外教远程授课，中教老师线下及时辅导，学习效果显著。宝安区某校也借鉴经验，把所有的小学英语课程都调整成混合式教学模式，为学生提供充分有效的语言输入。

借鉴经验，顺应潮流，福永中学从单线模式，转向了线上线下双线模式，引入混合式教学，进一步改进外教课程。

（三）"新课标"之核心素养

2014年3月，教育部发布了《关于全面深化课程改革 落实立德树人根本任务的意见》（以下简称《意见》），提出了"核心素养"这一重要概念，要求将研制与构建学生核心素养体系作为推进课程改革深化发展的关键环节。

《普通高中英语课程标准（2017年版）》明确提出，英语学科要培养语言能力、文化意识、思维品质和学习能力。自新课标出台后，福永中学每年都组织教师学习，对如何培养英语学科核心素养做深入研讨，并在英语课堂上不断创新，以适应"新课标"的育人要求。《普通高中英语课程标准（2017年版）》还提出，普通高中英语课程应丰富课程资源，拓展学习渠道。在课程实施过程中，应重视营造信息化教学环境，充分发挥现代教育技术对教育学的支持与服务功能，选择恰当的数字技术和多媒体手段，确保其有助于学生的有效学习和英语学科核心素养的形成和发展。

福永中学引入线上外教课也是培养学生文化意识的关键一步。2020年疫情结束复课后，学校的外教人数减少为3人，承担所有年级的教学工作，如果继续保持这种模式，学生可能三年都是同一位外教授课，一位外教能带来的文化资源非常有限。引入线上外教后，学生可以接触到来自好几位不同的外教，这些外教目前都在泰国、日本等诸多国家教书。外教的分享更为丰富，一周的课程能带学生领略好几种不同的文化。通过教学方式的变革，学生接触到更多的文化资源，文化意识得到更好的培养，更有利于成长为一位有担当的世界公民。

四、线上线下混合式教学的实践模式

（一）前期准备工作

自2020—2021学年下半学期开始，福永中学将外教口语课转变为线上线下混合式教学模式。通过线上教育平台"英练帮"直播外教口语课程。在上直播课的同时，中教在线下做辅导和课堂管理，并对直播课程做出反馈。线上外教目前固定有8位，全部为英美外教，都居住在海外，并且有TESOL、CELTA等国际认证教师资格证书。线下的中教为本校七、八年级英语科组老师，大部分是为自己的教学班做辅导，因此保证了课堂管理的有效性。为了完成向混合式教学的转变，学校做了多方面的努力。具体如下：

1.硬件提升

实施条件是开展双师教学活动的前提基础。在开始线上线下中外教混合式教学之前，福永中学对外语教室进行了电教设备升级，如：提升电脑系统，在每间外语小教室加入收音设备，配备麦克风和音响，并多次进行网络测试。与此同时，也对教学环境进行了调整，如：把桌椅安排成小组围坐，在教室内部设置小组积分板。通过设备和环境两方面的改造，实现最优教学效果。

2.课程安排

福永中学七、八年级每年级各有2个国际班，13个平行班，8位中教英语老师和2间外语小教室。其中国际班每周安排3节混合式外教口语课，平行班每周安排1节。所有的班级都被拆成两个小班，每班25-28人，学生在不同的小教室走班上课。由于国际班混合式课程相对较多，安排了2位中教老师轮流负责跟班管理，其余的都是本班老师负责本班的课堂管理。混合式外教口语课程也记入中教老师的课时之中，纳入平时的教师考核。

3.教学规划

在正式上课之前，英语科组和线上教学机构进行了多次的对接，确定教学目标、教学内容和教学大纲。经过协商决定，国际班的线上外教课分为3种课型，分别为听说课、实用语法课和延伸阅读课，和中教衔接。其他班的线上外教课为听说课和语法课。

国际班课程安排：

	第一节	第二节	第三节
第一周	听说1	听说2	实用语法1
第二周	实用语法2	延伸阅读1	延伸阅读2

平行班课程安排：

第一周	听说
第二周	实用语法

以上课程以两周为一个循环，和中教的单元教学安排相吻合。中教课基本上两周完成一个单元的教学任务，因此线上外教课基本实现了和教材同步。

听说课是以单元话题为主线。以牛津版英语课本7B第4单元为例，第4单元讲述的是Save the Trees（保护树木），那么听说就以How to save the trees?（如何保护树木）How to protect the environment?（如何保护环境）等话题展开。线上外教用课本内容导入话题，复习口语句型，并组织学生展开讨论，最后再给予反馈。与此同时，每个单元的Listening和Speaking的部分也由外教带着学生听读，并重点纠音，保证学生语音的准确。

实用语法课是对中教语法课的复习和提升。教学内容不仅为本单元的重点语法，还有重点句型，其特色就是情景化。如牛津版英语课本7B第1单元为例，本单元的语法内容为冠词和with短语。冠词的语法点相对容易，中教课上学生已经理解其概念，因此外教就不再做解释，直接给出具体的情境（在运动场、在艺术中心）让学生说出所做的运动和所演奏的乐器，从而让学生知道大部分西洋乐器前会play + the + 西洋乐器，而球类运动是play + 球类，不需要加定冠词。通过这种情境化的方式，语言规则就变成了语言习惯。with短语也是本单元的语法教学重点，由于中教课上学生已经掌握了相关用法，在混合式外教课上，学生就重在运用。外教会将with短语扩展成句型，给出图片，让学生描述一个人的外貌，并带大家做你说我猜的游戏，使用with短语来描述组内的成员，让大家猜是谁。这种情境化的方式让学生的语法"学习"变成了语言"习得"。

延伸阅读课是针对国际班开设的一种拔高课，旨在让学生有更多的阅读输入，提升词汇量。延伸阅读的内容由外教从国外原版教材和绘本中精选，与单元话题相契合。以7B第2单元为例，第2单元的内容是世界知名旅游胜地，因此延伸阅读就围绕着一篇约旦佩特拉古城的说明文来设置问题，组织讨论。这是学生最喜欢的课型，不仅可以学习知识，更重要的是可以开阔眼界，让自己认识到不一样的文化。英语核心素养的"文化意识"也得以培养。

4. 教师培训

在开学前一周，线上教学机构为全体英语老师进行了培训，内容包括：课时安排、课室安排、班级管理安排、班级管理要求、账号登录设置、平台操作方法、常见问题解决、反馈途径等内容。英语科组的老师认真参加培训，并和线上方及时提出教学建议，明确自己可以给予的帮助。此次培训保证了线上和线下双方的顺利合作。

混合式教学采用互动式小班教学模式，因此小组合作就称为了重中之重。线下的中教老师提前按英文水平和合作能力将大班学生分为10个小组，每5组设一个小班分配给一位线上外教。小班中的每个小组基本旗鼓相当，既有爱表达的同学，也有不爱表达的同学，通过差异化分组，实现小组互助，也为小组竞赛创设了公平的环境。

做好各项准备后，新学期混合式外教口语课如期开展。每位线下中教老师做好课程记录，向线上外教反馈意见，并和其他老师探讨、分享课程经验。经过两周左右的磨合，对混合式课堂做出了如下改进：

在硬件设施方面，每个教室配备麦克风，并对网络进行实时检查。

在课堂衔接方面，为了防止学生点到英文名听不清或反应慢，把分组的名单细化为几组几号，由外教老师直接点组号即可回答问题。

在课堂组织方面，为了鼓励更多的孩子开口说英文，对小组竞争机制做了优化：每个组每位组员根据回答问题的质量，由中教老师打分，可得1-3分，小组成员几个人回答问题就可以得到几倍的积分，每周积分最高的小组可以得到奖励。经过这次规则的改善，更多的孩子敢于举手回答问题。对于小组中不太自信的组员，其他成员会主动帮助他，督促他举手，并帮助他说出正确答案。小组互助的氛围逐渐形成。

在课堂要求方面，中教老师要求孩子们准备词汇本，随时积累外教说的一些新词汇，中教老师也会板书在黑板上。并定期对词汇本进行检查和测试，帮助学生提升词汇量。

（二）教学模式具体步骤

经过一个学期的线上外教与线下老师混合式教学的实践，基本建立了"课前沟通—课中配合—课后改进"的三步教学步骤以及"教师主导，学生主体"和"线上外教为主，线下外教辅助教学"的课堂模式，具体实施路径如下图：

环节	线上外教教师	线下英语教师
课前	与中教讨论并确定课程内容和目标 了解学情，整理教学资源 设计课堂 ppt 与活动	与外教讨论确定课程内容和目标 准备上课的设备与环境 组织学生上课
导入	导入课程，激发学生的兴趣与学习动机	讲解规则和指令，协助开展课堂活动和游戏
上课	组织开展教学指令，保证上课环节合理，逻辑清晰	协助课堂活动有序进行，保证课堂纪律，答疑解惑，监测学习
课后	根据学情调整上课容量与内容	观察学习，检测学生

线上线下混合式教学课堂模式具体实施步骤：

1.课前沟通，共同备课

课前，七年级备课组向在线教育平台备课组提供了本课教学内容、教学目标和学生情况，让线上外教备课组以此进行备课。备完课后，平台把教学环节设计说明发回来，中教备课组检查是否符合本课教学要求。仔细检查了外教授课环节所设计的课堂活动，向备课组和外教提出了要求：活动必须保证全体学生参与，指令要清晰，活动的安排尽量简单有趣，为基础差的学生降低难度等等。外教备课组的每节课都将遵循这些原则，并且外教也要对课件进行二次备课。课件内容具体要求如下：

Dear Teacher, here are the MOST IMPORTANT TEACHING TIPS for you about classes of School 21480, updated on Feb. 24th, 2021.

There is nothing either good or bad, but thinking makes it so. Therefore we highly suggest you read the tips and the following details ☺.

1. Go through the lesson materials thoroughly beforehand
2. Give clear and simple instructions
3. Give less verbal explanations but more TPR in class
4. Be energetic and constantly encourage the students
5. Make sure everyone participates in class
6. Respond to each student accordingly and use praise appropriately
7. Ask the students to read after you and correct their pronunciation
8. Arrange group activities including group discussion
9. Constantly switch among full-class interaction, group interaction and 1v1 interaction
10. Finish the lesson materials and extend the lesson accordingly
11. Assign some homework
12. Finish each lesson on time
13. Develop a closer relationship with local teachers

2.课中配合，优化教学

中教老师提前组织学生到外语教室准备，打开学习平台，在线学习平台链接成功后，外教授课正式拉开序幕。外教结合本课教学内容，制作了精美的PPT课件，设置了多样化教学活动，极大地调动了学生的积极性。在操练环节，外教先利用一些日常交际的用语与学生交流，让学生拉近双方之间的距离。例如在学习7B Unit2 travelling around the world这一课时，外教在上课一开始就会问几个询问国籍居住地等相关的问题，这些问题都是在实际生活经常用到的句型。在后面的课堂中，利用丰富的图片和语境创设和上课内容相近的情境，对本课词汇和功能句型进行正音训练，并且以个人回答，pair work，小组回答等形式鼓励每位同学发言。在拓展环节，外教介绍了不同国家的著名景点，语言习俗和节日，然后再让学生总结中国的著名景点，语言习俗和节日，以此来增强学生们对于自己国家的喜爱与民族自豪感。在外教授课过程中，中教老师积极进行辅助配合—站在被点名学生旁负责递话筒进行声音采集，让外教能清晰听见所点名学生回答的声音；对学生不熟悉的外教话语进行解释，让学生充分理解外教课堂用语；对学生陌生的活动设计进行介绍说明，让学生能快速参与活动，提高活动效率。

3.反馈意见，课后改进

本节课结束后，在线教育平台立即评价反馈情况，意图通过了解本节课外教课堂教学情况，以此改进外教授课过程中的不足。中教备课组认真评价了本课授课外教的语音能力和课堂教学组织能力，为了更快更好地认识学生，提高课堂效率，建议下次外教授课时可以采用点名、小组齐读等方法。

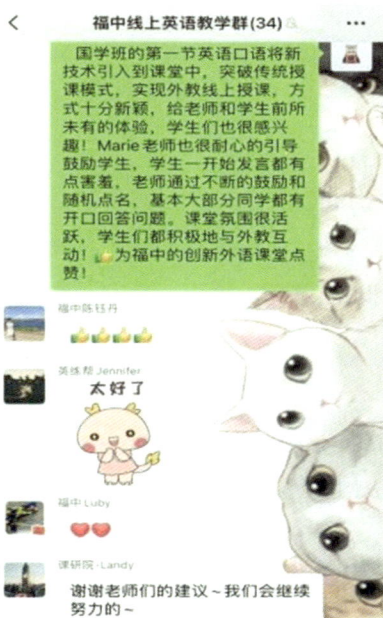

【案例一】
Unit 1 People around us
Listening and speaking
Teaching plan

一、Teaching Contents：

Listening and speaking.

二、Teaching objectives

Master the key words and expressions in Unit 1.

Describe people orally in a correct way.

Practice listening skills.

三、Teaching difficult and important points

1.Key words and expressions：

Cheerful, strict, patient, hard-working.

2.Key sentences：

She is ...

Her face is ...

Her hair is ...

3. Learn about the skills to describe a person.

四、Teaching methods

Interactive approach, Listening and speaking.

五、Teaching procedures

Step 1 Warming up：

1. Make students look at pictures and answer some questions：

Who is the most important person in your life? Why is she important? Can you describe him/her?

2. Show some pictures and students describe it one by one.

Step 2 Presentation：

1. Let's choose

● Ask students what words can we use to describe a person and then show some pictures and key words.

● Students choose proper words to describe the persons on the picture.

√　Anna is always happy. She is ＿cheerful＿.

Who is cheerful in your class?

√　Lily's grandma is ＿patient＿. She takes lots of time to help Lily with her homework.

Is your mum patient with you?

◇　After students choose the correct words, they should answer in a complete sentence. And after they answer, teachers will ask questions relevant to the key words and ask different students to answer.

● Choose one of the words to make your own sentence.

2. Let's look and say

Ask students to describe the pictures by using the sentence patterns.

...has ...hair/eyes/nose ...looks ...

3. Let's listen and practice

● True or False.

● Listen to three parts of a passage and then retell the story.

Step 3 Practice：

1. Let's describe

Choose one of your families and describe him/her.

2. Pair work

Students will choose one role and practice their conversation by using the words in the form.

-Who do you like?　　　　　　　　　-I like

-What does she/he look like?　　　　-She/he

-What do you like about him/her?　　-She/he is

Step 4 Summary and homework：

Read and recite the phrases.

【案例二】

Unit 4 Save the trees

Grammar and Usage

The present continuous tense

Ⅰ. Teaching Contents：the present continuous tense.

Ⅱ. Teaching objectives：

● To learn about the positive, negative and question structure of the present continuous tense.

● To learn the rules of changing verbs into the form of present participle.

● To use the present continuous tense to describe what is happening.

Ⅲ. Teaching difficult and important points：

1. Grasp the rules of forming V-ing.

2. Learn about some situations where we can't use the present continuous tense.

3. Compare the present tense and the present continuous tense.

Ⅳ. Teaching Procedure：

Step 1 Leading-in：

T greets the class and asks students some questions to lead in the topic of present continuous tense.

What time is it in your city? What are you doing now? Let's see what others doing.

Step 2 Presentation：

1. Work out the basic sentence structure of the present continuous tense："sb. is/are doing"．

● Let's look and say

T shows a group of pictures and asks students to read out the sentence by using the present continuous tense.

● Let's describe

Ask students to discuss in groups and use the present continuous tense to describe what is happening in the picture by using the sentence pattern："in picture ...they are ..."

2. Guess "what is she/he doing" and practice the negative and question form.

● What are they doing?　They are having a meeting.　Are they having a meeting?

● Let's answer.

What is Emma doing? Is Emma reading? Who is reading?

3. Work out the difference between the simple present tense and the present continuous tense.

● Let's read and choose the correct tense for each sentence. And then draw a conclusion：we use some frequency adverbials like usually, every day, often in simple present tense and now, at the moment in present continuous tense.

● Let's describe：look at different groups of pictures and describe "what do they often do and what are they doing".

● Let's say：make their own sentences by using the sentence patterns："I often⋯" & "I am ... now/at the moment".

Step 3 Practice & production：

1. Pair work：choose different roles and practice the following conversation.

-What ... usually ...?　　　- I usually ...

-Are you ... now?　　　　-Yes, .../No, ...

-What ... doing now?　　　- He/She is ...

2. True or False：Ask students to judge and correct the sentences.

3. Choose one word from each group and make a sentence like this.

Example：I am reading a book, but I want to play the guitar.

Group 1	know	like	want	smell
Group 2	writing	feeling	eating	having

4. Group work：A guessing game：what am I doing?

S1：Think of an activity and imagine that you are doing it now. Write it down, but don't show anyone.

S2-S4：Ask yes/no questions to guess what S1 is doing now. You have to ask questions in the present continuous tense or simple present tense.

Step 4 Summary & Homework：

Practice what we've learnt in the class and finish the tasks on the exercise book.

五、线上线下混合式教学的效果与反思

（一）教学效果

在新课程改革和生本课堂的大背景下，线上线下混合式教学课堂教学模式有着得天独厚的优势，它符合新课标倡导的情境化教学理念，充分体现了学生的主体地位，发挥了教师的主导作用，得到了领导、教师、学生和家长的一致好评。其价值主要体现在以下三个方面。

1.学生在真实语境中获得情感认知体验

体验式学习理论的代表大卫•库伯（David Kolb）认为，学习不是内容的获得与传递，而是通过经验的转换从而创造知识的过程。双师外教直播课堂具有丰富的外教资源，学生在课堂上与外教进行互动交流，参加丰富多样的教学活动，在真实的语境中实现知识的内化、输出，英语学习氛围也更浓厚，有利于加深学生的情感、认知体验，从而实现学生英语技能的有效提升。

2.个性化教学方式真正体现以生为本

学生学习的最终目的是掌握更多的知识，双师外教直播课堂坚持学生主体和因材施教原则，双师外教直播课堂针对教学目标和学生的心理特征、初始水平、学习风格等实际情况制订合适的教学方式和课堂活动，有针对性地提升学生的听、说、读、写技能，真正实现学生自主、合作、探究学习，有利于提高课堂教学效率。

3.混合式教学有利于实现中教和外教优势互补

线上线下混合式教学采用"外教直播上课，中教辅助管理纪律"模式，在线外教让学生增加了原声学习和交际的机会，线下中教可以在课堂中关注到不同学生的学习状况，外教和中教能够形成优势互补，各自发挥所长。同

时，外教直播课堂需要中教和外教共同备课、授课，这也增加了中教和外教之间沟通交流的机会，有利于双方相互学习国内外先进教育理念和教学方法，设计教学活动最佳方案。

（二）教学评价

截至目前，线上线下混合式教学模式已经在福永中学推行了半年。由于七八年级暂时没有听说考试，没有做口语课的数据对比，但是依然能够清晰地看到学生的变化。这种模式对英语基础较弱，信心较低的孩子最为有效。班上之前不敢开口说英文的孩子，在这种新型的教学模式和课堂组织方式下，勇敢地举手尝试，说英文的音量、语言的质量有了极大的飞跃。七年级国2班的W同学就向中教老师说出了自己的上课感受：

"我很喜欢这种感觉，上课的时候轻松很多，以前对着真人外教总感觉害怕说错，但是现在外教在网络的那一端，我不需要紧张，而且小组的同学也会帮我。我现在觉得开口好像不是那么难了，我为我们小组挣了很多分！"

七年级国1班的Z同学说：

"很喜欢这种方式，来自世界各国的老师教导有方，都很幽默，很有性格，我最喜欢那个cheerful老师，他总是能让我们一堂课都很cheerful！这种方式也很新颖，看着大屏幕，我总是想着，我正在和地球另一端的老师对话！这种感觉太奇妙了！"

（三）总结与反思

线上线下混合式教学中，外教直播课堂给英语教学注入了新鲜的血液，为学生创造了一个生机勃勃的信息化学习环境，实现了中教、外教和学生之间的高度互动，使学生保持积极活跃的思维，给英语课堂注入了新的活力。所以，教师更应充分发挥双师外教直播课堂的优势，让学生在良好的语言环境中领悟语言、操练语言、运用语言，保证更高效的英语课堂。

由于混合式线上外教课依然处于探索阶段，发现问题——解决问题就成了常态。一些问题老师们已经解决，但还有一些问题依然处于待解决的阶段，需要线上线下老师更好的配合。

待解决问题	解决方案
外教对中教上课内容不熟悉，从而导致部分课程内容重合。	细化单元教学大纲，双方提前互相分享课件，了解内容进度。
只能和线上平台进行教研和备课，外教本人由于时差和个人原因难以参与教研。	利用下班之余的时间参与教研，保证课堂的高效运转。
由于音质不清晰，外教很难对学生做很具体的反馈，只做信心鼓励，纠错较少。	要求学生大声发言，让外教多做纠错，而不只是流于表面鼓励学生。线下中教老师补位，做具体反馈。
课堂讨论太少，提问太多，有些很简单的问题也必须点人回答。以至于别的同学回答问题时，其他同学容易没事做，从而对课堂管理带来压力。	和外教沟通，减少提问，简单的常识性问题就可全班一起回答，多给讨论时间，严格计时并明确小组讨论的角色和要求，让每位学生有参与感。
外教声音和学生声音容易听不清且有延迟，课堂衔接较慢，课堂容量较小。外教和学生由于隔着一层屏幕，很难和学生形成深入的连接，学生容易走神，从而被点名提问时会不知所措浪费很多时间。	这种问题非常常见，每节课都有发生。最理想的方法是固定外教，让这位外教充分熟悉班级学生的情况，并通过互致邮件的形式，多和孩子形成连接，从而形成更好的课堂效果。

　　由于时间和空间的距离，在混合式教学实施的过程中，一定会有问题一直存在（例如上文说的第5项）。这些问题看起来并不容易解决，但是我们绝不会因为问题而放弃对混合式教学的探索。我们坚定地认为，混合式教学将成为未来教学的常态，我们将继续发现问题，解决问题，不断探索，让混合式教学更好地提升学生英语的综合能力，尤其是口语能力，培养学生的核心素养。

第四节　英语项目式学习模式

一、研究背景

　　随着时代的快速发展与社会的不断进步，我国越来越重视对教育进行创新改革，注重培养创新型人才，研究创新教育教学模式。义务教育英语课程标准提出："以科学发展观和先进的外语课程理念为指导，立足国情，综合考虑我国教育的发展现状，从义务教育阶段起，建立一个以学生发展为本、系统而持续渐进的英语课程体系。"新课标同时提出："义务教育阶段英语课程的总目标是通过英语学习使学生形成初步的综合语言应用能力，促进心智发展，提高综合人文素养。综合语言运用能力的形成要建立在语言技能、语言知识、情感态度、学习策略和文化意识等方面的整体发展。"教育部于2014年印发的《关于全面深化课程改革落实立德树人根本任务》指出："人才培养模式改革不断深化，自主、合作、探究的学习方式与启发、讨论、参与的教学方式不断推广。"在这种新形势下，如何培养学生的能力和提高学生的综合素养是每一位教育工作者需要认真思考的并找出解决方案。

二、项目式学习的理论基础

项目式学习（Project-Based Learning）起源于欧洲，是我国教学改革中引进的一种新型教学模式。项目式学习重视学生在学习中的主体地位，以学生为中心，实施项目式学习的过程是给学生一个真实的情境和问题，通过小组或者群体合作的学习方式，进行短周期或长周期的探究活动，在活动中要完成诸如解读、分配任务、调查、设计、问题解决、创作、评价、反馈等任务，使学生主动积极地参与到学习内容的探究中，使学生在开展项目的过程中运用自己的所学构建知识体系，在解决项目的过程中提升自己的能力与综合素养，提高自己的思维层次。项目式学习的教学意义在实践过程中不断地凸显出来，它以建构主义为指导，使学生在真实的情境当中学习、探究，学生在这样的情境下迸发出更大的学习热情，并从中获得知识与发展自己的技能。

（一）杜威：从做中学

美国教育家杜威以"教育即生活""教育即生长""教育即经验的改造"为依据，对知与行进行了论述，并提出了举世闻名的"从做中学"的理论。杜威认为"知"和"行"是紧密相连的，没有行就没有知，知从行而来。"真知识"从"做"中得来。杜威还把"做"看作是人的生物本能活动。儿童身上蕴藏着勃勃生机，天生即喜爱通过身体力行做事情去探索这个世界。如果阻止他们做事情，就是在抑制孩子作为人的本能，也因此妨碍了真正的学习的发生。杜威主张，教学应从学生的经验和活动出发，使学生在游戏和活动当中，获得经验和知识。学校要建设各种活动场所，设计各种活动让学生在活动中学习实际知识和技能。以此改变传统学校的形式主义。"从做中学"充分体现了知与行的结合。

我校举办的各种英文话剧表演、英文配音比赛、英文电影赏析等孩子们喜闻乐见的全英文活动，让孩子们自编、自创、自导、自演，"在做中学"，在做中感受英语学科的魅力。我们给孩子一个舞台，孩子让我们看见奇迹。

（二）加德纳：多元智力理论

美国哈佛大学教育研究院的心理学家、教育家霍华德·加德纳（Howard Gardner）在1983年提出多元智力理论。传统的智力理论认为个体的智能是单一的和可量化的，而霍华德·加德纳在其出版的《智力的结构》一书中提出"智力是在某种社会或文化环境或文化环境的价值标准下，个体用以解决自己遇到的真正的难题或生产及创造出有效产品所需要的能力"。每个人都具备语言智力、逻辑数学智力、音乐智力、空间智力、身体运动智力、自然探索智力、人际关系智力和内省智力。这一理论被称为多元智力理论（Multiple Intelligences）。这种理论认为，每个人的智力呈现不同的组合结构，因此每个人所擅长的领域都是不同的。不存在放之四海而皆准的单一评价方式。因此我们要利用多元智能理论来发掘每个学生独一无二的潜能，并进而为他们提供最合适自己的发展机会，使他们茁壮成长。

基于多元智力理论，我校在英语教学中积极思考，为学生创造条件。在2017年我校便引进了西班牙足球教练，让擅长体育运动的孩子也能够有沉浸式的英文学习环境。基于多元智力理论，我校也对学生的英语进行分层教学。每个层次的学生的教学设计都是经过专家团队进行集体讨论思考，研究出适合相应水平的学生的教学设计，让英语水平各异的学生都能在自己的课堂上学有所得，乐在其中。

（三）皮亚杰：建构主义学习理论

瑞士心理学家皮亚杰于1966年提出了建构主义学习理论。建构主义主张世界是客观存在的，但是对事物的理解却是由每个人自己决定。不同的人由于原有经验不同，认知水平不同，因此对同一事物会有不同理解。建构主义学习理论认为：学习是引导学生从原有经验出发，生长（建构）起新的经验。皮亚杰认为，儿童是在与自己周围环境的相互作用之中构建起对于外部世界的认知，从而发展完善自己的认知结构。

项目式学习通过讨论、交流、观点争论，相互补充和修改，共享集体思维成果，完成对所学知识的意义建构过程。建构主义认为，情境、协作、会话和意义建构是学习环境中的四大要素。因此，项目式学习模式很好地体现了建构主义的理念，为学生的学习提供情境。

三、项目式学习的优势

新课标不断强调以生为本、因材施教，这是教育的最好状态。但由于现实的各种原因，比如班级人数过多（现在我校每班人数54人左右）、学生能力与素养参差不齐、课堂时间有限、教育教学场所受限、资源分配不齐等原因，要实现因材施教的目标实属不易。在这种条件下，项目式学习的优势便大大地凸显出来。项目式学习充分考虑了学生的个体差异进行因材施教。在项目式学习的实施过程当中，我们将学生按照组间同质、组内异质分组。每个学生都有自己擅长的领域，不同的学生都能被分配到自己较擅长的任务，在项目式学习任务中发挥自己的潜能，获得成功的体验。项目式学习使每个孩子都有出彩的机会。

四、英语项目式学习案例

下面以我校实际案例为例，就项目式学习在英语教学中的应用进行分析。

（一）"向深圳特区成立四十周年献礼"七年级项目式学习暑假综合实践

子项目 1：One Voice

说明：为激发孩子们学习英语的兴趣，提高孩子们的英语口语水平和音乐素养，用深情嘹亮的 歌声表达着对深圳的热爱，寄托青春的梦想，在这个暑假孩子们将会进行英语歌曲MV制作的项目式合作。

在老师的歌曲推荐清单或自己选定的积极向上的歌曲，小组内分配好任务，可以每个人 负责一两句拍摄组合，也可以集体合唱拍摄。完成后要将视频在美篇编辑并转发，点赞数量计入评分准则。

提交方式：发送方案的电子档到邮箱：fyzx2020qnj@163.com（要署上队员的班级姓名）。

提交时间：8月25日。

评选方法：点赞数量占50%，老师评分占50%。最后年级进行表彰、奖励。

任务清单：

"One Voice" MV 制作任务清单（仅供参考）

任务序号	任务内容	是否已完成	备注
①	确定歌曲		
②	明确分工(导演,摄影,演员,歌手,后期,道具等)		
③	确定思路和拍摄方案		
④	地点选择道具准备		
⑤	后期剪辑		
⑥	MV 上传及推广		fyzx2020qnj@163.com
PS：	1. 将会遇到什么困难？_____ 2. 怎样解决？_____ 3. 告知家长了吗？_____		
	家长签名：_____		

子项目2：见圳——"歪果仁"眼中的深圳

要求：

①了解深圳特区成立40年以来的发展。

②用英语介绍深圳以及采访在深圳的外国人，建议分别采访在深多年的以及刚到深圳一两年的外国人，写好文稿及采访稿，并以这个文稿录制视频。

③完成视频后期剪辑，上传至邮箱及美篇，在美篇编辑并转发，点赞数量计入评分准则。

提交方式：发送作品的电子档到邮箱：fyzx2020qnj@163.com（要署上队员的班级姓名，手绘的拍照上交）。

提交时间：8月25日。

评选方法：点赞数量占50%，老师评分占50%。最后年级进行表彰、奖励。

任务清单：

"见圳——'歪果仁'眼中的深圳"视频制作任务清单（仅供参考）

任务序号	任务内容	是否已完成	备注
①	确定歌曲		
②	明确分工（导演，摄影，演员，歌手，后期，道具等）		
③	确定思路和拍摄方案		
④	地点选择道具准备		
⑤	后期剪辑		
⑥	MV 上传及推广		fyzx2020qnj@163.com
PS:	4. 将会遇到什么困难？		
	5. 怎样解决？		
	6. 告知家长了吗？		
家长签名：_____			

该子项目是在深圳特区成立四十周年的背景下，以培养学生英语核心素养为指引构建的项目式学习，它着眼于用英语介绍深圳，采访在深圳的外国人，询问在深外国人对深圳的看法，综合了语言，文化，跨语言文化交际等多方面知识，是实践类项目式学习。该项目式学习分为以下五步：

第一步：现象激趣，问题驱动。

开展项目式学习活动时，如果活动是与学生的日常生活相关的，那么更容易引起学生的兴趣，调动学生参与的积极性。因此在项目介绍环节，教师先让学生观看深圳改革开放四十年来的变化视频，让学生讨论深圳的变化，然后以小组为单位，选取二至三个小组上讲台分享看法。接着教师对学生发表的看法做总结，然后提出问题："来深圳旅游或者工作的外国人越来越多，他们对深圳的变化或者深圳的现状是怎么看的？他们的看法和我们的看法会不会有什么不同？"以这个问题来激起学生参与的热情。接下来，教师向学生说明项目的实施方案。

第二步：分配任务，制定计划。

教师引导学生完成项目，应该先有一个方案。学生可以在全年级自由组队，组员依据任务清单，根据自己的特长，自主分配好任务，探讨项目的流程，准备采访的英语问题。学生也应当对项目式活动过程可能出现的问题进行预测并提出解决办法，以应对突发情况，这能提高学生解决问题的能力。小组的任务清单完成后，可发给教师查看，给出修改意见。在这个过程中，学生能培养与其他人沟通，合作，交流，并适当寻求帮助的能力。

第三步：动手制作，合作作品。

在这个阶段，学生走上街头，随机采访外国人并录制视频。采访任务完成后，进行后期的视频剪辑，配音，加上特效等。视频发送至教师邮箱，并上传到美篇App。

第四步：多元评价，综合评分。

学生转发视频，大众点赞的分数占50%。教师主要对学生的分工，创意和视频的综合表现进行打分，分数占比50%。最后进行年级的表彰，并在学校公众号推送优秀作品。

第五步：反思提升，发展思维。

最后组织学生对此次项目式学习进行反思，找出做得不足的地方，提出解决方案，如何在类似的学习活动中避免同样的问题，同时也总结优点，形成反思报告。借此进一步发展学生的思维，增强解决问题的能力。

通过以上的案例分析，能够发现项目式学习与传统的教学方式不同，在项目式学习的过程中，教师发挥引导作用，以培养学生的核心素养为目标，发挥小组合作学习的优势，提高学生的团队协作能力，沟通力，学习力，创造力，自我反思和提升的能力。项目式学习在一定程度上克服了课堂脱离现实生活的缺点，破除了传统教学中知识灌输的痼疾，让学习真实发生，让学生成长为心智自由的终身学习者。

（二）八年级英语寒假项目式学习方案

方案一：犀利影评人——Movie Review

1.活动简介：选择一部喜欢的或感兴趣的英语电影，对电影进行点评，并且绘制影评海报。

2.要求：海报纸大小为A3大小；影评海报将以有趣的设计，将以下部分用有创意的方式绘制进去。

（1）Introduction.

Title, background information, cast, director.

（2）Summary of the story.（故事梗概）

（3）Analysis of an interesting plot.（点评一个有意思的情节）

3.评选方式：邀请外教做评委为作品打分，并在年级展板及公众号上展示优秀作品。

Example：

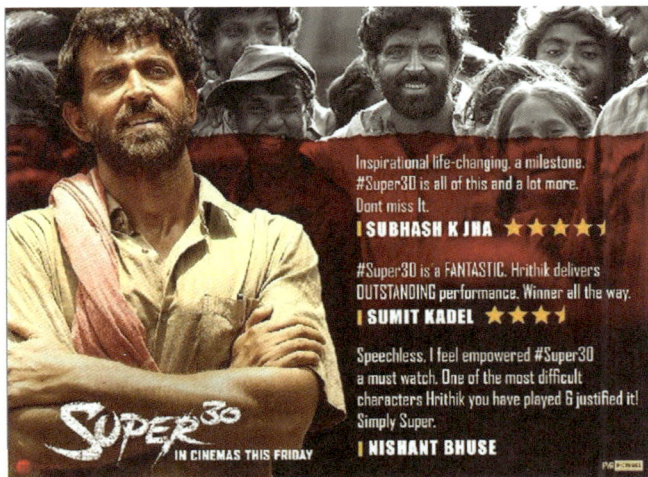

方案二：福中小名导——I am a director！

1.活动简介：以自己寒假发生的一件趣事为主题，将其写成剧本，制作纸偶道具，将其拍制成英语短剧。

2.制作指南：

①先编写有趣生动或者天马行空的故事剧本。

②制作或者用家里现成的玩偶，设计故事背景，准备相关道具。

③用手机或相机分场景录制。

④后期处理：背景音乐，场景切换，色彩调整，字母匹配等。

⑤视频按照"参与人+班级"进行命名，发送到教师邮箱。

3.评选方式：邀请外教和年级英语老师作评委对作品进行评分，并在公众号进行优秀作品展示。

（三）读书节活动之英语话剧

剧本一：The Emperor's New Clothes

英语话剧演员表

旁白 1	旁白 2 刘琦
国王	骗子 A
骗子 B	男孩
侍卫 A	侍卫 B
大臣 M	大臣 N
大臣 X	大臣 Y
小男孩妈妈 + 画外音 2	裁缝 1
裁缝 2	裁缝 3
裁缝 4	裁缝 5
群众 1	群众 2
群众 3	群众 4+ 画外音 1
士兵好	士兵坏

旁白1 Once upon a time, in a faraway place there lived an Emperor. This Emperor was very strange. He didn't like to ride horses. He didn't like to go fishing... He didn't like to watch TV. He didn't like to play computer games...

画外音1 Oh, what did he like?

画外音2 He liked only new clothes.

旁白1 Every day, he wanted to wear some new clothes and walk in the streets.

Part 1

侍卫A Your new suit has **arrived**, your **Majesty.**（您的新衣服到了，陛下）

国王 Great, help me on with it. [仆人帮国王穿衣] Well, what do you think? [得意地照镜子]

侍卫A Oh, it looks good, your Majesty.（这样子看起来，真是太棒了，陛下）

侍卫B Very suitable, your Majesty.（真太合适您了，陛下）

大臣M Very nice, your Majesty.（真太漂亮了，陛下）

大臣N So cool, your Majesty.（真太酷了，陛下）

大臣XY [也跟着点头] Oh, Yes!

士兵坏 When you wear new clothes, I see the most handsome man in the world!

士兵好 Oh, a villain!

Part 2

旁白1 All the tailors in the country worked very hard and made new clothes for him. But he was never satisfied with anything less than the best. [裁缝们出场]

裁缝1 I heard that the Emperor was not **quite satisfied** with the new suit.

裁缝2 What should we do, then? Who has new ideas?（我们接着该怎么办？）

裁缝3 Oh, I don't know. How about you? [用手肘碰了碰旁边的裁缝]

裁缝4 You know, I would do anything!

裁缝5 Quiet! Mind your head.

Part 3

旁白1 News of the Emperor spread far and wide. One day, two men came to the palace. They were not tailors, they were liars. They wanted to make some money. They asked to meet the Emperor.[两个骗子和大臣x出场]

骗子AB We have something very special to show him.（我们有很特别的东西想要呈上）

大臣X That's what everyone says.（每个人都是这样说的，可国王不是谁都接见的）

骗子A Ah, but this is different from all others.

骗子B Yes, it's magical. We have invented a new clothes by using a very special and secret method.

大臣X Really? Uhum! Wait, wait here.

骗子AB Oh, thanks so much.

大臣X Two men have been asking for you, your Majesty.

国王 What do they want to see me about? [大臣X走到国王跟前，与国王窃窃私语了一阵] Something magical? [瞪大眼睛，难以置信地问道] Oh, I love new things. Ask them in.

大臣X Come with me, please.

骗子AB Thank you.

Part 4

骗子AB We can make magic cloth. Only clever people can see the magic clothes. Stupid people can't see it, your Majesty.（我们能织出一种神奇的布。这种布只有聪明的人才看得见，愚蠢的人是看不见的。）

国王 How wonderful! It can show me who was clever and who was stupid.（这真是太好了！它能告诉我谁是聪明的人，谁是愚蠢的人。）

4位大臣 Oh, that's a good idea, your Majesty.

国王 Make a suit for me with the magic clothes. I'm going to wear it on New Year's Day.

骗子AB Oh yes. We'll make the most beautiful suit for you, my Majesty.

大臣M Wow, wonderful!

大臣N Oh, this is so cool!

[众臣私下小声讨论，并不时点头。这时，国王咳了两声，众臣立刻安静下来，于是国王接着问话]

国王 Can it be ready in time?

骗子B Of course. [接着有些迟疑地说] But, but...

国王 But? But what?

骗子A But there is a **problem**. The clothes is very expensive to make.（只不

过，这种神奇布料的制作成本是比较高的。）

骗子B Yes, yes! [一边说，一边猛点着头]

骗子A This clothes is **made of silk**.

骗子B And gold... [悄悄地扯了扯A的衣角]

骗子A **Diamonds**, **pearls**.

骗子B And gold... [在一旁着急地补充道]

骗子A And the best **ruby gems**.

骗子B And gold... [急得都快要叫起来了]

骗子A And, of course, **gold** 金子.[骗子B 终于笑了，且满意地点了点头]

国王 Don't worry. No problem with the money.（别担心，钱方面不成问题！）

国王 At once, make it here in the palace.（你们就留在宫里，马上开始做衣服吧！）

骗子AB Oh yes, my Majesty.

士兵好 My Majesty, they are…

士兵坏 Shut up! You have no right to speak.

Part 5

[两个骗子随着音乐，拿起软尺测量国王的尺寸，并装模作样的比画着，接着就开始织起布来]

旁白1 They measured the emperor for a suit.And then, they started making the magic clothes in their factory. They stayed in the room all the day and everyone thought they were working very hard.

One day, the Emperor couldn't wait to see the magic clothes. He went to their workroom and threw the doors open.

[国王不住地揉着眼睛，两个骗子装模作样][音乐:电影《黎明前到达》插曲《突击检查》]

国王 Where is the magic clothes?（那魔法衣服在哪儿呀？）[国王不住地揉着眼睛]

骗子A Come here, you will see more cleverly. Look at the colors, feel the weight.（这边来，您会看得清楚些。瞧瞧这颜色，掂掂这重量）

骗子B How beautiful it is!

国王 Uhum... [国王瞪大双眼]

骗子A Now you can see why it is **magical**. Only clever people can see it. **Stupid** people can't see it.

骗子B Most people would see an **empty loom**, but a clever man like you will see our wonderful clothes.

国王 Of course.

旁白1 The Emperor was very worried because he couldn't see the magic clothes. Was he not clever enough to see it?

He thought and thought.（国王来来回回地在房里走了很久很久）

国王 I will ask the **Minister** to go and see the clothes. Good idea!

国王 Minister, Minister! [国王大声地唤着大臣Y]

大臣Y I'm here, your Majesty.（国王陛下，有何吩咐。）

国王 Go to the workroom and see how the clothes is **processing**.（你去织布房瞧瞧）

大臣Y Yes, your Majesty!

Part 6

大臣Y The Emperor has sent me to **check** on the **progress**.（国王陛下让我来看看你们的进度如何了。）

骗子A Come here, you will see more **cleverly**.

旁白 The Minister only saw the empty loom. [大臣忍不住地揉着眼睛]

骗子A Look at the colors, feel the weight.（瞧瞧这颜色，掂掂这重量）

骗子B Is it not beautiful?

大臣Y Uhum... [瞪大双眼]

骗子A Now you can see why it is magical. Only clever people can see it. Stupid people can't see it.

骗子B Most people would see an empty loom, but a clever man like you will see our magic clothes.

大臣Y：Of course. It is really really beautiful.（当然啦！它实在是太美了。）

骗子AB Oh, you are so wise.（您真是个充满智慧的人！）

旁白2 The Minister could not see the clothes either. But he was afraid to tell truth. He came back.

国王 How do you think about the clothes?（你觉得那布料怎么样？）[国王迫不及待地问大臣Y]

大臣Y It's the most beautiful clothes in the world.

国王 Great!

旁白2 On the New Year's Day. The new suit was ready.

侍卫A Here it is, your Majesty. [侍从为国王呈上新衣]

国王 Oh, wonderful! help me on with it. [侍从们装模作样地帮国王穿上新衣]

国王 How do I look?（我看上去怎么样呀？）

大臣N So handsome!

大臣M Fantastic!

国王 Really?

4位大臣 Yes, your Majesty.（是的，陛下。）

士兵好 My Majesty, they are liars. They are cheating you! We cannot see the clothes.

士兵坏 Oh, my Majesty. He is a crazy man. Don't talk with him. We all see your beautiful clothes. The clothes is like from the Heaven. I don't see any clothes more beautiful than yours.

Part 7

旁白2 It was New Year's Day. There were many people in the street. They wanted to see the Emperor's new suit.

Finally, the Emperor came. [国王赤身裸体且大摇大摆地出场，侍从跟在后面装模作样地牵着衣摆，街上所有的人都很吃惊]

群众1 What a suit!

群众2 Oh. How beautiful.

群众3 What a lovely.

群众4 Wow! How handsome.

男孩 What suit? [小男孩在人群中张望着] Mom! The Emperor isn't wearing any clothes! [小男孩扯了扯妈妈的衣角，不解地问道]

妈妈 Be quiet, Tom.

男孩 It's true! No clothes! The Emperor is naked![小男孩争辩]

4位群众 The Emperor is naked!（国王是赤身裸体的！）——The Emperor is naked!—— The Emperor is naked!

旁白 Everyone knew it. And people began to laugh.

[音乐]

Part 8

[这时一位大臣小心翼翼地来找国王]

大臣M I, I don't see any clothes, your Majesty.

国王 Go away! You stupid! [一脚踹开]

国王 [想了一会儿] Why everyone thinks I am naked? Am I really naked? Hmm, I must ask the tailors!（对大臣Y说）Take the tailors to my palace.

大臣Y Yes! [出去转了一圈慌忙跑回来] They have gone!

国王 [怒，狂吼] Find them! My soldiers!

两个士兵 Yes, at once!

大臣M Maybe the kid can help us find them.

国王 Yes. Ask the kid to come!

男孩 They must be in the forest! You know, the most dangerous place is the safest place!

国王 Soldiers, go!

[若干位士兵围住树林，一个士兵抓住骗子，正要报告]

士兵坏 I find you! [you还没说完就被骗子捂住了嘴]

骗子A The Emperor is so stupid. I will give you all the money. You will have a very very very good life.

士兵坏 [先思考，然后气势汹汹] Give me all you have.

骗子B OK.

士兵好 What do you…?

士兵坏 [打昏] Then you will never say. [奸笑。打算放骗子走，没发现身边跑过来了一个小孩]

男孩 [大声喊]Look！

[所有人往这里看，把坏士兵和骗子按在了地上，押送回去交差。]

士兵坏 Oh, my Majesty. Give me time to tell you this thing.

士兵好 Don't say any more! Come with me!

士兵坏 Oh, my brother.

士兵好 Shut up!

国王 Thank you, my child. You teach me a lot. I will not be so stupid again. [和小男孩暖心拥抱，全剧终]

剧本二：The Million Pound Bank Note

Characters 人物

Henry

Narrator

Roderick

Oliver

仆人

餐厅男老板

餐厅女老板

服务员

卖衣服的人

银行家

高尔夫球场老板

剧场人员

女生1

女生2

小偷

群众1

群众2

群众3

群众4

Part 1

Narrator It is the summer of 1903. Two old and rich brothers, Roderick and Oliver, make a bet. Oliver believes that a man can live a month in London with a million pound bank note, but he doesn't need to pay at all. His brother Roderick doesn't believe it. At this moment, they see a poor young man in the street. He is Henry, an American businessman, who gets lost in London and does not know what he should do.

Roderick Young man, would you step inside a moment please ?

Henry Who? Me, sir?

Roderick Yes, you.

仆人 Good morning, sir. This way please. Come and sit down.

Roderick How well do you know about London?

Henry Not at all, this is my first trip.

Roderick May I ask you a few questions?

Henry Go ahead!

Roderick What are your doing in this country?

Henry I want to find a job.

仆人 Excuse me, sir. Your afternoon tea is ready.

[仆人把下午茶端到了旁边桌子上，Henry看得眼馋]

Roderick What are your plans?

Henry In fact, I don't have any plans. [叹气]

Roderick and Oliver Oh we see. [相视一笑] But why do you come to London?

Henry Well, I come to London by accident. I have my own boat in America, but when I sail across the sea, the strong wind hits me. Next morning, I find myself on the beach with nothing.

Roderick and Oliver Oh, poor young man!

Henry Then a British ship find me and they take me to the American Embassy in London. I ask American Embassy for help, but…

Roderick [满意地点点头] How much money do you have?

Henry To tell you the truth, I have nothing.

Roderick and Oliver [兴奋击掌] Oh, great! Great!

Henry [很生气] It is lucky to you but not to me. Excuse me, I will go. [被两兄弟和一个仆人拦住]

Roderick Please don't go. Oliver, give him the letter.

Oliver Yes, the letter. [把信给Henry]

Henry For me?

Roderick Yes, for you. Oh, no, you must not open it now, you can open it in two o'clock. [神秘兮兮]

Henry But, what is this?

Roderick Haha, this will help you! But I will not tell you now! [对仆人] show this gentlemen out. [仆人上来]

Oliver Good luck, Henry! 2 o'clock, remember!

Part 2

[Henry找到了一家餐厅，犹豫了几下还是进去了，坐在窗户边的座位]

男老板 That one's reserved, this way, [指向服务员] please.

服务员 Can I help you?

Henry I want a hamburger, 2 eggs and a nice big steak. I'd also like a cup of coffee and 2 apple pies.

服务员 Right, sir, but it will cost a lot of money. [故意强调money，鄙视表情]

Henry I understand, I will have a large glass of beer. Thank you.

女老板 My god, he eats like a wolf.

Henry Waiter, same things again, and another beer.

服务员 Again? Everything? [惊讶]

Henry Yes, anything wrong?

服务员 No, not at all. [无奈]

男老板 Americans like to eat a lot, Go ahead and let him have it.

服务员 [大声说，全餐厅都看他] Two orders of ham and eggs, two steaks. Two large glasses of beer, two cup of coffee and two desserts. [菜单]

客人1 He eats too much.

客人2 Like a pig!

客人3 Hey, he looks so ugly when he is eating.

[一群人偷笑]

Henry Would you mind waiting a few minutes? [环顾四周没找到表]

服务员 Why? [不屑]

Henry What's time?

服务员 The clock is over there. [1：57]

Henry OK. Just wait a few minutes, please.

男老板 All right. I will take care of this. [男老板走过来]

Henry That's a wonderful meal.

男老板 Yes, but you have to pay now.

Henry Well, I don't have money, but I will have now.

男老板 No. Pay it now! [服务员开始强行收盘子，其他客人议论纷纷]

Henry It's two o'clock. [再次看看墙上的表，2点了，打开信封，拿出百万支票, 加表情] I'm very sorry, but I don't have anything smaller. [说话的同时把支票给男老板]

[餐厅其他人开始议论。群众1、群众2、群众3]

男老板 Just one moment, Mary, look! Do you think it's real?

女老板 Oh, dear. I don't know. I really don't know! [两个人仔细研究] But, he is in rags.

男老板 Maybe, he is a very strange, rich man. That's must be it.

女老板 Go and see him.

男老板 [谄媚] I'm so sorry, sir. So sorry, but I cannot change.

Henry But I only have the one.

男老板 Oh, please don't worry, sir. We are so glad you come and eat here. Indeed, sir, I hope you often come here.

Henry That's very kind of you.

男老板 Kind? No, it's kind of you. As for the bill, sir, forget it.

Henry Forget it? Well ... thank you very much.

男老板 oh, it's for us to thank you, sir and I do, sir. [男老板，女老板，服务员一致向Henry鞠躬]

[Henry刚刚想走，餐厅里的客人纷纷过来巴结他。卖衣服的人、银行家、高尔夫球场老板、剧场人员、女生1、女生2、群众1、群众2、群众3]

Thief [一个小偷跑过来，拿走支票，偷偷说] Stupid man!

卖衣服的人 Thief!

其他人 Oh, money!

[所有人冲过去，每个人都撞一下Henry]

Henry Wait! Wait! Wait! It's mine! [又被撞了一下] Oh, what a mess! Oh, my million pound bank note. [跑出去，下台]

Narrator That's end of the story. It's funny, but also very sarcastic [讽刺的] . Believe it or not, money makes the mare go.

[所有人上台谢幕]

五、项目式学习案例点评

（一）"向深圳特区成立四十周年献礼"七年级项目式学习暑假综合实践

1. "One Voice" MV

在"one voice"英语歌曲MV制作项目中，学生组成6-8人小组，根据老师提供的英语歌单，进行歌曲的MV制作。整个过程首先是共同讨论并选取喜好的英文歌曲，然后根据小组成员的特长和特征，进行分工。具体的分工有：歌曲演奏与录制、MV剧本编导及录制、后期制作、美篇上传及宣传等。教师提供了任务清单，帮助学生更清晰分工，更高效执行。

在选取完歌曲后，学生需要查阅歌词内的生词，领悟歌词传递的含义，并共同讨论歌曲中体现的积极向上的精神。通过上述活动，学生的英语知识得到提高，并从英语歌曲中感受英语文化及语言的魅力，获得正能量。在教师对学生的后续观察中发现，学生对英语歌曲的热爱度大大提高，听英语歌曲已经成为他们的一种爱好和放松心情的方式。

在MV剧本编导环节，学生需要讨论具体的剧情，学生各抒己见，表达自己对歌曲和理解，结合自己的生活经验，编导出一个个内容丰富的MV。比如，有小组选取了"*You Raise Me Up*"这首经典的励志歌曲，在MV中讲述自己一次考试的失利，但通过歌曲的鼓舞，并结合深圳特区"永不放弃、坚持到底"的精神内核，最终在一次次挫败中成长的故事。MV无论是情节还是制作效果都非常震撼，感动了很多的老师和学生。有的班级还选取该英文歌曲作为班歌，激励孩子们不轻言放弃，努力向上，实现梦想。

总体而言，该项目式学习很好地体现了加德纳的多元智力理论（见本节前述理论），学生利用自己的特长，制作出内容丰富的英语歌曲MV，效果超出预期。

2.见圳——"歪果仁"眼中的深圳

该项目要求学生了解深圳特区成立 40 年以来的发展，用英语介绍深圳以及采访在深圳的外国人，写好文稿及采访稿，并以这个文稿录制视频，最后视频上传至邮箱及美篇App，在美篇 App 编辑并转发。具体的分工有：准备采访稿、采访外国人、视频录制和编辑、美篇上传及宣传等。和上述活动一致，教师给学生提供分工清单，明确分工任务。

学生经过讨论，设置了很多有趣的问题，如 "What's your favourite food in Shenzhen?" "Do you enjoy the traditional culture in Shenzhen like lion dances?" "What suggestions would you like to give to build a better Shenzhen?" 而外国人对学生的问题也进行了一一解答，在采访过程中，学生和受访者有很好的互动，

如有外国人提问"Could you recommend some fancy restaurants to me?"学生因此用英语介绍了许多本地著名的餐馆和地道的食物。采访既提高了学生英语综合能力，更开拓了学生的眼界，锻炼了胆量。

总体而言，该项目提高了学生的英语语言综合运用能力，加强了学生的合作能力、沟通能力，效果显著。美中不足的是，有些视频没有配上字幕，在理解上造成一定的障碍，教师应把加字幕说明作为要求，从而提高视频的质量。

（二）八年级英语寒假项目式学习方案

1.犀利影评人——Movie Review

该项目要求学生选取一部经典英语电影，写影评并制作海报。教师对海报的内容进行的规定，从"introduction, title, background information, cast, director, summary of the story, analysis of an interesting plot"几个方面进行海报制作。受学生喜爱的电影有如"A beautiful mind""Brave heart""Good will hunting"等经典电影作品。

在学生提交的海报中我们发现，学生对于情节的分析深入，感悟良多。比如在《勇敢的心》中学生就提到"As a student, a brave heart is needed to achieve what I want. I will be as brave as him to fight for my dream."（作为学生，我需要拥有一个勇敢的心，去实现心中的梦想。）通过该项目，学生不仅得到了英语词汇的运用实践，更是从励志电影里得到对人生的启迪，实现了教育的深层次目的。本项目体现了杜威"从做中学"的理念，学生在制作电影海报中得益良多。

2.福中小名导——I am a director

该项目要求学生以自己寒假发生的一件趣事为主题，将其写成剧本，制作纸偶道具，将其拍制成英语短剧。学生自编、自导、自演，制作英语短剧，考验和锻炼了学生的综合能力和素养，弥补课堂教学的不足。

在学生的作品里，有学生把家庭关系作为主题，记录了自己和父母相处的日常。由于这是一项英语任务，家长在视频中需要和学生用英语进行交流。家长给老师反馈："以前我的孩子在家都不愿意开口说英语，在这个项目的助力下，不仅她肯开口说，连我们家长也要认真学习起来。我们让她当我们的英语老师，碰到不会的表达她自然要去查词典或是和老师提问。为了把我们教好，做出一份完美的英语短剧，她的执行力可高了呢！家里学习英语的氛围一下子浓厚起来，比我们念叨无数次要强一百倍！"可见该项目对学生的影响力较大，提高了学生学习英语的主动性和兴趣。

美中不足的是，由于该项目开放性较强，对主题没有太多的限制，一方面让学生的创作思维更开放，另一方面也造成了作品质量良莠不齐。

（三）读书节活动之英语话剧

该项目是我校读书节的精品项目，每年都为观众输送精彩绝伦、生动有趣的英语话剧。

学生通过自荐或老师推荐的方式，承担话剧的演员、配音或旁白任务。然后经过师生讨论，选取经典的英语话剧，并编写剧本。编写剧本的环节，语言需要经过不断的推敲和修改，这一环节使得学生的英语语言应用能力大大提高。剧本确定后，根据人物性格分配角色，演员或者配音需要不断练习台词，使得人物更接近原版，表演更加原汁原味。这一环节，在教师的指导下，学生不断完善自己口语的发音，口语能力也得以加强。到了彩排环节，学生需要加上动作和感情，通过互相配合达到最优的效果。

七年级国1班和10班的学生上演The Emperor's New Clothes（皇帝的新衣），学生表演过程中非常投入，观众被有趣的剧情和丰富的表演形式吸引得哈哈大笑。演员们用英语来把经典著作重现于舞台，也使得观众对作品有更形象的理解。因此，不仅是参赛者，连观众都是本次项目的受益者。在表演后，教师对参与者进行采访，提问对该次活动的感悟，剧中男孩扮演者回答："这次的话剧表演从选取剧本到彩排到比赛用了很多时间和精力，但我觉得我收获要比想象中更多，比如我觉得我的口语发音在老师的指导下更加地道了。还有一点，我以前不大会和同学们合作，经常都是一个人完成任务。在这次的活动中，经过不断的磨合和合作，我学会怎样与同学们相处和沟通。"国王扮演者说："很早之前我们在课本里就读过这篇文章，当时仅仅把它当作一篇课文，没有太深入的感受。但自己参与了这部剧的剧本编写和演出后，我更能感受到这个作品的魅力之处,我也想把它的英文版的作品好好读一次,再次深入感受它的魅力。"

经过观察,在该项目结束后,学生对英语学习的热情大大提高,遇到课本上故事性强的文章,学生都想把它们用英语演一遍,直呼:"太好玩了!"

美中不足的是,受到表演场地、指导教师数量等限制,参加英语话剧的学生人数不多,未能覆盖多数,日后教师应尽量让班级学生参与其中,通过项目学习,达到润物细无声的教育效果。

六、总结

项目式学习模式包括五个基本环节:第一步,现象激趣,问题驱动;第二步,分配任务,制定计划;第三步,动手制作,合作完成;第四步,多元评价,综合评分;第五步,反思提升,发展思维。环节与环节间层层递进,体现了项目式学习的合作性、创新性、自主性及目标性。通过参加项目式学习,学生的沟通协调能力、自主学习能力、创新能力等得以大大提高。

项目式学习在英语学科上利用广泛,适用于听说课、任务写作课、阅读课、语法课和词汇课等等,也适用于英语第二课堂的活动,如英语话剧社、英语歌曲表演社、外教社等。内容上,可以是英语话剧比赛、英语影评比赛、采访外国人等。通过观察,我校学生在项目式学习中获益良多,是一个有助于全面发展学生英语综合能力的学习模式。

参考文献

[1] 程晓堂,赵思奇.英语学科核心素养的实质内涵 [J].课程·教材·教法.2016,36(5):83.

[2] 古明.《普通高中英语课程标准(2017年版)》与《普通高中英语课程标准(实验)》对比研究 [J].现代教育科学,2018(11):95.

[3] 王国惠,李春茂.论"浸入式"双语教学模式及其作用 [J].北京大学学报(哲学社会科学版),2007(5):301.

[4] 强海燕,赵琳.加拿大第二语言浸入式教学及其在我国的借鉴 [J].比较教育研究,2000(4):38–41.

[5] 熊寅谷.介绍一种中小学外语教学模式——沉浸教学 [J].外语界,1993(3):44.

[6] Krashen, S.D. The Input Hypothesis：Issues and Implication [M]. London：Longman, 1985：81–132.

[7] 黄惠丹.基于核心素养视角下初中英语教学策略探究 [J].海外英语,2021(04): 186–187.

[8] 吉标,陈庆新.协同教学的历史、进展与启示 [J].课程·教材·教法,2021,41 (01):57–63.

[9] 解华,王磊,段梅青.国内中外教师合作教学(CCFT)模式研究综述 [J].吉林省教育学院学报(上旬),2013,29(09):94–96.

[10] 刘俊辉.基于中外教师合作的大学英语口语教学模式实践与研究 [J].长春教育学院学报,2013,29(05):79–80.

[11] 严峻.国际合作办学协同教学模式实证研究 [J].海外英语,2019(23).

[12] 严峻.国际合作办学中外合作教学模式探究 [J].教育教学论坛,2019(33):98–99.

[13] 严峻.浅析国际合作办学中外教师合作教学模式的认知基础 [J].现代职业教育, 2019(06):94–95.

[14] 袁水鑫.论二语习得理论对外语教学的启示 [J].英语广场,2021(01):83–86.

[15] 曾焕.中外教师合作教学模式研究 [D].上海:复旦大学,2012.

[16] 周美忠.外教引入对初中英语学科教学的影响力探究 [J].读与写(教育教学刊), 2018,15(08):129–130.

[17] Krashen S D. Second Language Acquisition and Second Language Learning [M].London：Longman, 1981：2 .

[18] Krashen S D. Principles and Practice in Second Language Acquisition [M].London：Longman, 1982：10 .

[19] Kolb D A. Experiential Learning：Experience As The Source Of Learning And Development [M].1984：10.

[20] 何克抗.从 Blending Learning 看教育技术理论的新发展(上)[J].电化教育研究, 2004(3):1–6.

[21] 平怀林.从平凡到卓越:一所普通中学的国际化蜕变 深圳市福永中学教育国际化

的实践与思考 [J]. 今日教育, 2021（02）.

[22] 吴婷. 项目式学习在小学英语词汇教学中的应用研究 [D]. 淮北：淮北师范大学，2020.

[23] 平怀林. 沉浸式英语教学法在初中英语学科教学中的实施——以深圳市福永中学为例 [J]. 智力, 2020（01）.

[24] 郑洁. 项目式学习模式在体育英语教学中的应用研究 [D]. 济南：山东体育学院，2017.

[25] 平怀林. 体验式德育的探索与思考 [J]. 教育家, 2017（11）.

后　记

　　光阴似箭，岁月如梭，转眼间我从事英语教育工作已近40年。本书的英语课程实践在福永中学已有6年之久，但于我个人而言，已经实践了一辈子。作为福永中学的校长，我总是相信，每一所学校都有其独特的学科基因，一个校长的使命就是解读学校的学科基因，并构建一套个性化的素质教育的学科学习系统。在英语学科教育上，我一向反对"教死书"的应试英语，坚定不移地推崇英语学科素质教育，这是大前提、大方向，也是大使命。

　　行文至此，我想还是回到基本问题：课程与教法、教师与成长，谈一谈实践体会。教育教学改革实践和教师专业发展的内在需要赋予了"教师成为研究者"的角色。这是教师成长与发展的机遇，它至少意味着教师不仅是课程的执行者，也是课程践行的"参与者"和"研究者"，在课程"是别人的同时也是自己"的理解与实践中改变了自身的形象，提升了地位；这又是一个挑战，因为，教师既是课程的学习者，又是课程的实践者，这种介乎"外行"与"专家"之间，在"中间地带"的"裂缝"中生存的"研究者"，其研究结果也必然具有"不确定性"。对于教师的成长与发展来说，机遇和挑战是并存的，把握机遇，迎接挑战是一种必然。

　　理论与实践是推动课程发展的两支重要的力量，课程改革的核心是理论与实践的对话，它是一线教师和理论专家之间的一种合作过程。既然是合作，那就不是单向的，而是相互的，是"你中有我，我中有你"的过程。长期以来，这种合作一度很艰难，甚至形成理论与实践的对立，好在课程改革为大家理清思路创造了平台。大家充分意识到，理论和实践是课程改革中同一个问题的两个方面，两者是统一的，是相辅相成的。实践需要理论指导，没有理论支撑的实践是盲目的实践；理论来源于实践，没有实践的理论又是空洞的理论。以这样的思想作为基础，教师就会在不断总结与反思中丰富实践性知识，激活实践性智慧，同时，教育专家的思想也进一步得到验证和完善，为实践提供更科学、更正确的理论指导。

教师参与课程研究，只停留在问题的一般认识层面上还是远远不够的，还需要结合学科深入研究课程、教学的实践与理论，要立足于学科领域的特殊问题的解决，实现从对课程的感性认识到理性分析与重新建构，这样的研究对教师的成长才有意义。另一方面，专家的理论具有系统性和科学性，对研究内容的揭示有一定的层次和高度，但是，专家的理论也同样存在学科视域的局限性，况且教学实践又是动态的，是变化着的。这就促使教师既要忠实于专家的理论，又要从专家理论中走出来，以专家理论作为支撑，结合教学实践不断总结、反思，形成自我的思想或认识，即"自我理论"。这样的理论是"实践性理论"，是"自我经验性理论"，是教师对外在理论经过加工而内化了的、重新建构的理论，它是教师理论的一种升华，从指导实践的意义上说，它远比直接套用别人的理论更有价值。教师的研究实际上就是"外在理论的应用——吸收与反思——结合实践而内化——自我理论的形成——实践的再检验"过程的反复，这也是教师成长与发展的实践历程与外在体现。教育本身就是生命发展的历程，教师的研究正是教师生命发展历程的一个重要体现，在这个历程中，既有对别人理论的借鉴、吸收、内化，又有自己的教学经历、感悟、思想，当把两者结合于一起并借助语言表达出来的时候，便是教师"在异己的东西里认识自身，在异己的东西里感到自己的家，这就是精神的基本运动，这种精神的存在只是从他物出发向自己本身的返回。"（引用伽达默尔语）。

本书历时一年多完成，作为一名校长，我事务繁忙，写作的时间就像从海绵里挤水，"艰难困苦，玉汝于成"，我在此要特别感谢以下老师：英语科组长邱朝阳负责校对我的文稿；教学处陈钰丹副主任、卢敏燕、罗琪、孙小茜、白婷、章晶、赵霞、田瑞、赵聪、罗嘉伶、黄碧丽、孔令琦、刘洁芝、文乐诗、陈奕容老师为本书写作提供了详尽的教学案例。本书的最终成稿离不开福永中学英语教师团队的支持。另外，因为时间的仓促、工作的繁芜，本书难眠有不足之处，敬请读者包容和指正。

平怀林2021年7月于福永中学真园